日本語教育**学**のデザイン

その地と図を描く

編著
神吉 宇一

著
名嶋 義直
栁田 直美
三代 純平
松尾 慎
嶋 ちはる
牛窪 隆太

にほんごの凡人社

はじめに

　みなさんは、どんなときに地図を見ますか？　知らない町や国を訪ねるとき。よく知っているはずの町だけれど初めての目的地に行かなければならないときでしょうか。また、特に目的地がなくても、行ってみたい土地の地図を見て、いろいろなことを想像することもあるかもしれません。さらに、地図といっても、ドライブをするには道路地図が必要ですが、地下鉄で移動するには路線図を手にとるでしょう。ある地域の町と町の位置関係を大まかに知りたいときは縮尺の大きな地図がいいでしょうし、今夜の食事会の場所をピンポイントで知るには一軒一軒の建物がわかるような細密なものが役に立ちます。秘密基地の場所を記した手描きの地図を作ったことがある人もいるかもしれませんし、防災上の必要性から古い地形を知るために古地図とにらめっこする人もいるかもしれません。

　地図にはさまざまなタイプのものがありますが、表現は違っていても、それぞれの地図の基になる実際の「地」は同じです。地図Aと地図Bに記載されている地形や情報がまったく異なっているということはないでしょう。それでは地図の役割を果たすことができません。また、一人一人が白地図を手渡され、各自がその都度、地図を作らなければならないというのは大変なことです。明確な目的地がないままにそぞろ歩きをするのであれば、地図を持たないことが楽しみにもなるでしょう。ですが、目的地をめざすときには、やはりなんらかの地図があったほうが、道に迷うことが少ないでしょう。

　本書は、日本語教育学の「今まで」をいったん整理し、「今」の社会的状況を踏まえたうえで、「これから」を考えていくための「地図を描き、それを見せる」ことを目的としています。本書では、比喩的に「地図を描く」という言い方をしていますが、これは別の言い方をすると、日本語教育学の学問的体系化を進めていくということです。では、学問的体系化を進めるとはどういうことでしょうか。それは、日本語教育学を学んでいる人／学んだことがある人や、日本語教育学分野で研究を進めている人であれば、誰に聞いてもある程度同じような答えが返ってくるようなものの見方・考え方、スキル、知識などがかた

ちづくられていること。そして、日本語教育学に関わっている人たちの協働作業によって、それらが絶えず更新され、積み重ねられていくことだといえるでしょう。

　本書は、2000年代に相次いで出版された「日本語教師の知識本シリーズ」（以下、「知識本シリーズ」）5冊の議論を引き継ぎ、これからの日本語教育学を考える際のいくつかのポイントを提示することをめざしています。いわば知識本シリーズの 10 years afterです。議論のもととなっている5冊は以下です。

(1) 『日本語教育における学習の分析とデザイン―言語習得過程の視点から見た日本語教育―』（岡崎・岡崎, 2001）
(2) 『ことばと文化を結ぶ日本語教育』（細川編, 2002）
(3) 『人間主義の日本語教育』（岡崎・西口・山田編, 2003）
(4) 『文化と歴史の中の学習と学習者―日本語教育における社会文化的パースペクティブ―』（西口編, 2005）
(5) 『日本語教師の成長と自己研修―新たな教師研修ストラテジーの可能性をめざして―』（春原・横溝編, 2006）

　これら知識本シリーズで議論されたことが、その後の日本語教育研究においてどのように進化し深化しているかを概観し、日本語教育学のデザインを行う際の基礎となる学問的課題を整理して提供することをめざしています。

　知識本シリーズ出版からおよそ10年が経った現在でも、知識本シリーズで議論されていることは変わらず「課題」として考えられていることが多いと思います。それは、各書がかなり大きなテーマを扱い、包括的な議論を行っているからだといえるでしょう。一方で、知識本シリーズの各書では、学問的課題の基盤となる先行研究の記述が不十分なものも多く見られます。そのため、知識本シリーズは、日本語教育学を支える新たな概念や視座を提示するという役割は十分に果たしているものの、日本語教育学を体系化し、その拠って立つ研究的蓄積を踏まえ、その上に研究活動を積み重ねていくという点では、十分な貢献ができているとは言い切れません。

　知識本シリーズ5巻の『日本語教師の成長と自己研修』（春原・横溝編, 2006）

に所収されている鼎談(ていだん)冒頭で、春原は以下のように述べています。

> 僕はこの本というか、こういう本っていうのは、おそらく延々と続くシリーズの中の1冊かなと思っています。ただ、それはシリーズっていっても、横溝さんや私がずっと作るっていうんじゃなくて、おそらく細川さんが編集しているやつもそうだし、西口光一さんがやってるやつとか、田尻英三さん(原文ママ)や山田泉さんがやってるやつもそうなんだけれども、一種の日本語教育の新しい可能性を拓いていく教師研修関係の本のシリーズだっていう気がする。こういうものはおそらくこれからもたくさん出ていくんだろうけど、ただ、そういう本があまり論争を引き起こしていない気がしてならない。そういう意味では、もっと議論や論争を引き起こして、サンドバックになって使い捨てられていくっていうような、そういう論文とか本とかっていうのがあってもいいかなっていう気がするんですね。
>
> (春原, 2006, p. 328)

知識本シリーズ出版後、ここで春原が言うような「議論や論争」は、細川(編)(2002)の「日本事情・文化論争」が、『リテラシーズ』とその発展的取り組みに広がっていますが(本書第4章 三代論文参照)、それ以外は、十分な広がりや深まりを持った体系的な研究の推進が行われているとはいえないように思えます。そもそも、日本語教育学では、特定のトピックや研究テーマを扱ったレビュー論文が極端に少ないということが、すでに指摘されています(本田・岩田・義永・渡部, 2014)。そして本田らは、学会誌『日本語教育』の分析から日本語教育研究が日本語教育学と呼べるほどの構造体をなしていないという指摘を行っています。本書の筆者たちの問題意識も本田らの問題意識と基本的には重なり合っています。本田らの取り組みは「歩き方」として、いわゆる研究法マニュアルの作成に結実しました。しかし、「歩き方」と同時に、「地図」もなければ目的地に向けて歩き出すことはできません。そこで本書は、日本語教育学を考える際に、そもそも踏まえていなければならないことは何かという問題意識から、日本語教育学の体系化をめざすにあたって参照する「地図」を作成

することをめざしました。1990年代は、日本語教育学という、1つの地域があり、その限られた地域の地図が描かれていました。その外の、もっと広い世界の地図を描き足していき、日本語教育学と外の世界の関係を描き出そうとしたのが、知識本シリーズであり、21世紀に入ってすぐのころの日本語教育学の議論でした。しかし、その地図は少し古くなってきています。そこで、古くなった地図の更新作業が必要となってきました。

　本書は、今までの日本語教育学分野ではあまり取り組まれていなかった、いくつかのことにチャレンジしています。1つ目は、知識本シリーズという、過去に出版された書籍の内容を十分に踏まえ、その議論を明確に引き継いでいることを明言して企画されていることです。多くの著作は、シリーズとして刊行されることはあっても、中長期的には、常に新しい議論が進められていきます。しかし、一度立ち止まって後ろを振り返ってみること、そして改めて前を向きなおすことはとても大切なことだと思います。2つ目は、日本語教育学の内外にいる多様な関係者に、さまざまな観点から議論をしてもらっていること、さらにその議論を本書出版以降もwebを活用して継続しようとしていることです。日本語教育学は、ことばと人を対象とする学問分野だといえます。ことばと人が対象となるということは、この世の中のほとんどすべてのことが対象として含まれてくるといっても過言ではないでしょう。当然、日本語教育学の外側にいる多くの人々と積極的に、批判的な視点を含めてコミュニケーションを行っていく必要があると思います。

　本書は、以下のような構成になっています。
　第1部は問題提起のパートです。1章（神吉論文）では、日本語教育学をめぐる議論の変遷について、1990年代と2000年代の先行研究のレビューから、その議論に大きな違いがあることを指摘します。1990年代の日本語教育学に関する議論は、主として「日本語」と「日本語の教育」に関する議論であり、日本語教育学の内部の議論をしています。一方で、2000年代の議論は、社会学や心理学等の学際的な知見を踏まえたうえで日本語教育学の位置づけを再定位する、日本語教育学の外側とのつながりを議論していることと、2000年代の議論の背景にはポストモダニズムの影響が色濃いことを指摘します。そして、

日本語教育学の個別研究を進めていくうえで、日本語教育学の学問的・社会的な基盤となる「地」を常に意識することの必要性を主張するとともに、レビューを通して日本語教育学に携わる人々が、だいたい同じ方向を向いて研究を進めると同時に、日本語教育学が社会的貢献を行っていく必要性を論じます。

続く2章（名嶋論文）は、東日本大震災の被災者である名嶋が、その個人的な経験を踏まえて、日本語教育学に携わる研究者・実践家の社会的貢献について、どのように考えていけばいいのかを語っています。個人的な経験を色濃く出してほしいという編者の強い希望に応えてくれたものです。まず被災当時の状況として、日本人コミュニティと外国人コミュニティの分断が見られ、そのことから現在の日本社会が「多文化共生社会」とは程遠いとしています。また、被災から復興に向けてのさまざまな経験を通した自問自答の中から、ことばの役割とことばの研究・教育に携わる専門家の役割を再確認したことを語ります。そのうえで、原発事故によって多くの人々が従前の生活に変更を迫られたり、今も放射能汚染の影響を受けている地域があったりするにもかかわらず、再び原発を推進する言説が強化されようとしている現状に危機感をおぼえ、自らが専門とする「ことば」を用いて、権力に向き合うことの重要性を指摘しています。そして具体的な姿勢として、「人と人とをつなげ社会をつくっていく」ことと「現在の社会のあり様について常に問い直し、よりよいあり方を模索する」ことの重要性を主張しています。

第1部では、日本語教育学の「地」と「図」というのがある種のキーワードになっています。「地」というのは、日本語教育学の背景となる社会的事実や課題、学問的蓄積や課題のことを指します。日本語教育学の体系化には、このような「地」を関係者が共有したうえで、「図」としての個別研究・個別実践を進めていくことが必要であると主張しています。

第2部では、日本語教育学の過去10年程度の学問的知見をレビューという形で提示することで、学問的課題についてまとめています。レビューを行うにあたっては、知識本シリーズの議論を踏まえていますが、知識本シリーズで扱われた広範な領域をすべてカバーすることは紙幅の都合はもちろん、筆者たちの力量を超えたものとなります。そこで各章でテーマを絞ってレビューを行います。第2部の各章の構成は基本的に同じ形となっており、1）ベースとしてい

る知識本の貢献と課題、2) 過去10年程度の関連する研究のレビュー、3) 各章のテーマに関する今後の展望と課題についてという3つの内容を含みます。

　3章（柳田論文）では、学習の分析とデザインの現状と課題を論じます。まず、知識本の貢献として、「教育実践とそれに関する研究の往還」と「社会的文脈における日本語教育研究」という2つの課題を指摘したことを挙げています。そして、その2つの課題に対して、近年の教育実践に関する研究がどのように応えているかを概観します。そのうえで、近年の主要な学術誌に掲載されている日本語教育研究では、教育実践に関するものが少ないことと、既存の理論を応用・検証している段階で、教育実践の実態から新たな理論構築を行うには至っていないことを指摘しています。さらに、教育実践に関する今後の課題として、さまざまな社会的文脈における教育実践を描き出すこと、学習者だけでなく母語話者も含めた学習のデザインを視野に入れることを主張しています。また、3章では、先行研究で論じられていることが後続する4章から7章で論じられることとどのように関係づけられるかにも言及します。したがって、3章を読んだうえで4章から7章を読み進めていくと、より全体像がわかりやすくなると思います。4章から7章は、それぞれのテーマについてのレビューを行いますので、興味のある章から読み進めていけるようになっています。

　4章（三代論文）では、言語教育と文化について論じます。まず、1990年代以降、日本語教育学において文化が議論されるようになった経緯を述べます。その上で、知識本の貢献として、「ことば」「文化」「教育」とは何かという問いについて、従来の本質主義とは異なる視点から論じることで、以後10年の日本語教育の「課題のメニュー表」を提示したこと。また、文化の多様な議論が日本語教育自体の再構築の議論につながったことを指摘します。一方で、文化とは何かという議論が減少したこと、ポストモダンを背景とした実践のあり方が共有されていないことなどを課題として挙げます。さらに、近年のビジネス日本語教育への注目が文化の本質主義に逆戻りする危険性を持つ反面、ポストモダンの文化観から言語教育を捉え直すきっかけになる可能性も指摘します。そして、現在の社会を見据えて、どのような言語教育実践を行う必要があるのかを批判的に問い直しつつ、その形を共有していく必要性を主張します。

　5章（松尾論文）では、多文化社会の構築と言語教育の役割について、地域日

本語教育のあり方を中心に論じています。まず、知識本による貢献として、地域日本語教育について考える際の「理念」「社会的な必要性」「目標」「活動内容」「活動形態」「ネットワークとコーディネーター」という6つの観点を人権という枠組みから定位したことを挙げます。そして、この6つの観点から、過去10年の研究をレビューし、今後の地域日本語教育のあり方について、いくつかの提案をします。1点めは、日本語教育、多文化教育、異文化間教育、開発教育、国際理解教育などに関わってきた関係者の協働が必要であることです。2点めは、現場の実践者の協働を推進することに加え、「現場の経験知や暗黙知」「現場のリアルな経験」を事例として蓄積する「実践研究」の必要性です。そして、理念・理想から導き出されるモデルと現場の工夫という両面からの議論を継続するとともに、理念を繰り返し語る重要性が主張されています。

6章（嶋論文）では、学習と学習者の研究について論じています。まず、第二言語習得研究における行動主義から認知主義、そして状況主義への変遷を概観します。そのうえで、知識本の貢献として、状況主義の1つの考え方である社会文化的アプローチが、日本語教育研究にどのように受け入れられてきたかを明らかにしたことであると述べます。一方で、近年の日本語教育研究において、特に学習者を対象としたものは、依然として量的アプローチが多く、学習を「情報処理」モデルから捉える傾向が根強いことを指摘しています。また、協働学習やアイデンティティ構築と学習の関係について、近年の研究成果をレビューしたうえで、今後の学習・学習者研究に求められるポイントを2点挙げています。1点めは、日本語を学ぶ教室という場の意義とその場における教師の役割の捉え直しです。2点めは、学習者を取り巻く日々の相互行為への注目の必要性です。さらに今後の課題として、多様な学習者が属するそれぞれのコミュニティで、どのように言語が使用され学ばれているのか、言語以外で学ばれているものは何かなどを、第二言語話者だけでなく母語話者も含めて考える必要性を主張します。

7章（牛窪論文）では教師の役割と専門性について論じます。まず、知識本の貢献として、多様な現場における教師研修のあり方を示し、日本語教師の成長にとって必要となる観点を提示して論じたことと、そこで論じられたことが、現在でも有効性を持つ議論であることが挙げられます。次に、日本語教育研究

において、多くの場合「研究者＝教師」という事情から、教師として教室活動に向き合うことと研究者として教室活動を分析するという異なる2つの社会的活動が区別されることなく、無意識に「教師の成長」とされていることを指摘します。そして、教師の成長を支える内省モデルが、日々の授業実践をどうするかというレベルの内省にとどまりがちであることを課題として挙げます。そのうえで、日本語教師に関する研究を、教師の能力・資質、教師の経験、教師養成に大別して概観します。それを踏まえ、日本語教師が、そもそも自分はなんのために日本語を教えるのかという根本的な問いを持つ必要性、教師が自身の教育観・人間形成観を批判的に問い直す必要性、教室の外部に関心を向ける必要性を指摘します。そして、教師一人一人が自分の実践を問い直すことが、日本語教育の枠組み自体を問い直すことにつながると主張します。

　第3部では、日本語教育関係者や隣接領域の専門家に、これからの日本語教育学に求めることを自由に書いてもらいました。日本語教育学の学際性や社会とのつながりが重視される中で、さまざまな立場の方に日本語教育について考えていることを、エッセイとして自由に語ってもらっています。第3部の執筆を依頼するにあたり、「分野として日本語教育に近いか遠いか」「それぞれの筆者が活動しているフィールドが研究寄りか実践寄りか」という2つの軸で4象限に分類し、それぞれの象限にバランスよく執筆者が配置されるようにしました。知識本シリーズの編者もいますし、地域で日本語教育に取り組んでいる人、社会起業やフリーランスとして日本語教育に携わっている人、社会学やロボット工学の研究者、出版関係者など多様な筆者がそれぞれの考えを率直に語ります。そこでの日本語教育に関する捉え方はさまざまですし、その語り方もさまざまです。もしかしたら、読者の中にはこの「ばらばら感」に違和感を持つ人がいるかもしれません。しかし、実践科学としての日本語教育学は、第3部のようなさまざまな声とともに進められていかなければならないと思います。第3部の異種混淆の声が、日本語教育学の新たな展望を開く際の議論のきっかけになると思います。そして、この第3部の取り組みは、本書出版後はwebサイトを活用して、順次新たな筆者に論考を寄せてもらい、さらなる広がりと深まりをめざしていくことを考えています。

本書がめざす日本語教育学のデザインを通した学問的体系化ということについて、「何がどこまで日本語教育学なのか」「これは日本語教育学の範囲なのか」などという学問領域のラベル貼りのような議論をすることはあまり建設的ではありません。日本語教育学は、人が社会的実践を行ううえでのことばに関する問題を扱うという大きな枠組みがありますが、ことばの社会的役割の多様性、人の多様性を考えると、その守備範囲は無限に広がっていくものと思われます。この無限の広がりの中で、日本語教育学に携わる人たちが、よりよい未来、よりよい社会を創造していくためにだいたい同じ方向性を認識し、発信していく必要があるでしょう。

　本書では、日本語教育学の学問的蓄積のうち、ごく一部のテーマに絞って論じています。ここで扱えていないこと、言及できていないことがたくさんあります。ですから、議論はここで完結するものではありません。むしろ本書の議論が、現在日本語教育学に携わっている人たちの共感や違和感や怒りを引き起こしたり、これから日本語教育学に携わる人たちの道標となったり、逆に混沌の沼に放り込んだりすることで、新たな地図を多くの人に描いてほしいと願っています。そのような取り組みが広がっていくことが、本書の社会的存在意義になると思います。「手っ取り早く全体像がわかる便利な本」ではなく、日本語教育学に関わるさまざまな立場にいる人たちが、自分たちで苦労しながら地図を描いていく際の、ちょっとした手助けになるとうれしく思います。また本書を手に取った多くの人々が、本書の主張の一つ一つを批判的に検討し、さらなる論争が巻き起こるためのきっかけになればと思います。

2015年5月

神吉 宇一

参考文献

岡崎眸・岡崎敏雄 (2001).『日本語教育における学習の分析とデザイン―言語習得過程の視点から見た日本語教育―』凡人社.

岡崎洋三・西口光一・山田泉 (編) (2003).『人間主義の日本語教育』凡人社.

西口光一 (編) (2005).『文化と歴史の中の学習と学習者―日本語教育における社会文化的パースペクティブ―』凡人社.

春原憲一郎 (2006).「鼎談　ひとを変えるということ・ひとが変わるということ」春原憲一郎・横溝紳一郎 (編)『日本語教師の成長と自己研修―新たな教師研修ストラテジーの可能性をめざして―』p. 328. 凡人社.

春原憲一郎・横溝紳一郎 (編) (2006).『日本語教師の成長と自己研修―新たな教師研修ストラテジーの可能性をめざして―』凡人社.

細川英雄 (編) (2002).『ことばと文化を結ぶ日本語教育』凡人社.

本田弘之・岩田一成・義永美央子・渡部倫子 (2014).『日本語教育学の歩き方―初学者のための研究ガイド―』大阪大学出版会.

目　次

第1部　日本語教育学の「地」と「図」

1章　日本語教育学の体系化をめざして (1)
　　　―日本語教育学に関する議論の推移と社会的役割について― … 3
　　　　　　　　　　　　　　　　　　　　　　　（神吉 宇一）

2章　日本語教育学の体系化をめざして (2)
　　　―日本語教育関係者の社会的役割について― ………………27
　　　　　　　　　　　　　　　　　　　　　　　（名嶋 義直）

第2部　日本語教育学の「地図」を描くために

3章　教育実践を「知」にむすぶ ……………………………………55
　　　［レビューするテーマ：学習の分析とデザイン］
　　　　　　　　　　　　　　　　　　　　　　　（柳田 直美）

4章　「ことば」「文化」、そして「教育」を問い直す …………77
　　　［レビューするテーマ：言語教育と文化］
　　　　　　　　　　　　　　　　　　　　　　　（三代 純平）

5章　地域日本語教育を問いつづける ………………………… 101
　　　［レビューするテーマ：多文化社会の構築と言語教育の役割］
　　　　　　　　　　　　　　　　　　　　　　　（松尾 慎）

6章　「社会」のなかに学習と学習者をとらえる ……… 123
　　　［レビューするテーマ：学習と学習者の研究］
　　　　　　　　　　　　　　　　　　　　　　　（嶋 ちはる）

7章　教師の役割と専門性を考える ……………………… 145
　　　［レビューするテーマ：教師の役割と専門性］
　　　　　　　　　　　　　　　　　　　　　　　（牛窪 隆太）

第3部　わたしが描く、日本語教育の「地図」

- 01　岡崎 敏雄 …………………… 172
- 02　細川 英雄 …………………… 174
- 03　山田 泉 ……………………… 176
- 04　西口 光一 …………………… 178
- 05　横溝 紳一郎 ………………… 180
- 06　はるはら けんいちらう … 182
- 07　西尾 珪子 …………………… 184
- 08　上野 千鶴子 ………………… 186
- 09　岡田 美智男 ………………… 188
- 10　山西 優二 …………………… 190
- 11　田村 太郎 …………………… 192
- 12　あべ やすし ………………… 194
- 13　堀 永乃 ……………………… 196
- 14　早川 秀樹 …………………… 198
- 15　戸嶋 浩子 …………………… 200
- 16　菊池 哲佳 …………………… 202
- 17　佐藤 佳子 …………………… 204
- 18　柴崎 敏男 …………………… 206
- 19　島崎 薫 ……………………… 208
- 20　南浦 涼介 …………………… 210
- 21　ケード・ブッシュネル … 212
- 22　村上 吉文 …………………… 214
- 23　角南 北斗 …………………… 216
- 24　田中 美帆 …………………… 218
- 25　吉峰 晃一朗 ………………… 220

　　キーワード索引 ……………………………………… 223

　　編者・著者プロフィール ……………………………… 228
　　第3部執筆者一覧 …………………………………… 230

第1部

日本語教育学の「地」と「図」

1章 日本語教育学の体系化をめざして (1)
—日本語教育学に関する議論の推移と社会的役割について—

神吉 宇一

1 デザインと「地」と「図」

　少し遠回りになるかもしれませんが、日本語教育の話をする前に、まずは、デザインの話に触れてみたいと思います。近代のデザインという概念は、19世紀のジョン・ラスキン (John Ruskin)[1]やウイリアム・モリス (William Morris)[2]の思想が源流だと言われています (Pevsner, 1936 白石訳 1957)。19世紀当時、急速な産業の発達により、製品の大量生産が加速する中で、そのような社会的潮流に抗(あらが)うように生まれてきたのがデザインの概念です。その後、ドイツのバウハウス運動[3]を経て、モダニズムのデザインへと発展してきました (原, 2003)。デザインとは、芸術としての側面もありますが、デザイナーの専門性は芸術的側面にとどまりません。人々が社会的実践を行う際の最適なリソースとしての空間や場を提供する際にも、デザイナーの専門性が駆使されます。

　一例を挙げると、隈研吾氏がデザインした新潟県長岡市のアオーレ長岡があります。

　アオーレ長岡は、市民が集う「ナカドマ (中土間)」と呼ばれる空間を中心に、その周囲に市役所、カフェやコンビニ、市民交流ホール、議場などが配置されており、議場は文字通り「ガラス張り」になっています。また、市長の執務室もガラス張りでナカドマ上部の4階部分に位置しており、ナカドマに集う市民

---

1) 19世紀イギリスの芸術評論家。ラスキンの著作はウイリアム・モリスに多大な影響を与えたと言われています。
2) 19世紀イギリスのデザイナー。「モダンデザインの父」と呼ばれています。芸術と生活を一体化させようというモリスの思想・デザインは「アーツ・アンド・クラフツ運動」と呼ばれ、以後のデザインの歴史に大きな影響を与えました。
3) アーツ・アンド・クラフツ運動に影響を受け、ドイツのワイマールに設立された芸術造形学校 (バウハウス) を中心とした芸術運動。

ナカドマ(中土間)

多くの人でにぎわうナカドマ

1階にあるガラス張りの議場

誰もが気軽に立ち寄り、集うことができる

アオーレ長岡 (写真提供: 長岡市役所)

から中が見えるようになっています。アオーレ長岡は、規模拡大によって郊外へと移動していた市役所を街の中心に戻し、市民生活と市役所という箱や機能を一体化させ、人々の生活の「中心の場」の復活をめざしてデザインされています[4]。筆者も一度長岡を訪れた際に案内していただきましたが、まさに市民が集う場としての機能が、デザインによって街の真ん中に作られ、そのことによって人々の生活・社会的実践が変化しているのだなと感じられるものでした。

　デザインというと、私たちはついついデザインされるモノそのものに注目しがちですが、そのモノがどのような環境の中に存在しているのか、そして周囲の環境や社会的実践とどのような関係を切り結び、どのように影響を与え、どのように変容を引き起こすのかまで含めて考えることが重要だといえます。日本語教育学について考えるにあたっても、対象となる日本語教育の諸現象・諸事象が、どのような学問的背景や社会的背景の中に存在しているのかを意識す

---

[4] 隈研吾建築都市設計事務所ウェブサイトより http://kkaa.co.jp/works/architecture/nagaoka-city-hall-aore/ (2015年3月27日閲覧)

ることが必要だと思います。

　ここで比喩的に「地」と「図」という概念を持ち出して、少し考えてみたいと思います。地と図の議論で有名なのが、ルビンの壺です（図1）。みなさんも一度は見たことがあると思います。この絵は、黒い部分を地としてみると、図としての白い壺が認識できますが、逆に白い部分を地として見ると、図として向き合った人の顔の絵に見えるというものです。このルビンの壺に代表されるように、人々が物事を認識する際に、背景となる地と、対象として目の前に見える図とが存在します。そして、同じものを見ていても、何を地とするかによって、浮かび上がる図が異なって見えますし、そもそも図は単独で存在するのではなく、地との関係の中で、地があって初めて認識できるも

図1　ルビンの壺

のとして描かれています。アオーレ長岡の例で考えたとき、図としてデザインされたのは、ナカドマ（中土間）というオープンなスペースです。しかし、そもそもの地としてあった、人々の社会的実践が、図のデザインによって変容していった例だといえるでしょう。また、ナカドマを地としてみれば、そこで行われる図としてのさまざまな人々の活動が、地のデザインによって影響を受けているといえます。

　では、これからみなさんと一緒に考えていく日本語教育学のデザインに関して、この地と図という比喩的な表現は、どのように位置づけられるでしょうか。日本語教育学において、図は各研究課題であり、個別の研究や実践そのものだといえるでしょう。一方で、地は、図を成り立たせる社会的背景や課題と学問的背景や課題、対象となる人々のくらしや、社会そのものでしょう。日本語教育学のデザインを考えるということは、それぞれの図がどんな地の上にどのように配置されているのかを考えていくことだと思います。その際、地も図も固定化されたものではなく、常にその関係が流動的なものだといえます。各研究や実践としての図だけでなく、地を常に意識し、そこにきちんと言及していくことが、とても大切なことではないでしょうか。アオーレ長岡の例から、デザインとは決してデザインされる図だけに焦点化するものではないということを

見てきました。日本語教育学のデザインにおいても、学問的背景や課題という研究的側面の地を、日本語教育学に携わる人々の共通の土台として確立する、学問の体系化という作業が必要不可欠であるといえるでしょう。

2　教育とデザイン―ポストモダンの思潮―

　日本語教育の分野で、デザインという言葉が初めて使われたのは、おそらく田中望による『日本語教育の方法―コース・デザインの実際―』(田中, 1988) です。現在では、コース・デザイン、学習環境のデザインなど、ごく普通に使われる言葉になっています。

　日本語教育分野でデザインという言葉が一般的に使われるのに先立つ形で、学習心理学や認知科学、発達心理学等の分野では、80年代後半より、盛んにデザインという言葉が使われるようになりました。その背景には、認知革命以後の教育や学習に対する見方の大きな転換 [5]（パラダイムシフト [6]）、社会学を中心とした構築主義的な考え方の広がりなど、ポストモダニズムの思想的潮流が強く影響しています。

　ポストモダンについて、初めて明確に論じたのは、ジャン=フランソワ・リオタール (Jean-François Lyotard) だといわれています。リオタールは、ポストモダンを「大きな物語（メタ物語）」への不信感と表現しています (Lyotard, 1979 小林訳 1986)。大きな物語とは、どこかにある「真理」ということになると思います。モダンの学問は、絶対的な真理の追求をめざしていたのに対し、ポストモダンでは、その追求すべき絶対的真理がないということが前提とされます。ポストモダニズムについては、その言葉の定義が多様であり、また多領域にわたって関わる問題ですので、ここで明確に定義づけることは筆者の力量を超えていますし、紙幅の問題もあります。そこで、ここではいくつかの考え

---

[5]　認知革命とは、1960年代に起きた行動主義心理学から認知主義心理学への転換を指します。これにはコンピュータの発達が大きな役割を果たしました。しかし、専門家の判断をすべてリスト化してコンピュータにプログラムすれば、コンピュータも専門家と同じ働きができるのではないかという「エキスパートシステム」の取り組みが破綻したことなどから、状況主義へと移行していく一連の流れを指します。

[6]　科学哲学者、トーマス・クーンの用語。ある思想領域や学問領域で物事を考える際に前提となる基底的な考え方（パラダイム）が、新たなものに置き換わる（シフトする）ことを指します。

方を例示的に示すことで、その方向づけをしておこうと思います。

　例えば、人々のやりとり、相互行為については、社会学から派生する構築主義的な考え方（e.g., Berger & Luckman, 1966 山口訳 2003; Burr, 1995 田中訳 1997）や、エスノメソドロジーがあります（e.g., サーサス, ガーフィンケル, サックス, & シェグロフ／北沢・西阪訳, 1989）。これらの立場は、人々の行為は相互構成的に規定されるものであり、人の内部に意味や意図が事前に構成され、それが表出されるという「内部」と「外部」の二元論的な考え方ではないと主張します。実際のところ、相互行為の分析を詳細にしていくことで、主体の「意図」とは異なる意味が見いだされてきます。このような立場は、現在の会話分析、教室談話分析、接触場面研究等に発展しています。学習については、社会文化的アプローチに代表される考え方がポストモダニズムの思潮といえるでしょう（e.g., Lave & Wenger, 1991 佐伯訳 1993; Suchman, 1987 佐伯監訳 1999; Wertsch, 1991 田島他訳 2004）。これらの立場は、学習されるものが個人の内部に蓄積されるということや、ある場面で習得されたものが、別の場面にも転移可能であるということを疑問視しています。そして、人々の学習とは周囲の状況や文脈との折り合いの中に局所的に生起するものだと主張しました。このような思想的系譜は、現在の教室研究や教師の自己成長の研究、教室外の学習の分析等に発展的に援用されています。

　このようにポストモダニズムとは、従来の「固定化された何か」「どこかにある真理や本質の追求」という前提を問い直し、人々の社会的実践の文脈性や流動性を前提としたものといえます。ポストモダニズムの思想は、70年代以降の人文科学系研究では非常に大きな流れとなっており、日本語教育学に対しても、強い影響を及ぼしています。

3　日本語教育学に関する議論の変遷

　学会誌の特集や書籍の出版において、何度か、日本語教育学のデザインに関連する議論が行われています。もちろん、オリジナルの議論に「日本語教育学のデザイン」という言葉が使われているわけではありませんが、そう呼んでいいと思われるものを、90年代と2000年代の議論に大別して見ていきましょう。

3.1　1990年代の議論

　日本語教育学の議論は90年代から活性化してきているといえます。書籍タイトルとして、日本語教育学という語が用いられたもっとも古いものは、『日本語教育学』(奥田, 1992) です。また、90年代には、1995年と1997年の2度、学会誌『日本語教育』に「展望」という特集が組まれ、日本語教育学のあり方について議論されています。以下、学会の2つの特集を中心に日本語教育学の議論の蓄積について見ていきます。

3.1.1　1995年『日本語教育』展望

　1995年の「展望」では、水谷修 (1995) と徳川 (1995) が、政策的動向を踏まえた議論を行っています。水谷修 (1995) は、日本語教育界の課題として、専門性、普遍性、日本全体の国際化への貢献という3点を挙げ、特に専門性に関しては学問的な体系化が重要であると指摘しています。また、徳川 (1995) は、日本語教員養成の現状と課題について、教員養成コースのあり方、日本語教育能力検定試験の役割等について論じています。その他、国立大学の日本語教育 (奥田, 1995)、私立大学の日本語教育 (長谷川, 1995)、日本語学校の日本語教育 (五十嵐, 1995)、ビジネスパーソンに対する日本語教育 (西尾, 1995)、地域の日本語教育対象者となる在住外国人の状況 (柳沢, 1995)、海外の日本語教育 (上田, 1995) 等について、数値データやカリキュラム、学習目標、教材、評価等の具体的なデータをもとにまとめられています。また、水谷信子 (1995) は「日本語教育についての論」と「教材・教授法関係の出版物」に分けて論じており、前者は、日本語教育学をデザインするうえで必要となる先行研究をまとめています。また後者は、音声・聴解、語彙・読解・漢字、文法・構文、言語行動・談話、習得理論・中間言語という各分野別に先行研究が紹介されており、その他にも年少者日本語教育や教授法、日本語教育史の各分野にも少しだけ触れられています。

　1995年の「展望」は、政策や社会的動向を踏まえ、日本語教育機関や日本語学習者の現状を描き出したものであるといえます。また、水谷信子 (1995) の論文によって、主として音声や表記という言語事項と、聴解や読解という学習活動を結びつけ、日本語教育学の学問的体系化を志向する試みがなされてい

ます。さらに、水谷信子 (1995) では、中間言語研究に関する取り組みを取り上げており、日本語教育学の学際性に多少の目配りがなされているものだといえます。

3.1.2　1997年『日本語教育』展望

1997年の展望は、国内の日本語教育の対象者の現状や課題 (石井, 1997)、国内の教師研修や研究・学会の動向 (西原, 1997)、国外の日本語教育の動向 (椎名, 1997) が概論として提示されたうえで、個別の研究分野に関する先行研究のレビューが行われています。研究分野別のレビューは、言語と教育に分けられており、言語面に関しては「音声・音韻」「形態・構文」「語彙」「文字・表記」「表現」という各テーマでまとめられています。また教育面に関しては「教授法」「教育史」「音声教育」「文法教育」「語彙教育」「読解教育」「漢字教育」「作文教育」「日本事情教育」「レベル別」「母語別」「評価」「教科書」「視聴覚教材」「事典・年鑑」のテーマ別に現状が述べられています。さらに、北海道から沖縄までの地域別日本語教育の現状についても言及があります。

1990年代の議論では、95年の「展望」によって社会的状況を踏まえた日本語教育学のあり方が提示され、97年の「展望」によって、具体的な日本語教育学各分野の知見の蓄積が、「言語」「教育」という分野ごとにまとめられ、実践の取り組みもある程度概観されています。この時点での日本語教育学の全体像を提示したものといえるでしょう。また、地域の取り組みを概観することで、日本語教育学における地域課題への目配りもなされているといえます。

一方で、90年代の日本語教育学の議論は、日本語の教育の「内側」の議論が中心であり、近接領域として考えられる心理学、教育学、社会学等との関連にはほとんど踏み込まれていなかったといえます。

3.2　2000年以降の議論

2000年以降も、日本語教育学のあり方について論じたさまざまな書籍や論文が出版されています。ざっと見ただけでも、本書が下敷きとしている「知識本シリーズ」の5冊をはじめ、『日本語教育学を学ぶ人のために』(青木・尾崎・土岐編, 2001)、『講座・日本語教育学』の6冊、『日本語教育』132号、『日本語

教育の過去・現在・未来』の5冊等が挙げられます。

3.2.1 「日本語教師のための知識本シリーズ」(全5巻)

本書の下敷きとなる知識本シリーズは、2000年代前半から断続的に5冊出版されました。

(1)『日本語教育における学習の分析とデザイン―言語習得過程の視点から見た日本語教育―』(岡崎・岡崎, 2001)
(2)『ことばと文化を結ぶ日本語教育』(細川編, 2002)
(3)『人間主義の日本語教育』(岡崎・西口・山田編, 2003)
(4)『文化と歴史の中の学習と学習者―日本語教育における社会文化的パースペクティブ―』(西口編, 2005)
(5)『日本語教師の成長と自己研修―新たな教師研修ストラテジーの可能性をめざして―』(春原・横溝編, 2006)

それぞれの本については、第2部で具体的にその貢献と課題に触れますので、ここでは、シリーズの全体的な貢献と課題について触れたいと思います。大きな貢献のポイントは以下の3点だといえます。

1点めは、日本語教育学の構築について、学際的な視点を明確に導入し、日本語教育学の視野を拡大させたことだといえるでしょう。すでに見てきたように、90年代の日本語教育学の議論は、社会的な課題を踏まえたうえで、日本語教育学の対象である「言語」と「教育」という、いわば「日本語教育の内部」の議論を精緻化していき、日本語教育学の位置づけを模索していました。一方で本シリーズは、第二言語習得研究、認知科学、発達心理学、教育学、社会学等の学際的な知見を援用しつつ、日本語教育学について論じ、日本語教育学の体系化に向けた学際的知見を導入しました。

2点めは、学際的な知見を援用し、改めて日本語教育学のあり方を問い直したことでしょう。例えば、文化とは何か、学習とは何か、教えるという営みはそもそもどういうことか等、それまでの日本語教育学で所与の前提となっていたことに対する疑問を出発点として、日本語教育学の全体像を改めて描き直そ

うとした点です。そしてこの作業には、ポストモダニズムが大きな影響を与えています。

3点めは、新たな知見や概念を導入するにあたって、いくつかの論考では丁寧に先行研究のレビューが行われており、その思潮的源流への言及があるということです。例えば、習得に関する先行研究のレビュー（岡崎・岡崎, 2001）、新たな学習観に関する先行研究のレビュー（山下, 2005）、教師の成長に関する先行研究のレビュー（金田, 2006; 横溝, 2006a, b）、オートノミーに関する先行研究のレビュー（青木, 2006）などが挙げられます。

一方、課題としては、文化や社会など非常に大きな視点から日本語教育学について論じているにもかかわらず、その論拠となる先行理論についての言及がほとんどないものも見受けられます。先行研究のレビューが十分なものばかりではないという点は、学問的体系化という観点から見て、知識本シリーズの大きな課題といえるでしょう。

3.2.2 『日本語教育学を学ぶ人のために』（青木・尾﨑・土岐編, 2001）

『日本語教育学を学ぶ人のために』は、これから日本語教育研究もしくは日本語教育実践を行う人向けに書かれた入門書です。内容は、日本語教育を取り巻く社会的状況と日本語教育関係者の社会的役割（尾﨑, 2001）にはじまり、日本語の能力（谷口, 2001b）および日本語のスキル（谷口, 2001a）について先行研究が簡単に整理されたうえで、「学ぶことを学ぶ能力」として学習ストラテジー（谷口, 2001c）についてまとめられています。さらに、学習・習得に関する隣接分野の知見として、認知心理学（小林, 2001）、ヒューマニスティック・サイコロジー（縫部, 2001）、フレイレ教育学（野元, 2001）、状況的学習論（西口, 2001）、普遍文法（白畑, 2001）、第二言語習得研究（坂本, 2001; 吉岡, 2001）それぞれの研究の動向が概観されています。また、日本語教育実践を志向する読者のために、日本語教師の仕事を多面的に捉えた論考も所収されています。2000年代に出版された日本語教育学関連の書籍の中で、学際的な知見を整理し、日本語教育学における学際性の必要性を主張した最初の書籍であり、以後の日本語教育学の学際領域に対する目配りの1つの方向性を形づくったといえるでしょう。

3.2.3 『講座・日本語教育学』(全6巻)

　『講座・日本語教育学』シリーズは、日本語教育学を体系化するための理論書シリーズとして、「第1巻　文化の理解と言語の教育」(縫部監修・水島編, 2005)、「第2巻　言語行動と社会・文化」(縫部監修・町編, 2006)、「第3巻　言語学習の心理」(縫部監修・迫田編, 2006)、「第4巻　言語学習の支援」(縫部監修・水町編, 2005)、「第5巻　多文化間の教育と近接領域」(縫部監修・倉地編, 2006)、「第6巻　言語の体系と構造」(縫部監修・多和田編, 2006) の6冊によって構成されています。日本語教育学の体系化とともに、それを学ぶ教師の育成ということが目的となっています。本シリーズの特徴は、他の日本語教育学のシリーズに比して、圧倒的に学際的であるという点です。例えば、第1巻を例にすると、文化とは何かという根本的な問いから始まり (水島, 2005a)、日本文化を比較文化研究の視点から議論したもの (水島, 2005b) や思想史の視点からまとめたもの (中村, 2005) など、文化という概念を扱うにあたっての基礎となる視点を踏まえた議論をベースにしています。そのうえで、日本語教育学における文化に関わる実践に触れるなど、かなり幅広い議論を展開しています。

　本シリーズの貢献としてもっとも大きいのは、6冊それぞれのテーマについて、広範な学際的知見を網羅し、その知見を踏まえて日本語教育学をどのように構築していくかという議論をしているところであるといえるでしょう。

3.2.4 『日本語教育』132号

　『日本語教育』132号は、「日本語教育学とは何か」というテーマの特集号でした。掲載論文8本のうち「日本語教育の核と日本語教育学」(水谷, 2007)、「英語教育学と日本語教育学」(縫部, 2007)、「日本語教育学のめざすもの―言語活動環境設計論による教育パラダイム転換とその意味―」(細川, 2007) の3つの論文は、日本語教育学の総論としての位置づけといえるものです。水谷 (2007) は、日本語教育学の核として、A) 観察型・発見型の研究、B) 課題解決、設計・開発型の研究、C) 俯瞰型、領域・目的・方策探求型研究の3つの研究領域の循環と相互の連関が重要であることを指摘し、Aの研究の進展は見られるが、それがそもそも妥当なものなのかどうかを、B、Cの研究によって検証していく必要性を指摘しています。縫部 (2007) は、日本語教育学は、A) 人間と目標

言語間のシステム構築、B) 人間学の探求、C) 人間と環境に関わるジェネリックな学としての特徴、D) 人間の行動 (behaviors) のメカニズム探求という4つの視点を踏まえ、隣接領域との学際的な連携を深めていく必要性を論じています。細川 (2007) は、日本語教育学とは何かという問いが十分に議論されていないことを指摘したうえで、日本語教育における準備主義、目的主義、応用主義それぞれを批判的に検討し、実践研究を通した日本語教育学の構築の必要性を論じています。また、日本語教育関係者自身が、日本語教育学とは何かということを問い続ける重要性も指摘しています。

『日本語教育』132号に掲載されている論考に共通するのは、日本語教育学の学際性を重視する視点とともに、ポストモダニズムの思潮をベースにした議論がなされていることです。関係論的なアプローチの重視 (縫部, 2007)、「正しい」日本語に対する分析的な視点の必要性 (メイナード, 2007)、第二言語教育における状況論や活動理論の影響 (佐藤, 2007; 村上, 2007)、そして眞鍋 (2007) による、多くの国々で人々が「日本語を学ぶことでポストモダンの中心的な価値観の1つである『寛容の精神』が育まれる」可能性への言及などに、そのことが現れています。

3.2.5 『日本語教育の過去・現在・未来』(全5巻)

『日本語教育の過去・現在・未来』シリーズは、「社会」(水谷監修・野山・石井編, 2009)、「教師」(水谷監修・河野・金田編, 2009)、「教室」(水谷監修・小林・衣川編, 209)、「音声」(水谷監修・河野・小河原編, 2009)、「文法」(水谷監修・小林・日比谷編, 2009) という5冊で構成されています。それぞれ、日本語教育の過去から現在、現在、現在から未来について、論じられています。この中で、「日本語教育の過去から現在」という部分が、それぞれのトピックに関する現在までの蓄積をまとめたものとなっています。小河原 (2009) では、日本語教育学における音声教育研究について、文献のレビューを行いながら、その変遷をまとめています。小林 (2009) は、学会誌『日本語教育』の特集テーマや既刊の文法解説書の内容を踏まえ、日本語教育学における文法観を批判的に検討しています。また衣川 (2009b) は、教室研究について、自身の教師経験とそのときどきの教育理念や教授法、学習観の変遷を概観しており、それらの基礎となる

理論的背景にも一部言及しています。

　また、各書とも、最終章で今後の日本語教育学の方向性について論じています。そこでは、新たな概念や理論構築の重要性（衣川, 2009a; 野山, 2009）、実践研究の必要性（河野, 2009a, 2009b; 衣川, 2009a）、さらなる実態調査の必要性（河野, 2009b; 日比谷, 2009）などが指摘されています。いずれも、日本語教育学の今後を展望するために核となる重要な課題を指摘しています。

　一方で、各書ともに、体系的かつ網羅的な先行研究のレビューが必ずしも行われていないことと、若干のレビューが行われていても、そこで抽出された課題が各論の議論に引き継がれているわけではないという課題があります。

3.3　日本語教育学に関する議論のまとめ

　1990年代から2000年代にかけての日本語教育学に関する議論の傾向をまとめると、1990年代は、「日本語」もしくは「日本語を教育すること」が議論の中心となっていました。また、2000年代に入ってからは、日本語教育の関連領域の知見を踏まえた学際的な立場が鮮明になっており、また多くの論考がポストモダニズムの影響を受けているといえます。ここまでの成果としては、日本語教育学の枠組みを超えて、より大きな議論を展開する必要性が共有され、発信されていることだといえるでしょう。したがって、日本語教育学のデザインは、学際性や社会との関係性を抜きにしては語れないことが明らかです。

　一方で、先行研究を見ても、習得研究や教育、学習に関係するテーマについては、多少のレビューがありますが、社会学や、経営学の人材育成に関係するテーマについては、ほとんど手がつけられていません。また、3.2.5節で課題として指摘されている、新たな理論構築、実践研究や実態調査の必要性についても、日本語教育学の体系的な取り組みが求められるでしょう。

　レビューとは、学問の体系化を進めていくうえで、なくてはならないものです。今までの研究で何が行われてきたのか、その研究が互いにどのように関係しており、何が明らかになっているのか、そしてまだ明らかにされていない課題はあるのか等を整理して提示していくのがレビューです。日本語教育学をデザインすることは、日本語教育学をレビューすることだといっても過言ではないでしょう。レビューによって、日本語教育学に携わっている人々が、ある程度共

有できる地としての学問的な成果と課題を明らかにしていく必要があるといえます。質、量ともに十分なレビューがないということは、結局のところ「個別の研究者の興味関心や流行り廃りによって、場当たり的に研究が行われている」というそしりを免れないと思います。日本語教育学の専門家である私たちが、その専門性を生かして社会に貢献することを考える際、基盤となる地は、社会的な課題と学問的な蓄積の双方を含み込んだものにならなければなりません。昨今の日本語教育研究では、社会的課題の指摘は頻繁に行われていますが、その課題解決に際して、学問的蓄積によるエヴィデンスを明確に示すことができていないというのが、筆者の今までの経験から感じる問題意識の根底にあります。さまざまな人が日本語を学ぶ際に、何をどのくらい学べば、どういう社会的な成果が出るのか、ということについて、体系的な研究の蓄積が十分にあるとは言い切れません。そこで、次節では、日本語教育学の社会的貢献ということについて、筆者が実際に経験した話を織り交ぜながら考えてみたいと思います。

4　日本語教育学と日本社会

　現在の日本社会では、入国管理政策の変更による積極的な外国人の受け入れ[7]、外国人人材に対する研修や人材育成、地域社会におけるコミュニケーションという点で、日本語教育は一定の注目を集めています。2000年代以降の日本の入国管理政策は、経済産業政策とほぼ重なり合って進められてきています（明石, 2010）。ここ数年の新しい日本語教育の動向として、留学生に対するビジネス日本語教育の取り組みや、経済連携協定（EPA）による看護・介護人材に対する日本語教育の取り組みがありますが、これらの動向の基盤にあるのは、経済産業政策です。また少し守備範囲を広げて考えると、技能実習生の増加や生産・労働人口補填（ほてん）のための外国人配偶者の受け入れなども、経済産業政策から発している側面があります。つまり、現在の日本社会で日本語教育学の社会的貢献を考え、日本語教育に関わる社会システムの変更に携わろうとするので

---

[7]　2015年3月現在、移民や労働者の受け入れという正面の議論は行われていませんが、永住資格取得要件の緩和や高度人材ポイント制の創設、技能実習制度による受け入れの拡大、在留資格「介護」の創設など、実質的な受け入れ促進政策は次々に実施されています。

あれば、「経済産業的な」世界の人たち、つまり日本語教育学の外部にいる人たちと折り合いをつけていかざるをえないのではないでしょうか[8]。

筆者は、2007年から2013年まで6年間、海外産業人材育成協会（HIDA、旧AOTS）で、「日本語専門職」「日本語教育担当コンサルタント」という肩書きで仕事をしていました。仕事の中心は、特に経済産業政策に関わる日本語教育と、企業の人材育成に関わる日本語教育の企画・立案・実施に関するマネジメントでした。以下、筆者自身が経験したエピソードを3つ挙げて、日本語教育学の学問的な地の必要性を考えてみたいと思います。

4.1　日本語学習・習得について

経済連携協定（EPA）による看護・介護人材の受け入れ、来日については、報道等でご存知の方も多いでしょう。この受け入れ制度では、看護師・介護福祉士の国家試験に合格することが、日本での継続就労の条件となっています。しかし、EPA候補者たちの試験結果は芳しくなく、それは「日本語の壁」によるものだといわれています。現在は、時間延長や問題へのルビふり対応等が行われていますが、その対応は、問題を読むことへの支援としてどれだけ有用なのでしょうか。時間延長の場合、非漢字圏出身の日本語非母語話者の場合、どのくらいの延長だと効果があるのでしょうか。そもそも、時間を延ばせば読めるようになるのでしょうか。

こういった政策的対応に関しては、どの程度の予算を投じ、どの程度の取り組みをしたら、どの程度の日本語が習得できるのかということが最終決定の判断に際して必要となります。しかし、今のところ、このことに対する「だいたい統一した専門家の見解」というものはありません。

ルビについてはなおさらです。このことについて、担当者がある会議の席で「日本語教育の専門家」にヒアリングをしたところ、ある専門家はルビがあったほうがいいと言い、ある専門家はルビがないほうがいいと言ったそうです。考え方はいろいろあると思いますが、それぞれの専門家が主張する意見の根拠

---

8) このことは、日本語教育学を経済産業的側面にしぼって進めていくことを主張しているわけではありません。人権的な取り組み、社会保障の観点、効率化とは一線を画す教育的立ち位置からのアプローチが求められるのは言うまでもありません。

となるデータがどこにも存在していないというのが、担当者を一番困らせた問題でした。基本的な方針を決める際に専門家の意見を聴取しても、実はその意見に裏づけがないというようなことが、さまざまな場面で続いていき、日本語教育関係者に意見を聞いてみようという機運が徐々に低下していっているというのが現状でしょう。

4.2 日本語能力の測定・評価について

　もう1つ、EPA候補者たちの日本語力の測定・評価に関連して、日本語能力試験を指標とするかどうかという議論について触れてみます。EPA候補者の日本語力の測定・評価にあたっては、EPA事業開始時より日本語能力試験を基準にしようという議論がありました。しかし、多くの日本語教育の専門家は、日本語能力試験では介護現場での就労可能な能力を測定・評価することはできないと主張しました。一般的に考えて、実践的な能力をペーパー試験で十分に測定・評価することはできないこと、試験の結果と現場でのパフォーマンスに乖離があることは認識されているでしょう。当然のことながら、政策立案を行う日本語教育の非専門家も、日本語能力試験の結果だけでEPA候補者の実践的な日本語力を十分に測定・評価できるとは思っていません。しかし、公的資金を投入した研修事業で、なんらかの形でその結果・成果を測定しなければならないという事情から、日本語力は日本語能力試験の活用ということが議論されたわけです。日本語能力試験の結果だけで実践的能力を測ることについては、筆者も妥当ではないと考えています。しかし、ではどういう代案を私たちは専門家として提示することができるでしょうか。日本語教育の業界で作っている試験で測定・評価できないとなると、何か別の指標が立てられるのでしょうか。そもそも、日本語能力試験の結果と実践的な言語能力にはなんらかの相関関係があるのでしょうか、それともまったく相関が見られないのでしょうか。日本語能力試験でどのくらいのことができれば、就労現場での継続学習が円滑に進むのでしょうか。このような点について、残念ながら現在の日本語教育学ではデータを示すことができません。したがって、専門家として賛同または反論する際に、経験則的に語るしかないわけです。経験による知見、経験則というのは、非常に大切で、また価値のあるものです。経験則自体は否定すべきもので

はないでしょう。しかし、素朴な経験を意味づけ、理論化することこそが「学」の社会的な1つの役割ではないでしょうか。

4.3　日本語教師の「専門性」について

あるとき、日本語教師の時給について議論になったことがあります。日本語教師の時給の差は何によって決まるのかということですが、根底にあるのは専門性とは何かという疑問です。以下は、筆者が実際に問われた(問い詰められた)内容です。表現は正確ではありませんが、内容はこのようなものです。

> あるところに2人の日本語の先生がいて、1人が時給5000円、1人が3000円だとしますよね。すると、この2000円の差というのは、何の差なんですか？
> 5000円の先生が教えると、3000円の先生よりも日本語がうまくなるんでしょうか、それとも5000円の先生のほうが一度にたくさん教えることができるとか、そういうことですか？
> 普通に考えると、5000円の先生が教えたほうが、1.5倍以上うまくなるはずですよね。

そんな無茶苦茶な……、と思いますが、では、私たちは日本語教師が経験を積んで専門性を高めていったときに、何について秀でているということができる(できない)のでしょうか。いわゆる日本語力という点で考えれば、日本語力の高い日本語話者は教師以外にもごまんといます。「日本語を分析的に説明する力」ということで考えれば、母語として日本語を使ってきた教師よりも、外国語として日本語を学んだ経験のある人のほうが優れている可能性があるでしょう。可能性を考えるときりがありませんので、この辺でやめておきますが、この議論で重要なことは、いくらに値付けするかということではなく、専門性が何かと問われたときに、どう答えられるのかということではないでしょうか[9]。

---

[9] 一般的に考えて、医者など高度な専門性を有していそうな人々には、この手の質問はぶつけられないでしょう。したがって、そもそも専門性を問われること自体が、専門性を疑われるところですが、そういう自虐的なギロンはあまりしたくないものです。

4.4 日本語教育学の社会的貢献

　ここで挙げたのはあくまでも例です。ここで主張したいことは、このような個別の質問に答えるための「正解」を用意しましょうということではありません。私たちが考えなければならないのは、日本語教育学を専門としない一般の人々が、素朴に疑問に思うことについて、専門家も素朴な経験に基づく知見しか提供できていないという現実です。根拠となるデータがあまりにも少なすぎるのです。

　多くの先行研究ですでに指摘されているように、日本語教育学というものが成立するとすれば、それは社会やそこで暮らす人々の現実を抜きにした「純粋科学」としてではなく、社会的実践と密接に関連した「実践科学」として定位されるものだと思います。その際に、日本語教育学の外にいる人たちとの相互理解を進めていくことは、避けて通れません。日本語教育学を実践の学として考えるのであれば、素朴な疑問から逃げることはできないと「腹をくくる」必要があるでしょう。

　では、腹をくくって私たちは何をしていけばいいのでしょうか。日本社会における日本語教育の課題を解決するためには公的な支援が必要であるということが強くいわれています。このことに対する異論はないでしょう。日本語教育学の立場から、公的支援の課題にアプローチをする際、法律の条文案を作ったり、日本語力が十分でない人に対する日本語教育の必要性を訴えたりしています。しかし、それらの議論に、日本語学習、日本語教育、日本語習得に関する学問的知見がどれほど含まれているでしょうか。日本語教育を通したよりよい社会づくりというのが、日本語教育学に課せられる社会的使命だとすれば、日本語教育学に携わる専門家に求められるのは、「大きな声」でも「同情を引く訴え方」でもなく、冷静かつ根拠のある説得的な議論を行うことです。根拠となるデータがないのであれば、それを収集し「学」として体系化するという取り組みが必要となるでしょう。そのことこそが、まさに学問的側面における地となるものでしょう。

　繰り返しになりますが、日本語教育学における個別研究を推進していく際に、社会的課題という地を踏まえるとともに、もう一方で学問的な課題という地も必要です。この2つの地がレイヤーになって全体の地を描き出し、その上に図

としての個別の研究が描かれていく。日本語教育学をデザインすることというのは、地と図を含めた全体を描き出していくことだといえるでしょう。

5　おわりに

　本章では、日本語教育学の位置づけや展望に関するレビューと筆者の個人的な経験をもとに現状分析を行い、日本語教育学のデザインの方向性について、問題提起を行いました。「地」と「図」の関係を全体として捉える必要があること、学際的であること、学問的知見を整理し次に進んでいくためのレビューが重要であることが、本章で主張したかったことです。

　しかし、研究レビューの目的を見誤ると、弊害も出てくるでしょう。考えられる主な弊害として、ここでは2点挙げておきたいと思います。

　1点めは、日本語教育学を体系化するということが、ややもすると研究のお作法論に矮小化されてしまうということです。研究のお作法は大切ですが、それは大きな課題を解決するためのお作法でしかありません。レビューをお作法として捉えるのではなく、課題をあぶり出し社会を変革していくためのターゲットを見いだすためのものというように捉える必要があるでしょう。

　2点めは、社会的課題は議論によって解決できるのかという疑問から見た弊害です。日本語教育学に限らず、学問は議論によって深化していきます。議論というのは言葉を使って行いますが、言葉を使って論じることは、それが無限にメタ的な問いに昇華していくという限界があります。「議論が無限に広がることによる限界」という一見矛盾した表現になりますが、メタ的な議論が進んでいくと、論点がどんどんずれていって本来何を議論すべきなのかが置き去りにされ、議論することが目的となる状態に陥ります。言葉を変えて平たく言うと、「議論のための議論」とか「学者の言葉遊び」とでも言えばいいでしょうか。レビューを積み重ねることが、議論の屋上屋を重ねることになってはならないと思います。

　こうしたレビューの弊害による隘路に陥ってしまわないためにも、私たちが取り組む図としての個別研究の課題が、どんな地の上にあるのかということを常に意識する必要があるでしょう。そして、日本語教育学の社会的貢献に向け

て、多くの専門家が「だいたい同じ方向」に進んでいく必要があるのではないでしょうか。

参考文献

青木直子 (2006).「教師オートノミー」春原憲一郎・横溝紳一郎 (編)『日本語教師の成長と自己研修―新たな教師研修ストラテジーの可能性をめざして―』pp. 138-157. 凡人社.

青木直子・尾﨑明人・土岐哲 (編) (2001).『日本語教育学を学ぶ人のために』世界思想社.

明石純一 (2010).『入国管理政策―「1990年体制」の成立と展開―』ナカニシヤ出版.

五十嵐耕一 (1995).「日本語教育施設及び日本語教育振興協会」『日本語教育』86号別冊, pp. 62-71. 日本語教育学会.

石井恵理子 (1997).「国内の日本語教育の動向と今後の課題」『日本語教育』94, pp. 2-12. 日本語教育学会.

上田孝 (1995).「海外における日本語教育」『日本語教育』86号別冊, pp. 119-126. 日本語教育学会.

岡崎眸・岡崎敏雄 (2001).『日本語教育における学習の分析とデザイン―言語習得過程の視点から見た日本語教育―』凡人社.

岡崎洋三・西口光一・山田泉 (編) (2003).『人間主義の日本語教育』凡人社.

小河原義朗 (2009).「日本語音声教育を振り返る」水谷修 (監修)・河野俊之・小河原義朗 (編)『日本語教育の過去・現在・未来 第4巻 音声』pp. 24-45. 凡人社.

奥田邦男 (1995).「国立大学における日本語教育の現状と課題」『日本語教育』86号別冊, pp. 38-48. 日本語教育学会.

奥田邦男 (編) (1992).『教職科学講座第25巻 日本語教育学』福村出版.

尾﨑明人 (2001).「日本語教育はだれのものか」青木直子・尾﨑明人・土岐哲 (編)『日本語教育を学ぶ人のために』pp. 3-14. 世界思想社.

金田智子 (2006).「教師の成長過程」春原憲一郎・横溝紳一郎 (編)『日本語教師の成長と自己研修―新たな教師研修ストラテジーの可能性をめざして―』pp. 26-43. 凡人社.

河野俊之 (2009a).「『教師』の飛翔」水谷修 (監修)・河野俊之・金田智子 (編)『日本語教育の過去・現在・未来 第2巻 教師』pp. 208-219. 凡人社.

河野俊之 (2009b).「日本語音声教育の発展のために」水谷修 (監修)・河野俊之・小河原

義朗 (編)『日本語教育の過去・現在・未来　第4巻　音声』pp. 206-217. 凡人社.
衣川隆生 (2009a).「新たなる教室概念の創造」水谷修 (監修)・小林ミナ・衣川隆生 (編)『日
　　本語教育の過去・現在・未来　第3巻　教室』pp. 206-216. 凡人社.
衣川隆生 (2009b).「教室と能力観・学習観・教育観」水谷修 (監修)・小林ミナ・衣川隆生 (編)
　　『日本語教育の過去・現在・未来　第3巻　教室』pp. 22-45. 凡人社.
小林ミナ (2009).「文法研究と文法教育」水谷修 (監修)・小林ミナ・日比谷潤子 (編)『日
　　本語教育の過去・現在・未来　第5巻　文法』pp. 18-37. 凡人社.
小林由子 (2001).「認知心理学的視点」青木直子・尾﨑明人・土岐哲 (編)『日本語教育学
　　を学ぶ人のために』pp. 56-71. 世界思想社.
サーサス, G., ガーフィンケル, H., サックス, H., & シェグロフ, E.／北沢裕・西阪仰 (訳)
　　(1989).『日常性の解剖学―知と会話―』マルジュ社.
坂本正 (2001).「第二言語習得研究の歴史」青木直子・尾﨑明人・土岐哲 (編)『日本語教
　　育学を学ぶ人のために』pp. 136-157. 世界思想社.
佐藤郡衛 (2007).「異文化間教育と日本語教育」『日本語教育』132, pp. 45-57. 日本語教
　　育学会.
椎名和男 (1997).「国外の日本語教育をめぐる情況と展望」『日本語教育』94, pp. 23-32.
　　日本語教育学会.
白畑和彦 (2001).「普遍文法の視点」青木直子・尾﨑明人・土岐哲 (編)『日本語教育学を
　　学ぶ人のために』pp. 120-135. 世界思想社.
田中望 (1988).『日本語教育の方法―コース・デザインの実際―』大修館書店.
谷口すみ子 (2001a).「スキルとは何か」青木直子・尾﨑明人・土岐哲 (編)『日本語教育
　　学を学ぶ人のために』pp. 34-39. 世界思想社.
谷口すみ子 (2001b).「日本語能力とは何か」青木直子・尾﨑明人・土岐哲 (編)『日本語
　　教育学を学ぶ人のために』pp. 18-33. 世界思想社.
谷口すみ子 (2001c).「学ぶことを学ぶ能力」青木直子・尾﨑明人・土岐哲 (編)『日本語
　　教育学を学ぶ人のために』pp. 40-50. 世界思想社.
徳川宗賢 (1995).「展望・日本語教員養成と日本語教育能力検定試験」『日本語教育』86
　　号別冊, pp. 22-37. 日本語教育学会.
中村春作 (2005).「日本文化をどうとらえるか―思想史の視点から―」縫部義憲 (監修)・
　　水島裕雅 (編)『講座・日本語教育学　第1巻　文化の理解と言語の教育』pp. 28-39.
　　スリーエーネットワーク.
西尾珪子 (1995).「ビジネス関係者への日本語教育」『日本語教育』86号別冊, pp. 108-
　　118. 日本語教育学会.
西口光一 (2001).「状況的学習論の視点」青木直子・尾﨑明人・土岐哲 (編)『日本語教育

学を学ぶ人のために』pp. 105-119. 世界思想社.

西口光一（編）(2005).『文化と歴史の中の学習と学習者―日本語教育における社会文化的パースペクティブ―』凡人社.

西原鈴子 (1997).「国内の研究・研修」『日本語教育』94, pp. 13-22. 日本語教育学会.

縫部義憲 (2001).「ヒューマニスティック・サイコロジーの視点」青木直子・尾﨑明人・土岐哲（編）『日本語教育学を学ぶ人のために』pp. 72-90. 世界思想社.

縫部義憲 (2007).「英語教育学と日本語教育学」『日本語教育』132, pp. 13-22. 日本語教育学会.

縫部義憲（監修）・倉地曉美（編）(2006).『講座・日本語教育学 第5巻 多文化間の教育と近接領域』スリーエーネットワーク.

縫部義憲（監修）・迫田久美子（編）(2006).『講座・日本語教育学 第3巻 言語学習の心理』スリーエーネットワーク.

縫部義憲（監修）・多和田眞一郎（編）(2006).『講座・日本語教育学 第6巻 言語の体系と構造』スリーエーネットワーク.

縫部義憲（監修）・町博光（編）(2006).『講座・日本語教育学 第2巻 言語行動と社会・文化』スリーエーネットワーク.

縫部義憲（監修）・水島裕雅（編）(2005).『講座・日本語教育学 第1巻 文化の理解と言語の教育』スリーエーネットワーク.

縫部義憲（監修）・水町伊佐男（編）(2005).『講座・日本語教育学 第4巻 言語学習の支援』スリーエーネットワーク.

野元弘幸 (2001).「フレイレ的教育学の視点」青木直子・尾﨑明人・土岐哲（編）『日本語教育学を学ぶ人のために』pp. 91-104. 世界思想社.

野山広 (2009).「日本語教育政策の構築と実践研究の重要性」水谷修（監修）・野山広・石井恵理子（編）『日本語教育の過去・現在・未来 第1巻 社会』pp. 266-278. 凡人社.

長谷川恒雄 (1995).「私立大学における日本語教育の現状と展望」『日本語教育』86号別冊, pp. 49-61. 日本語教育学会.

原研哉 (2003).『デザインのデザイン』岩波書店.

春原憲一郎・横溝紳一郎（編）(2006).『日本語教師の成長と自己研修―新たな教師研修ストラテジーの可能性をめざして―』凡人社.

日比谷潤子 (2009).「新たな文法観に向かって」水谷修（監修）・小林ミナ・日比谷潤子（編）『日本語教育の過去・現在・未来 第5巻 文法』pp. 202-209. 凡人社.

細川英雄 (2007).「日本語教育学のめざすもの―言語活動環境設計論による教育パラダイム転換とその意味―」『日本語教育』132, pp. 79-88. 日本語教育学会.

細川英雄（編）(2002).『ことばと文化を結ぶ日本語教育』凡人社.

真鍋一史 (2007).「社会学と日本語教育学」『日本語教育』132, pp. 68-78. 日本語教育学会.
水島裕雅 (2005a).「世界の中の日本文化」縫部義憲 (監修)・水島裕雅 (編)『講座・日本語教育学　第1巻　文化の理解と言語の教育』pp. 2-15. スリーエーネットワーク.
水島裕雅 (2005b).「日本文化をどうとらえるか―比較文化研究の視点から―」縫部義憲 (監修)・水島裕雅 (編)『講座・日本語教育学　第1巻　文化の理解と言語の教育』pp. 16-27. スリーエーネットワーク.
水谷修 (1995).「日本語教育政策」『日本語教育』86号別冊, pp. 9-21. 日本語教育学会.
水谷修 (2007).「日本語教育の核と日本語教育学」『日本語教育』132, pp. 3-12. 日本語教育学会.
水谷修 (監修)・河野俊之・小河原義朗 (編) (2009).『日本語教育の過去・現在・未来　第4巻　音声』凡人社.
水谷修 (監修)・河野俊之・金田智子 (編) (2009).『日本語教育の過去・現在・未来　第2巻　教師』凡人社.
水谷修 (監修)・小林ミナ・衣川隆生 (編) (2009).『日本語教育の過去・現在・未来　第3巻　教室』凡人社.
水谷修 (監修)・小林ミナ・日比谷潤子 (編) (2009).『日本語教育の過去・現在・未来　第5巻　文法』凡人社.
水谷修 (監修)・野山広・石井恵理子 (編) (2009).『日本語教育の過去・現在・未来　第1巻　社会』凡人社.
水谷信子 (1995).「日本語教育にける過去二年間の研究活動と成果―日本語の国際化と学習者の多様化を焦点に―」『日本語教育』86号別冊, pp. 82-93. 日本語教育学会.
村上隆 (2007).「心理学と日本語教育」『日本語教育』132, pp.33-44
メイナード，K・泉子 (2007).「言語学と日本語教育学」『日本語教育』132, pp. 23-32. 日本語教育学会.
柳沢好昭 (1995).「数字から見た外国人居住者と地域」『日本語教育』86号別冊, pp. 94-107. 日本語教育学会.
山下隆史 (2005).「学習を見直す」西口光一 (編)『文化と歴史の中の学習と学習者―日本語教育における社会文化的パースペクティブ―』pp. 6-29. 凡人社.
横溝紳一郎 (2006a).「教師の成長を支援するということ―自己教育力とアクション・リサーチ―」春原憲一郎・横溝紳一郎 (編)『日本語教師の成長と自己研修―新たな教師研修ストラテジーの可能性をめざして―』pp. 44-67. 凡人社.
横溝紳一郎 (2006b).「日本語教師養成・研修における『教師のライフヒストリー研究』の可能性の探求」春原憲一郎・横溝紳一郎 (編)『日本語教師の成長と自己研修―新たな教師研修ストラテジーの可能性をめざして―』pp. 158-179. 凡人社.

吉岡薫 (2001).「第二言語習得研究の現状」青木直子・尾﨑明人・土岐哲（編）『日本語教育学を学ぶ人のために』pp. 158-178. 世界思想社.

Berger, P. L. & Luckmann, T. (1966). *The Social Construction Of Reality: A Treaty In The Sociology Of Knowledge.* Garden City, NY: Doubleday. [山口節郎（訳）(2003).『現実の社会的構成―知識社会学論考―』新曜社.]

Burr, V. (1995). *Social constructionism.* NY, New York: Routledge. [田中一彦（訳）(1997).『社会的構築主義への招待―言説分析とは何か―』川島書店.]

Lave, J. & Wenger, E. (1991). *Situated learning: Legitimate peripheral participation.* New York, NY: Cambridge University Press. [佐伯胖（訳）(1993).『状況に埋め込まれた学習―正統的周辺参加―』産業図書.]

Lyotard, J. F. (1979). *La condition postmoderne: rapport sur le savoir.* Paris: Éditions de minuit. [小林康夫（訳）(1986).『ポスト・モダンの条件―知・社会・言語ゲーム―』水声社.]

Pevsner, N. (1936). *Pioneers of the modern movement from William Morris to Walter Gropius.* Faber & Faber. [白石博三（訳）(1957).『モダン・デザインの展開―モリスからグロピウスまで―』みすず書房.]

Suchman, L. (1987). *Plans and situated actions.* New York, NY: Cambridge University Press. [佐伯胖（監訳）上野直樹・水川喜文・鈴木栄幸（訳）(1999).『プランと状況的行為―人間・機械コミュニケーションの可能性―』産業図書.]

Wertsch, J. V. (1991). *Voices of the mind.* Cambridge, MA: Harvard University Press. [田島信元・佐藤公治・茂呂雄二・上村佳世子（訳）(2004).『心の声―媒介された行為への社会文化的アプローチ―』福村出版.]

2章 日本語教育学の体系化をめざして (2)
―日本語教育関係者の社会的役割について―

名嶋 義直

1　日本語教育関係者としていかに社会と関わるか

　これまで多くの日本語教育関係者が日本語教育に一生懸命取り組んできました。さまざまな論文や報告が発表され、書籍も教材も多数発行され日々国内外の日本語教育現場で使用されています。しかし全体として見れば、社会における日本語教育の認知度は未だ低いものに留まっていると言わざるをえません[1]。あえて過激な言い方をすれば、日本語教育を専門性の高いものと考え、さまざまな活動を通して日本語教育の発展に日々努力し社会に貢献していると考えているのは、日本語教育関係者のみであると言えるのではないでしょうか。社会の多くの人は日本語教育を、特別なことではなく誰でもできることと考えており、日本語教育の必要性は認めても、日本語教育関係者がその専門性でもって社会に貢献しているとは考えていないのではないでしょうか。そしてその状況は歴史的にも過去からずっと続いてきていることのように思われます。この齟齬に気づけない関係者、気づこうとしない関係者、薄々気づきながら認めたくないと考えている関係者、気づいていても認めようとしない関係者の存在が問題の解決を遅らせていると考えられます。これまでの日本語教育関係者は自己批判すべきです[2]。

　なぜそのような齟齬が一向に解消されないのでしょうか。全体的に見れば、これまでの取り組みの多くは、近視眼的に目の前にある課題だけを解決するた

---
1)　「日本語教師をやっています」と言うと「英語ができるんですね」と言われることが多いのはその証左ではないでしょうか。
2)　当然、その中に筆者も含まれます。その自己批判の一環としてこの原稿を書いています。

めに行なってきたもののように思われます。目先の課題とその解決にだけ目が行き、その課題を社会という大きな文脈で捉えることがなかったのではないでしょうか。別の言い方をすれば、その課題を解決することばかりに熱中し、課題そのものがなぜ課題として目の前に立ち現れてくるのかという本質的な問題を考えずにここまで来たということになると思います。そのことが、日本語教育学がいまひとつ学術的にも教育的にも、理論面でも実践面でも、専門性と普遍性のあるものになりえないことの内在的な原因の1つではないだろうかと思います。比喩的に言えば、学習者や教師や言語というものから始まり、それらが融合するフィールドとしての総称である「教室」、その「外の社会」と切り離された「内の社会」の中で完結する閉じた活動に一生懸命取り組んでも、それは日本語教育という「内の社会」においてのみ意味を持つ行為であって自己満足的な行為にすぎません。この現状を打破するためには、日本語教育関係者それぞれが、「日本語教育関係者は日本語教育を通してどのような社会の実現をめざすのか」という大局的な視野を確立し、その中に自らの取り組みを位置づけ、「目の前にいる〇〇さんのためにだけ」でもなく、「学習者という人たち全体のためにだけ」でもなく、そして「日本語教育のためにだけ」でもなく、「日本語教育を通して『イマ、ココ』にある社会のために」行動していくことが求められます。「日本語教育関係者の社会的役割」という問題について真剣に議論する時期に来ていると言えるのではないでしょうか。

とはいえ、なにを隠そう筆者も東日本大震災と福島第一原子力発電所事故が起こるまで「日本語教育関係者の社会的役割」についてあまり考えたことがありませんでした。研究者として語用論の視点で日本語文法を論じ、日本語教育関係者として言語研究の成果を日本語教育へ応用するということを考えて取り組んできたものの、今思えばそれはやはり自己満足にすぎませんでした。言語研究の成果から教室で行われる教育に役立つ知見を提供できたとしても、それは「内の社会」においてのことであり、「外の社会」の人にとっては知りえない内容であり、また、どうでもよいものです。だからまずなによりも筆者が反省せねばならないのではないか、というようなことを一人で考えていたら、偶然か必然か、この原稿を執筆する機会を与えていただきました。果たして筆者のような異端者が書いてよいのかどうか今でも迷いがないわけではありません

が、一方で、自分だからこそ書けることもあると考え、引き受けた次第です。

　先の第1部1章では、日本語教育学という「研究・教育」と「社会」との関係について述べています。それを受け、この2章では、その研究・教育をデザインし実践する「人」と「社会」との関係について考えます。筆者の個人的な体験とそれによって生じた学問的変遷について振り返り、それを通して、読者の皆さんに「日本語教育学に携わる者として、社会とのつながりをどのように考えていけばよいか」や「日本語教育関係者の社会的役割」について改めて考えるきっかけを提供したいと思います。

　結論としては、抽象的な言い方になりますが、一人一人が自分の立っている足元と周辺をしっかり見つめて「地」を確認し、それを受けて自分が進むべき方向、つまり「図」を描く、そういう日本語教育学のデザインが必要であるということを述べます。

　最も大切なのは「一人一人が、自分で」「地を踏まえた図を」デザインすることです。なぜならそれが日本語教育学全体のデザインを支えるからです。個人の日本語教育関係者と日本語教育学という学問体系との関係は、個の「図」のネットワークが「地」をゲシュタルト的に作り出すという関係にある一方で、その「地」が個にとっての「図」を描くための背景となるという点において、個が全体であり全体が個でもあるという双方向的なゲシュタルト的関係でもあるいうことです。

　一方で、その「地」は未来永劫変化しないようなものではなく、不安定で常に移ろっている「弱さ」を持っているものです。何かがきっかけとなって自分自身が変わることもあるでしょうし、他者が変わることもあるでしょう。それによって「地」も変わっていきます。何か大きな力で「地」が強制的に変えられてしまうということもあるかもしれません。「地」が変わればそこに描く「図」もそれに合わせて変わってしかるべきです。「地」が変わったのに「図」がそれまでと同じでは、独りよがりなものになってしまったり、関連性がなくなってしまったり、場合によっては他の「図」や「地」に悪影響を与えるものになってしまったりするかもしれません。ですから、常に「地」を見つめ、必要に応じて「図」を描き換えていくという作業が求められます。そして個人が「図」を描き換えていくことで、また「地」も少しずつ変化していくのです。

この作業は、時として自分の依って立つものや自分が持っていると思っていた（または知らないうちに思い込まされていた）専門性・有用性といったものを否定することにもなり、自分自身のアイデンティティを見失い自分自身の居場所を求めてさまようという「弱さ」を受け入れることにもなります。それは結構しんどいことですが、しかし、そこから始めることこそが「自分の属している社会について考え」「自分を見つめ直し」「自分と社会との関わり方を再考し」「自分なりの地に自分自身がめざす新しい図を描く」ことにほかならないのではないでしょうか。

　日本語教育関係者という「人」が「社会」と関わっていくには、そういう問題意識の持ち方が必要ではないかということを述べて、第2部への橋渡しをしたいと思います。

2　東日本大震災で社会を認識

2.1　社会の復興に関われるか

　筆者が社会との関わりを意識したのは東日本大震災がきっかけでした。社会が大きく変動した事件をきっかけとして社会との関わりを考えるようになったことは皮肉と言わざるをえませんが、まずはそのときのことを少し振り返ってみたいと思います。

　筆者は仙台市の勤務先で被災し、その後の数日間を入居している集合住宅の屋外駐車場で野宿して過ごしました。電気も水もガスも止まり、ガソリンや灯油などの燃料も食料も枯渇するに近い経験をしましたが、津波の被害を受けたわけではありませんでした。その津波の被害を受けた沿岸部を自分の目で見たのは2011年3月20日でした。ガソリンの消費を少しでも抑えるため、自転車で沿岸部をめざしました。30分くらい走ったあたりでしょうか。ある境界を越えると突然世界が変わりました。常識では考えられない光景が自分の目の前にありました。その光景を目の当たりにしている自分がいます。そのとき、自分もまぎれもなくそこにある社会の一部でした。その事実を受け入れたとき、ようやく自分も「イマ、ココ」にある社会の一員であったと気づいたわけです。

現実世界の状況が理解できてから考えたのは「この社会が元の社会に戻っていく過程で自分に何ができるだろうか」という問いでした。しかし、その場でどう頭をひねくり回してみてもその問いに答えを出すことはできませんでした。それは何日経っても同じことでした。それどころか考えれば考えるほど、自分がこれまで行なってきたことの無意味さが際立つばかりでした。自分がこれまで行なってきたことが無意味であるならば、社会における自分の立ち位置が変わらない以上、これから行なっていくこともまた無意味なものであろうと考えるしかありませんでした。それは自分の存在が無視されたり否定されたりするような感覚でした。

2.2　自分の専門性の否定

　筆者はこれまで現代日本語学の文法研究を行なってきました。特に語用論という理論的枠組みを用いて「のだ」や「接続詞」などの分析を行なってきました。また大学に勤めており、文法の授業や会話分析の授業、大学院生の日本語教育実習なども担当していました。言語学者であり、日本語教育関係者であり、その意味では一種の専門家でした。しかし、その専門性が、この社会の復興にどれくらい貢献できるのか筆者にはまったくわからなくなりました。文法論とか語用論とかいったものが「イマ、ココ」で何の役にも立たないことは目の前の光景から明らかであり、自分の行なってきたことがいかに社会と無関係の浮世離れしたものであったのか痛感しました。

　言語研究者としての専門性が否定された以上、日本語教育関係者であることもその専門性が無意味であるという点では同じでした。日本語教育をやっているからといって「イマ、ココ」で何ができるのかということです。答えははっきりしています。何もできないし無意味なただの人です。自分のこれまで行なってきた仕事は社会の役には立たない、日本語学研究だとか日本語教育学だとか言ったとてそれは自己満足でしかないと痛感しました。自分の専門性やその有

用性を否定せざるをえなかったわけです[3]。自分のアイデンティティのようなものを否定され、それによって社会とのつながりを絶たれたように感じました。依って立つものを失ってしまった筆者はその後、精神的にやや不安定な状態に陥ります。

　仮にいわゆる「地域の日本語教育」に関わっていたら、多少なりとも外国人の支援という点で貢献できたのではないかという思いがなかったわけではありません。しかし、よく考えれば、それもおそらく幻想であろうと思われます。もし外国人「だけ」の支援が必要になるとしたら、それは支援の対象となる外国人が社会から阻害されていたり孤立していたりすることを前提とするのではないでしょうか。つまり、これまで日本語教育がめざしてきた多文化共生社会がまだ十分には実現していないことを思い知らされることになるわけです。そして、なによりも次に例を挙げるように、やはり多文化共生社会というものは幻想でしかありませんでした。少なくともこの震災時の筆者の周りではそうでした。

2.3　多文化共生社会の否定

　日本語教育関係者にとって多文化共生社会をめざすことは、もはや自明の理となっており、少なくとも明示的な言動でそれを否定する人はいないのではないでしょうか。とはいえ、多文化共生社会という言葉を目にしたり耳にしたりするようになって久しいですが、果たして社会はどこまで多文化共生化しているのだろうか、本当に多文化共生社会が実現するのだろうかと考えると少し疑

---

[3] そのときは確かにそう思ったのですが、この原稿を書きながら編者の神吉さんとこのことについて意見を交わしていて、改めて思ったことがあります。それは「自分に専門性があると思っていたのは、いわゆる有識者が陥りがちな幻想であって傲慢さの現れではないか」ということと、「ここで言う社会に役に立つということは、体制にとって役に立つということであって、そういう有用性を志向した時点で、権力の陥穽（かんせい）にはまっていたのではないか」ということです。特に後者の「役の立ち方」は、原発事故後にさまざまなメディアに登場し、安全安全と言って立ち回り、いつの間にか発言をしなくなっていった「御用学者」に重なります。社会で役に立つことが無条件によいこととはかぎらないわけで、無邪気に「専門性を活かして社会の役に立とう」と思うことの危険性に気づくべきでしたが、あまりの惨状を目の当たりにし、その非現実的な光景に圧倒され、1人の「ただの人間」としての弱さや儚さのようなものを痛感して呆然と立ち尽くすだけで、そういうことにまったく考えが及びませんでした。

問も生じます⁴⁾。

　大きな災害時にはそれまで目立たなかったり表には現れていなかったりした社会の矛盾が一度に明らかになると言いますが、この多文化共生社会というものに関しても同じことが言えるように思います。ここでは日本語教育関係者が言うほど社会は多文化共生社会ではないのではないかと思わざるをえないエピソードをいくつか挙げてみたいと思います。真偽の程は別として、みな震災時に筆者が見たり聞いたりしたことです。

　震災時、筆者は大学の職員宿舎に居住していました。宿舎には中国人をはじめ一定の数の外国人が住んでいました。子どもがいる家庭は幼稚園や小学校や子供会という社会を通して日本人居住者と接点があり、父親同士は挨拶を交わす程度でしたが、母親同士はそれなりに普段から付き合いがありました。しかし震災後、中国人世帯と日本人世帯とが協力して避難生活を送るという光景は筆者の近辺では見られず、むしろ分断が顕著となりました。日本人居住者は老朽化した建物の崩壊を恐れて外の駐車場に集まっても集団で何か対処するということはあまり行わず、基本的に世帯単位で意思決定を行い行動していました。一方、中国人居住者は、すべてではないにせよ、一定の集団を作って行動していました。ことばの問題や、他国籍の居住者に比べ人数が多かったということもあるかもしれません。筆者はその行動の一部を観察することで、自分の中にある「内なる排他的心情」を認識し、壁のようなものを以前から持っていたことを再認識しました。そのことを批判を恐れずに告白します。

　震災直後、外に飛び出してきて集団となった中国人居住者は、雪が降り出して寒かったこともあるのでしょう、筆者が居住する棟の自転車置き場に入り、駐輪してあった自転車をすべて外に出し、柱と柱の間にビニールシートを貼って風雪をしのぐ工夫をしてしばらくそこを避難場所にしていました。いつの間にか集団ごとどこかに行っていなくなったのですが、そこに残されていたのは

---

4) このようなことを書くと多文化共生に関わる専門家や実践家から批判や反論を受けるだろうと思います。しかし筆者はあえて言いたいと思います。多文化共生というものはそう簡単には実現しないと思います。少なくとも、「それぞれの文化を尊重しましょう」という教条主義的主張を繰り返していれば実現すると本気で思っているとしたら、「地」を見ずに「図」を描いているに等しく、それはあまりに無邪気な認識にすぎないと思います。少なくともすぐ後で挙げるような筆者の個人的な体験から言えば、普通の市井の人々の無関心や拒絶や差別や嫌悪はそのような理念やスローガンだけで乗り越えられるほど小さなものではないと思います。

子どもたちが食べたお菓子などのゴミと屋根の外に放り出したままの自転車でした。それを見て筆者はその傍若無人な行いに腹が立ちました。その自転車やゴミを片付けながら「やっぱり中国人は！」と思いました。そして自らが持つ「内なる差別意識」に気づきました。自分の中に「中国人」という人種カテゴリーがあり、それには否定的な評価が付与されていました。そして個々の中国人の実際の行いを見るのではなく、カテゴリー全体で見て評価していたのです。そして「やっぱり」という語の使用が示すように、その感情や評価は以前から自分の中に存在していたわけです。

　それから数日後、原発事故による被曝（ひばく）を避けるため家族を地方に疎開させたあと、一人で相変わらず外の駐車場で野宿を続けていた筆者は、日本人居住者から「皆で食べ物を持ち合って炊き出しをするから、よかったらどうぞ」というお誘いを受けました。幸い筆者にはまだ食べ物も調理する道具や燃料もあったので遠慮しましたが、周囲の人にも「せっかく声をかけてくれたんだから顔を出しましょう」と言われたので会場に赴きました。その途中で、10人くらいの人が屋外でたき火をして煮炊きをしているのが目に入りました。それが筆者の誘われた炊き出しの会場かと思いましたがそうではありませんでした。その屋外の煮炊きは中国人居住者の集まりが行なっているものでした。1人だけ日本人が混じっていましたが、その人は普段から、ある中国人世帯と懇意な付き合いがある大学外の人でした。筆者が誘われた炊き出しは宿舎の隣の大学関連施設で行われていました。果たしてその筆者が誘われた炊き出しの会場には外国人居住者の姿はありませんでした。主催者は宿舎の居住者でしたし、開催場所も宿舎の敷地から歩いて1分のところです。わざわざ筆者のような単独で野宿している者にまで声をかけてくれているのであれば、すぐ近くで煮炊きしている中国人居住者に声をかけていてもよさそうですが、彼らが自分たちで炊き出しをしているところを見ると、声をかけなかったのでしょうか。それとも声をかけたけれど彼らが自分の判断で参加しなかったのでしょうか。本当のところはわかりませんでしたが、いずれにせよ、複雑な思いが残りました。

　それ以後も筆者の周囲では外国人を排除したり敵視したりする言動が観察されました。「外国人が町を荒らしている」という噂が耳に入ったことがあります。「外国人が」という有標の言い方で噂が広まります。「日本人が」という言い方

は聞いたことがありませんでした。そこには外国人の存在を「不安」に思い、「敵視」し、そのような「特徴づけ」を行い、それを再生産していく社会のあり方が存在すると言えます。社会自体が外国人に対する「偏見」を内在させており、それが震災をきっかけにして顕在化し、再生産され強化されているわけです。それを目の当たりにしました。

また、これは筆者がボランティア活動を始めて支援物資の配給などを行なったときの体験ですが、いくつかの避難所では、一般に外国（特にアジア圏）からの支援物資は不人気でした。海外の物資と日本の物資とがあった場合、一定数の人が日本の物資を所望しました。「外国のものは嫌だ、日本のものをくれ」とはっきり言葉で言う人もいました。これも外国というものに対する社会の評価を物語っているように思えます。

震災からしばらくたって、いわゆる地域の日本語教育に関わっている人から、日本人に外国人支援の話をすると「なぜ外国人だけ支援するのか」とか「なぜこんな大変なときに外国人のことをしているのか」という声を向けられることがあるという話を聞きました。これも平時の社会の中に外国人を疎外する意向が潜在的に存在しており、それが震災時に表に現れたということであろうと思います。

なぜ私たちは当事者を「個別の人」として見ずに「外国人」とか「〇〇人」とかいった形で一括りにして考えるのでしょうか。外国人や自分とは異なる国籍の「〇〇人」という区別のし方は「日本人である自分が所属するカテゴリーの外の人、別の人」という認識のし方です。社会が瓦解するような非日常的な緊急事態に陥り、皆自分というものの帰属先を見失いそうになっていたのかもしれません。それゆえに少しでも「外」の属性を持つ人やものを排除することで、結果的に「内」なるものの存在をより純粋化し、自分がその「内」なるものに帰属していることを、より確固としたものとして認識しようとしていたのかもしれません。しかし、繰り返しになりますが、これは非常時における特殊な例というよりも平時の社会の中に潜んでいた問題であり、それがたまたま災害という非日常の事態の中で顕在化しただけだと思われます。これらが本質なのだろうと思います。これらのエピソードが示唆するのは、個人的な経験に限ってのことですが、外国人はステレオタイプ的に特徴づけられ、それによってス

テレオタイプ的に差別され、不審がられ、敵視され、否定的に評価され、疎外される対象であったというまぎれもない事実です。

とすれば、多文化共生社会を理念として謳い、さまざまな取り組みを通してその理念の実現を追求してきたこれまでの日本語教育は何を行なってきて何を達成してきたと言えるのでしょうか。これまでの取り組みがあるからこのような事例で済んだのだと言うこともできるかもしれません。しかし、確実に言えることは、少なくとも東日本大震災の時点では、日本語教育関係者が思っているほど外の社会における多文化共生は進んでいなかったということであり、どこそこの避難所では外国人と日本人とが協力しあったというような一種の美談をもとに、日本語教育の取り組みが多文化共生社会の実現に大きく貢献していると考えるのは、身内による甘い評価であるということになると思います。この現実を踏まえ、日本語教育がこれまでやってきたことを批判的に再検討していく必要があると筆者は考えるようになりました。と同時に、それはもしかしたらこれまでの日本語教育というものから離れていくことになるかもしれないという予感もありました。

3　否定からの再生

3.1　ことばを通して社会をつくる

言語研究の専門家としての自分、日本語教育関係者として自分が持っていると考えていた専門性や有用性を、復興への関わり方という点で否定せざるをえなくなり、社会における多文化共生が少なくともある部分では幻想であったということを体験した筆者は、この社会のどこに自分の居場所を見いだせばよいのかわからなくなりました。震災により、社会との接点がないということを認識することを通して社会との接点というものに意識が向いたという結果は、皮肉でもあり非常に厳しいものでありましたが、現実のこととして受け入れなければなりません。原発事故による被曝を避けるために1週間くらい家に引きこもっていた間、ずっと自分が依って立つものについて考えていましたが、もはや自分が自分自身であるよりどころは、「ことば」の専門家や職業人としての自分ではなく、「個としての自分そのもの」にしか見いだせませんでした。そ

こで、「個としての自分そのもの」を現実的に確認できる世界を模索し、災害ボランティアセンターの登録ボランティアとなりました。3月26日ごろのことでした。以後、時間を捻出し、津波の被害が大きかった現場に赴き、土砂を取り除いたり、流れ着いたがれきを取り除いたりという肉体労働を行いました。今思えば、肉体を駆使することで自己の存在、自己と社会との関わりを一生懸命に確認していたのだろうと思います。このころの自分は本当に何かに取り憑かれたような危うい状態だったと思います。ボランティアに従事することで、かろうじて精神的なバランスを保っているようなところがありました。知人に「どうかなってしまうんじゃないか」と心配されたこともあります。自分が依って立つことができる何かとの「つながり」を必死になって探していたのだと思います。

　しかし、興味深いことに、自分から見限った「ことば」がまた向こうからこちらにやってきました。ボランティアを行なっていると被災者の方々が問わず語りでことばを発する場面に何度か接することになりました。人と人とがつながる過程において、最も原初的な関係性の発生をそこに見ました。また、災害ボランティアセンターの中で見ず知らずの人が集まり、役割分担と分業が起こり、コミュニティが出来上がっていくという場にも出会いました。関係性を持つ人々がことばを介して小さな社会を作っていきます。そのダイナミックな変化を支えるものとして常にことばがそこにありました[5]。

　現代日本語学の文法を語用論的な視点で論じ、それを授業で講じたり、大学院生の日本語教育実習の支援を行なったりするというような、それまでの専門的で教育的な取り組みからは見ることのできなかった生きたことばがそこにありました。そこでは、ことばはことばとして社会から独立して自律的に存在しているものではありませんでした。ことばは社会の一部としてそこにあり、そして社会と不可分なものとしてそこに存在していました。それは、ことばが社会をつくり、かつ、社会がことばをつくる、ということであったと同時に、ことばが社会の一部であり、かつ、社会の営みそのものでもあったということでした。

---

[5] ことばと社会との関係については、池田・唐沢・工藤・村本 (2010)、遠藤 (編) (2009) などに社会心理学的な観点からの詳しい説明があります。

そこで思い至ったのが、ことばを「関係性をつくるもの」や「社会をつくるもの」と捉え[6]、それを研究し教育することなら、大学教員という自身の置かれた立ち位置を活用して自分にでもできるのではないか、そしてそれができるなら、それは社会の再生に寄与することになるのではないか、ということでした。このようにして、一度は見失った社会との「つながり」に再生の兆しが見えてきました。そしてそれはなによりも、脆く不安定な精神状態だった自分自身の再生でもあったのだと思います[7]。しかし、ここで引っかかったのが、社会とどういう視点で向き合うのかという「研究者・教育者としての姿勢」でした。そこで次に、その姿勢を決定づけたエピソードについて語りたいと思います。

3.2 ことばを通して社会と向き合う

もう日々の生活においては意識すらしなくなった人もいるかもしれませんが、東日本大震災に続いて福島第一原子力発電所事故が起こりました。膨大な量の放射性物質が放出され東北から関東に至る広範囲にわたって自然を汚染しました。当然、その影響は私たち人間にも及んでいます。震災当初はその非常事態ゆえに最小限の直感的な防御行動しかとっていませんでしたが、少し落ち着いたころから食べものや飲み水、環境の安全性をしっかり考えて生きていかなければならないと思うようになりました。そこで新聞やネット上で種々の情報を入手し自分なりに分析を加えていくと、政府や自治体やマスコミの言う「安全」ということばを鵜呑みにしていては「危険」だという判断に至りました。

例えば、「検査済」ということが謳われていても検査の内実がわからない以上何も判断できないに等しいということがわかりました。検査する食品の量や状態や検査する機器や検査時間など検査結果に影響を与える要因には多種多様なものがあり、その情報なくして「検査」の妥当性を判断することはできない

---

[6] ことばがそういう機能を持つのはことばに「共感的用法」があるからではないかと考えています。ことばの持つ共感的機能それ自体は、すでにMalinowski (1930) やJakobson (1963 川本監修 1973) において「交話的機能」という名で述べられているものを発展させたものですが、それを言語の最も基本的で原初的な用法であると筆者は考えています。詳しくは名嶋 (2015)「災害とコミュニケーション」に書いています。

[7] そこで「ことばが社会をつくる」ということについて小論を2本書きました。名嶋 (2012)「語ることは『いま』を生きること」と名嶋 (2015)「災害とコミュニケーション」です。自分自身の再生と述べましたが、この2本の論文を書くことで自分と社会とのつながりが明確になり、筆者は、救われ、そして生き返った気がしました。

からです。また、いわゆる「基準値」というものが事故を受けて緊急時における対応として設定された数値であること、当初の基準値が種々の批判を受けて引き下げられたこと、基準値というものはそのような恣意的なものであること、疫学的にも基準値以下の低線量長期被曝が身体にどういう影響を与えるかはわかっていないこと、しがたってここまでは安全という閾値は存在しないということが研究の世界では常識であることなどを知りました。しかし、自分の周りでは検査の内実などはあまり報道もされず「検査済みイコール安全」「基準値以下イコール安全」という新たな安全神話が、政府の意図なのか他の誰かの意図なのか、着々と形成されつつあるように感じました。

　そこには、ことばによって語られることと、ことばによって見えなくされていることがありました。その事実に気づいてからは、自分や家族の健康を守っていくためには、語られていることの中に語られていないことを見つけて考えていく一種のリテラシーが必要だと思うようになりました。そして、それはことばを通して社会と向き合う1つの重要で不可欠な姿勢であると思いました[8]。

　言うまでもなく、その放射性物質汚染をもたらしたのは原子力発電所です。日本においても原子力はひとたび重大な事故が起これば人間の手では制御できないもの、一瞬にして世界を汚してしまうもの、環境や人々を死に追いやってしまうもの、多くの人々の安寧を奪うものであることが今回の事故ではっきりしました。いわゆる「安全神話」は嘘でした。そういう原子力政策に対し、ごく普通の人々が反対の意思表明を始め、そのうねりは社会の中でどんどん大きくなっていきました。日本各地で日常的に脱原発デモが行われるようになりました。筆者も「声を上げずにいられない」という自然な成り行きでそういうアピール行動に参加するようになりました。しかし政府は、いったんは再稼働を行わないと言ったものの、徐々にその姿勢を変化させ、電力会社も再稼働をめざして動き始めていました。日々の報道などの中に「巧妙に見せかけた自然さ」があり、その中に「隠された意図」があるように思われました。それらはことばを使うことによっていろいろな媒体を通して繰り返し繰り返し具現化され広められているのではないかと感じるようになっていきました。

---

[8] 同様の問題意識を持ち、原発事故直後から取り組みを行なっていた研究者もいます。その1例として、影浦（2011）を挙げたいと思います。

食の安全や原発再稼働の問題に向き合って抱いたのは、結局のところ「私たちは守られていないのではないか」「守ろうとしているものは国民ではなく、政府や自治体や電力会社という自分たちではないか」という疑問でした。怒りと言ってもいいかもしれません。もちろん、表向きには、政府や自治体や電力会社が国民を守っていないと明示的に言ったことはありません。しかし、存在する危険を語らず、存在しないもののように安全なもののように見せかけ、原発の再稼働の必要性を説く言動は、事故前に自らが持っていた権力や立場を守り再生産し強化しようとしているのではないかと感じられました[9]。ことばを通して社会と向き合う姿勢の1つに「権力批判」というものがあるという考えに至ったのはこのような事情が背景にありました。

3.3　なぜ研究者や教育者として権力に向き合うのか

　ことばがその使われ方において権力の維持・再生産・強化に関わるとしたら、そしてその結果、私たちは守られるのではなく、むしろ逆に、権力の意図の下で支配されたりコントロールされたりするのだとしたら、それに抗い、抵抗し、自分を守るという向き合い方というか姿勢というか、一種の生き方がそこから生まれてきます。それはまずなによりもことばを見つめるところから始まります。なぜなら、権力の維持・再生産・強化がことば（だけではないですが）を通して実践されるからです。

　ここで確認をしておきたいことは、本稿で言う「権力」とはいわゆる「国家権力」というような狭い意味だけで使っているのではなく、「人を力や立場や考え方などで支配し、自分にとって都合のいいようにコントロールしようとするもの」すべてを指して使っているということです。例えば、伝統的な、それゆえに私たちの頭に染み付いている「教師」という立場の人間は「学生」にとっ

---

[9]　非常事態時に、支配者階層にある人々が、社会の支配がうまくいかなくなりそれによって自らの権力が脅かされることを恐れる行動をとることがあります。それは一般に「エリートパニック」と呼ばれます。今回の原発事故で言えば、放射線物質の拡散をSPEEDIと呼ばれるシステムで予測していたにも関わらず、アメリカには情報提供をする一方で、日本の国民には社会が混乱すると考えて公表しなかった行動はこのエリートパニックの例と言えるでしょう。エリートパニックについてはSolnit（2010 高月訳 2010）が参考になります。

ては「権力」であると言えるでしょう[10]。また、「郷に入れば郷に従え」という
諺(ことわざ)が示すような、人々の振る舞いを制約するような「文化」や「慣習」や「規
範」もそういう意味では「権力」であると言えます。そう考えると、私たちの
周りには権力が溢(あふ)れていますし、そういう権力の中の何かに支配されている人
も、状況が変われば、支配する人として別の権力側に立つこともあることがわ
かります。したがって、ことばに関わる関係者は権力的なものの存在や振る舞
い、支配・被支配というものに敏感でなければならないと思います。

　そうであるならば、ことばがどのように駆使されているのかを明らかにし、
それに関する知識を持てば、人々は多少なりとも権力の支配やコントロールか
ら自由になれるのではないでしょうか。それをめざして人々に働きかけていく
ことは1つの姿勢を伴った研究[11]と教育の実践であり、言語研究者や言語教育
者だからこそ取り組めることです。ことばを通して社会を読み解くリテラシー
を身につけた人を増やしていくためには、まずなによりも、研究者や教育関係
者自身が社会とより主体的に関わり、その関わり方を一例として示すことが重
要でしょう。実践を外の社会に見せていくことは、他の人々にとってそういう
関わり方を知り、考え、真似し、習得する機会ともなり、ひいてはそれがそう
いう行動を志向する人を増やすことにもつながります。その積み重ねが社会問
題を解決し社会を変えていくことにもつながることと思われます。

3.4　2つの姿勢

　研究者・教育者としての自分がどのような「社会と向き合う姿勢」を持って
歩んでいけばいいのか、ここまで述べてきたことをまとめると2つの姿勢にな
ります。1つは「人と人とをつなげ社会を作っていく」という姿勢であり、も
う1つは「現在の社会のあり様について常に問い直し、よりよいあり方を模索
する」という姿勢です。前者の姿勢を行動に移すとき、「時と空間を共有し、
ことばを発して語り、ことばを受け止めて語り、共感し、共感を共有する」と
いうことが必要になります。なぜなら私と他者との関係性の構築には「理解し

---

10) 森本 (2009) は、日本語ボランティアと学習者間に存在する、当事者たちも意識していないよう
　　な権力関係の存在を鮮やかにあぶり出しています。
11) 「姿勢を伴った」という表現は、Wodak & Meyer (Eds.) (2001 野呂監訳 2010) に収録されている
　　van Dijk氏の論文の中で使われているものです。

合う」という段階が欠かせないからです[12]。一方、後者の姿勢を行動に移すとき、「権力に向き合い、その振る舞いを可視化する」ということが不可欠になってきます。なぜなら、権力的なものはごく自然に見える形で問題を隠したり他者を支配したりするからです。この2つのことを実践すれば、社会を作り、発展させ、守り、変えていくということが、ことばを通して多少なりともできることになります。もちろん、ここで言う社会というものはただの器ではなく、人と人との関係性によって構築されるものです。

そこに研究と教育という2つの行動を掛け合わせると、「実践を通しての研究」と「実践を通しての教育」という組み合わせが出来上がります[13]。そこで、「人と人とをつなげ社会をつくっていく」実践と「権力に向き合い、その振る舞いを可視化する」実践とが、研究と教育とのどちらにより向いているか考え、「人と人とをつなげ社会をつくっていく」実践を教育の一環として行い、「権力に向き合い、その振る舞いを可視化する」という実践を研究として行うこととしました。前者は、とりあえず同じ場所に立ち、ことばを交わしてみることから始まる何かが期待できる実践であり[14]、方法論とか理論とかいったものを超えて取り組むことがたやすく、走り出してから走りながら方向を考えていくこともできる類いのものです。それに対し後者は、どういうことばの使い方をど

[12) このあたりの考え方については、名嶋(2015)で詳しく述べていますが、いわゆるカウンセリング療法の考え方を発展させています。カウンセリング療法については、Kirschenbaum & Henderson (Eds.) (1989 伊東・村山監訳 2001)、横溝(2011)「クライエント中心療法」、玉瀬(2004)「カウンセリング」などが参考になります。

13) 3.3節の最後の段落で述べたように、本書で言う「実践」とは簡単に言うと「社会とより主体的に関わっていく」という態度や行動を指しています。したがって、いわゆる「実践研究」という術語に代表されるような、「研究と対立する概念」や「実際に教育を行うこと」として使っているものではありません。なお、本書第2部5章執筆者の松尾さんから直接教えてもらったのですが、本書収録の松尾論文の最後に「実践」と「研究」について関連する記述があります。そこでは、細川(2008)の、「『実践研究』とは、『実践に関する研究』でもなければ、『実践を通じて何かを研究すること』でもない。『実践』それ自体が『研究』であるという思想である」(p. 6)という主張が引用されています。研究と実践とを対立的に捉えないという点では筆者と細川(2008)の考え方には共通点がありますが、細川(2008)が「実践することすなわち研究であるという立場をとる」(p.4)のに対し、筆者は「実践が研究へフィードバックを与え、研究を進展させる」という意味で「実践は研究に連続し連環するものであり、その一部であって別のものではない」と考えるものの、実践そのものが研究であるという考え方はとっていません。以上の点で、筆者と細川(2008)とは同じではありません。なお、筆者は教育に関しては「実践することそのもの『も』教育である」と考えています。

14) 注6で述べた「共感的用法」の実践です。

う解釈するかという一定の知識が必要であり、じっくり時間をかけて分析し考察することに向いています。「社会をつくる」実践を教育として、「社会を変えていく」実践を研究として行うことにしたのは、そのように考えたからです。

　そして重要なことは、どちらの実践も日本語母語話者であろうと日本語学習者であろうと取り組むことができる実践であり、また、日本にいても日本以外の国にいても、もちろん学習者にとっての母国にいても実践できることであるということです。つまりここに至って、もはや「外国人のための」という枠は不要となり、筆者は「外国人のための」という限定修飾句を伴う「狭義の日本語教育」から離れていくことになりました。筆者にとっての日本語教育は外国人のためのものではなくなりました。学習者と呼ばれる人のためのものでもなくなりました。筆者にとっての日本語教育は、日本語を使うことで社会と関わろうとする人・社会と共に生きようとする人、そういう「社会的な人」を対象とする学問であり、実践となったのです。

4　再生から実践へ

4.1　人と人とをつなげ社会をつくる

　教育的な実践として、所属先の支援を受け、2011年12月から定期的に仮設住宅を訪問する取り組みを始めました。この文章を書いている時点で3年4ヵ月経ち、今も継続中です。名付けて「縁側で『こんにちは』プロジェクト―共有・共感・共生空間の創生―」という活動です。

　震災の結果、津波の被害を受けた沿岸部の被災者の多くは一時的に仮設住宅で暮らさざるをえない状況になりましたが、そこには地縁血縁関係を超えた他者同士が関係構築を強いられるという現状があります。それは、たとえ日本人同士であっても今までは存在すら知らなかった他者、自分とは異なる人生経験と文化背景を持つ他者と今日から1つの空間1つの社会で暮らすという、いわば強制的な多文化共生社会の構築というグローバルな課題です[15]。そのため仮

---

15) ここで言う「多文化共生」とは仮設住宅に外国人が入居して日本人入居者と共生しているということではありません。日本人と外国人との間に文化の差異があるのと同じように、日本人同士でも個の文化や地域の文化の間に差異があります。そういう異なる文化的背景を持つ人々が共に暮らし始めるという状況を「多文化共生」という語で表現しています。

設住宅内でのコミュニケーションの重要性が叫ばれるものの、実際にはコミュニケーションの場の欠如というローカルな課題が存在します。本プロジェクトは、それを解決する方策の1つとして、「共有・共感・共生するコミュニケーションの場」を提供し、多文化共生の実践機会を創生するという、空間を限定したいわば小さな「まちづくり」の支援活動です。

　具体的には、教職員・留学生・日本人学生から成る数名のチームが宮城県名取市の仮設住宅を1ヵ月に2回訪問し、「縁側」と称する「カフェ」を開いて飲物・茶菓を無料で提供します。そしてその時間と空間とを入居者の歓談の場と機会として開放します。もちろん、必要に応じて訪問者も入居者とコミュニケーションを実践しますし、それに加えて、フラワーアレンジメントや体操など多種多様なワークショップなども、時々ですが、開催して積極的にコミュニケーションを働きかけています。お茶・お菓子・ワークショップ・共有空間というものがコミュニケーションを誘発するしかけと場になっているわけです。

　本プロジェクトの期待される効果としては、語り語られ聞き聞かれというコミュニケーションの発生、時間と空間の共有体験、それを通しての共感体験、それによってお互いが人として対等に「共生」していく手法を学ぶ場を作り出すこと、そのような学びの体験を通して共生能力を引き出す機会を提供すること、引き出した能力をさらに高めていく実践の場となること、地域と大学との連携、社会貢献、などが挙げられます。また、特に学生にとっては、実践を伴うコミュニケーション教育にもなり、留学生にとってはイベントやお祭りではなくリアルな社会における異文化交流の場ともなります。例えば、韓国人留学生がボランティアとして参加したとき、仮設住宅に入居している人の中に韓国ドラマが好きな方がいて、それを契機に即興の韓国語講座が始まったことがありました。また、台湾の留学生と仲良くなった方はその学生が帰国してからも「もうあの人は来ないの？」と寂しがっていました。これらはまさにリアルな社会における異文化交流が生じていた証左と言えるでしょう。

　果たしてこれが日本語教育の実践なのかという疑問もあると思います。しかし、そもそも狭い定義のラベル貼りにどれほどの意味があると言えるでしょうか。すでに述べたように、筆者の言う日本語教育は「外国人のための」「学習者のための」という限定を外したものであり、「ことばの教育」だけを指すも

のでもありません。「ことばを使って社会で生きていく共生能力を引き出し、伸ばし、身につける機会を提供し、その学びを支援していくこと」こそが日本語教育であると考えています。コミュニケーションの場を作り動かしていくことで仮設住宅という小さな社会に関わっていくこのプロジェクトは日本語教育関係者の1つの実践として十分に意味のあるものであると考えています。

また、この実践では、特別企画としてフラワーアレンジメントのワークショップやたこ焼き会などを時々行い、筆者とは別の日本語教育関係者に講師や応援役を務めてもらっているのですが、その人たちは実に参加者とのコミュニケーションの取り方が秀逸です。筆者も日本語教育関係者なので直感的にわかるのですが、そのコミュニケーションの取り方は、個人としてのうまさというよりも、学習者に接するような、いわゆる「教室でのコミュニケーション」を土台にしているうまさなのです。改めて日本語教師を「外国人のための」という内なる活動に縛り付けておくことのデメリットを感じています。すべての人がとは言えませんが、異文化コミュニケーションの現場で多くの経験をしている日本語教師こそ、狭い意味での日本語教育社会の外に出てコミュニケーション教育や実践に寄与できる潜在的能力を秘めているのではないでしょうか。

筆者は被災地に居住しているのでこのようなプロジェクトを行なっていますが、社会には他にもさまざまな課題があります。自分の身の回りを見れば個別的・具体的な課題をすぐにいくつも見つけだすことができるでしょう。例えば、ゴミ集積所の運用方法を考えたり、地域の行事を計画したり、子どもさんがいるなら学校との連携のあり方を考えたりすることがあるでしょう。そしてそれらの場面においては、いろんな課題を解決するために、他者を尊重し、意見を共有し、議論し、考えをすり合わせ、妥協するという過程が必要です。そういうところにこそ、「異なる文化背景を持つ学習者に対し日本語を使ってコミュニケーションを行う能力を引き出し伸ばしていく」という専門性を持つ日本語教育関係者の関わりが期待できる部分があると思います。このような実践は日本語教育関係者の社会との関わり方の1つとしてありうるものではないでしょうか。

日本語学習者や外国人を中心にした小さく狭い社会とだけ関わるのではなく、自分自身が立つ広い社会において、日本語学習者や外国人／日本語母語話

者というラベル貼りにこだわることなく、「人と人とをつなぎ社会をつくっていく」ことに専門的な知見を活かして関わっていくことは、日本語教育関係者だからこそできる社会との関わり方であり、それゆえに果たすべき社会的役割であると思います。

4.2　社会を見つめ社会と向き合う

　もう1つの実践として、いわゆる「批判的談話分析 (Critical Discourse Analysis: 以下、CDA)」に関する取り組みを行なっています。CDAとは、社会的弱者の立場に立ち、一見すると普通で自然に見える談話行動の中に巧妙に隠されている「権力の維持・再生産・強化」の営みを明らかにする学問的な実践です。そしてそれを人々のリテラシーを高めたり批判的関心を呼び起こすような活動につなげていったりすることを通して、直接的・間接的に社会における「力の不平等」を解決するために行動する、そういう「姿勢を伴った」「問題志向型」の研究と実践です。それは、3.2節と3.3節で述べた「権力に向き合い、その振る舞いを可視化する」という筆者の問題意識と符合するものです。

　CDAの「弱者の側に立つ」という姿勢について、「学者の正義感」や「学問的な立場からの高みの見物」というような批判の声があることも知っていますし、確かにそういう面が実際には多少なりともあるだろうとも思います。しかし、筆者は自分自身を、東日本大震災を体験し、原発事故で政府や自治体に守られることなく小さな子どもも含めて被曝させられた経験を持ち、今も汚染された地に住み、メルトダウンした核燃料もどこでどうなっているかわからず汚染水の問題も一向に解決しない中で、食べ物や飲み物に不安を抱きながら生活せざるをえないという点において、社会的弱者の一端にあると思っています。それは福島第一原発が存在する福島県の状況と比べればその程度に大きな違いはありますが、数値が小さければいいということではなく、以前の安寧な生活を奪われたという点においては、本質的になんら変わりはないと思っています。ですから筆者が、社会の諸問題に目を向け解決をめざすという姿勢を明らかにしているCDAに目が向くのは必然であったと言えるかもしれません。しかし、同時にそういう意味でCDAの研究者が「弱者の立場に立つ」ということと筆者の場合とは少し違うとも思っています。筆者には「当事者の端くれ」として

の「弱者の怒り」があるのです。

　CDAはヨーロッパを中心に展開してきた学問的姿勢ですが、日本社会の分析にも十分に適用できると考えています。なぜなら、先に挙げた食の安全や原発再稼働の例だけでなく、社会にはさまざまな問題が山積しているにもかかわらず、しばしば、権力は種々の談話行動を通してそれらから私たちを守ろうとしているように見せかけつつ、実際にはむしろ逆に自分の力を維持し再生産し強化し、市民を支配しコントロールしたいと考えているように思われることがあるからです。

　繰り返しになりますが、先に述べたように、ここで言う「権力」は国家権力だけを指しているのではありません。支配するものとされるものという関係があった場合、支配する側が「権力」です。例えば、学習者中心の授業と言いながらも最終的に授業をコントロールするのが教師であればその教師は権力者です。外国人支援を行う団体も「与えるものを持っている」という点で権力的側面から逃れられないと考えられます。外国人向け日本語クラスの中である国籍を持つ受講生が多数派である場合、その受講生群はその学習者社会において権力的位置にあるということができるでしょう。地域に住む外国人にとってその地域の慣習や自治会のような制度も一種の権力的存在と言えます。

　このように、私たちの周りには権力的なものが溢(あふ)れており、そこに複合的な支配・被支配の関係が存在します。それが社会の真理であるならば、だからこそ、その談話行動とテクストなどを分析対象とし、その読み方を研究し、その成果を社会に還元することで、普通の人が権力の支配に向き合い、時として抗い、抵抗する、そういう術を身につけてほしいと考えたわけです[16]。

　具体的には、2012年9月から2014年3月頃までの新聞記事タイトルを批判的に分析することを通して「原発問題の風化を引き起こす構造」とそれを構築する談話行動の実践について明らかにする研究を行いました[17]。また、特定秘密保護法に関する首相記者会見談話を分析し、そこにみられる「すり替え」と「ご

---

[16] 先に注7で名嶋（2012）と名嶋（2015）を書くことで自分自身が生き返った気がしたと書きましたが、このCDAという「学問的姿勢」と出会ったことで、筆者は未来への希望を得た気がしました。大げさに言えば、研究者として生きていくことを許されたような、啓示を受けて救われたような感覚でした。

[17] この論考を収録した書籍が2015年3月にひつじ書房から『3.11原発事故後の公共メディアの言説を考える』として刊行されました。

まかし」の構造と、なぜそれらが強い説得力を持つのかについて分析をしました[18]。CDAの特徴は研究者が論文を書いて終わりとするのではなく、そこから社会を変える動きにつなげていく点にあります。そこで社会を批判的視点で見ることができる人を育てるため、2014年度後期からは勤務先の大学でCDAについて学ぶ授業を開講しています。授業は、CDAの理念について理解を深め、代表的な研究者の概説論文を読み、自分の興味関心に合わせて小さな分析を行う構成となっています。受講生は5人と少数で、偶然にも留学生ばかりです。皆、自分の問題意識を踏まえて、難しい論文の読み込みに取り組んでいます。また、CDAの成果を社会のために活用してもらうため、大学という枠を飛び出して市民公開の国際シンポジウムを開催する計画を立てています[19]。

　4.1節で紹介した取り組みにも増して、このCDAの実践が果たして日本語教育の射程に入るのかと疑問を抱く人が多いと思われます。しかし、日本語教育の究極の目標が「ことばを使って社会で生きていく共生能力を引き出し、伸ばし、身につける機会を提供し、その学びを支援していくこと」であるならば、自分が属する社会をよりよいものにしていくために、社会をしっかりと批判的に読み解き、内在する問題について考えるリテラシーは重要な教育目標となります。社会の問題は政治の問題に限ったものではありません。学生という社会的属性に引き寄せて言えば、教員と学生との間には権力関係が存在しますし、留学生であれば、地域住民との間には偏見や差別といった問題も存在するでしょう。ジェンダーの問題も存在するかもしれません。アルバイト先での雇用問題も誰もが当事者になる可能性のある社会問題です。そういった社会の諸問題に目をつむり、無菌室のような教室でことばだけを教えている日本語教育は本当に社会と関わっていくための言語能力の育成や学習者の支援を行なっていると言えるのでしょうか。

　ことばを使うということはどういうことなのでしょうか。それはことばを使ってコミュニケーションを取りながら社会で他者と共に生きていくということではないのでしょうか。そうであるならば、社会を射程に入れ、その社会に

---

[18] 2015年に「特定秘密保護法に関する記者会見記事の批判的談話分析: トピック・連鎖・構造を中心に」(『日本語用論フォーラム』第1巻、ひつじ書房)、「特定秘密保護法に関する記者会見記事の批判的談話分析: ミクロ面の分析を中心に」(『文化』78 3/4, 東北大学文学会) として刊行しました。

[19] この文章を読んでいただいているときにはすでに終わっていますが、2015年3月22日に仙台国際センターにおいて行いました。志を共にする言語研究者や日本語教育関係者が複数登壇しました。

向き合い、よりよい社会の実現をめざしていくために不可欠な批判的リテラシーを伸ばしていくことは教育の仕事であり、そのことばが日本語であれば、それは日本語教育の仕事になるのではないでしょうか。筆者はそのように考えて実践を行なっています。

5　まとめと今後の展開

　ここまで、ことばの研究と教育に価値を見いだせず社会とのつながりを見失った筆者が、ことばによって再生し、ことばによって救われ、社会という大きな「地」を踏まえたうえで具体的・個別的な研究と教育という「図」を考えるようになり、「外国人のための」「学習者のための」という狭い限定を放棄し、「ことばだけ」の教育を否定するに至った学問的変遷の過程をたどってみました。そして、その振り返りを通して、新たに獲得した「人と人とをつなげ社会をつくる」教育的実践と「社会を見つめ社会と向き合う批判的リテラシーを育てる」研究的実践という筆者なりの「社会と向き合う姿勢」、言い換えれば、「言語研究者・日本語教育関係者としてのアイデンティティ」を再確認しました。

　最後に今後の展開について述べてこの章を終えたいと思います。

　4.1節で述べた「縁側で『こんにちは』プロジェクト」は、これからも所属先の支援が続くかぎり継続して行なっていく予定です。学生ボランティアは卒業や修了などがあって入れ替わると思いますが、日本人・外国人を問わず参加してほしいと思っています。2015年度には名取市社会福祉協議会に登録されている一般市民のボランティアとの協働も実施する予定で、ますます現実の社会との関わりが深まると思います。

　4.2節で述べたCDAについても、徐々に活動の幅を広げていきたいと考えています。本稿を執筆している間に衆議院選挙が行われました[20]。選挙報道の中でどのような談話行動を通して「争点隠し」が行われたかを分析したいと考えています。また、原発やエネルギー問題における談話行動や安全保障をめぐる

---

[20]　2014年12月14日に実施された第47回衆議院議員総選挙のこと。当初政府からは、安倍政権のこれまでの取り組みすべての是非を問う選挙だという声が出ましたが、選挙戦が進むにつれて、消費税の引き上げ先送り判断についての是非「だけ」を問うための解散と選挙であるというような言説が広がっていきました。

談話行動などには権力側の意図が巧妙に隠されている可能性が高いので引き続き目配りをしていきたいと考えています。他にも沖縄の基地問題を大手全国紙の新聞がどのように報道しているのかなどをはじめ、教育の場における権力の関わり方の問題や、外国人にも大きく関わるヘイトスピーチも考えていきたいと思っています[21]。とはいえ、震災をきっかけに日本語教育の限界を感じたのと同じように、CDAに取り組んでいてもいつか「それで社会が変わるのか」という壁にぶち当たるかもしれません。CDAがCDAの世界の中だけで終わってしまっては学者の自己満足であり、同じことの繰り返しになるでしょう。いつの間にか、社会変革をめざすのではなく、言いっぱなしで社会変革は誰かにお任せということになってしまわないともかぎりません。ですから、常に研究の外とのつながり、社会というものを見失わないようにしなければならないと思っています。

　これからも、迷ったり、行きつ戻りつしたり、自問自答したりすることが起こると思います。しかし、社会という「地」の中で自分が行うべき「図」を考えるという視座は何があってももう見失うことはないと思います。そういう意味では、震災をきっかけにして1つ成長したのかもしれません。

　日本語教師がどのように社会と関わるか、日本語教師の社会的役割は何か、という問いは、筆者がそうであったように、逡巡しながら時間をかけて答えを探していくものなのかもしれません。そしてその答えは一様ではなく、日本語教育関係者の数だけ答えがあるのだと思います。だからこそ、日本語教育関係者はどこかのタイミングで自分自身の「地」を探す旅に出なければならないと強く思います。

　これまでの「図」の中に安住していたアイデンティティを捨て、依って立つべきものを失った「よるべなさ」から生まれてくる不安に苛まれながらも、自分自身が立っている「イマ、ココ」にある現実の社会と向き合い、自分の属し

---

21) 筆者は、外国人のための日本語教育に関わる関係者の中から、このヘイトスピーチに関する批判的意見がほとんど出てこないことを、日本語教育関係者がいかに社会とつながっていないかということの1つの証左であると見て危機感を抱いています。ごく少数ながら実際に行動している人がいることも過去に行動を起こす提案があったことも知っていますが、現時点で、日本語教育学会をはじめ多くの関係者は対外的には沈黙を保っているのではないでしょうか。沈黙は現状の容認です。もちろん、その批判は筆者自身にも返ってくるものです。ですから、筆者はこの問題に取り組む責任があると思っています。それゆえ、ここでその問題を取り上げているわけです。

ている社会について考え、自分を見つめ直し、自分と社会との関わり方を再考する。そして、その自立体験の中から自分なりの「地」を探し出し、その「地」に自分自身がめざす「図」を書くことで、新しいアイデンティティを手に入れるのです。それが個人にとっての日本語教育学のデザインであり、その個々人のデザインがつながり、有機的なネットワークを構成して学問的に体系化されていき、やがて、未来に続く一本の日本語教育の地平線になるのではないでしょうか。

　本章に続く第2部は、5人の研究者・実践家による「地を踏まえた図」の論文で構成されています。そこには「日本語教育関係者はどのように社会と関わるか、日本語教育関係者の社会的役割は何か」という問いに対する各執筆者による答え探しの旅があります。読者の皆さんも一緒に旅に出てみてください。筆者の行く宛もなくさまようような学問的変遷をたどったこの文章が、その旅への興味をかき立て橋渡しをするようなラフな地図になれば、こんなにうれしいことはありません。

参考文献

池田謙一・唐沢穣・工藤恵理子・村本由紀子 (2010).『社会心理学』有斐閣.
遠藤由美 (編) (2009).『いちばんはじめに読む心理学の本② 社会心理学―社会で生きる人のいとなみを探る―』ミネルヴァ書房.
影浦峡 (2011).『3.11後の放射能「安全」報道を読み解く―社会情報リテラシー実践講座―』現代企画室.
玉瀬耕治 (2004).「カウンセリング」無藤隆・森敏昭・遠藤由美・玉瀬耕治 (編)『心理学』pp. 471-492. 有斐閣.
名嶋義直 (2012).「語ることは『いま』を生きること」座小田豊・尾崎彰宏 (編)『今を生きる―東日本大震災から明日へ！　復興と再生への提言―1.人間として』pp. 65-82. 東北大学出版会.
名嶋義直 (2015).「災害とコミュニケーション」澤田治美 (編)『ひつじ意味論講座　第7巻　意味の社会性』ひつじ書房.

名嶋義直・神田靖子 (編) (2015).『3.11原発事故後の公共メディアの言説を考える』ひつじ書房.

細川英雄 (2008).「日本語教育学における『実践研究』の意味と課題」『早稲田日本語教育学』9, pp. 85-91. 早稲田大学大学院日本語教育研究科: 早稲田大学日本語教育研究センター. https://dspace.wul.waseda.ac.jp/dspace/handle/2065/28929 (2015年2月8日閲覧)

森本郁代 (2009).「地域日本語教育の批判的再検討―ボランティアの語りに見られるカテゴリー化を通して―」野呂香代子・山下仁 (編)『新装版「正しさ」への問い―批判的社会言語学の試み―』pp. 215-247. 三元社.

横溝亮一 (2011).「クライエント中心療法」佐治守夫・飯長喜一郎 (編)『ロジャーズ クライエント中心療法 [新版]』pp. 65-99. 有斐閣.

Jakobson, R. (1963). *Essais de linguistique generale.* Paris: Les Editions de Minuit. [川本茂雄 (監修)(1973).『一般言語学』みすず書房.]

Kirschenbaum, H., & Henderson, V. L. (Eds.). (1989). *The Carl Rogers reader.* New York, NY: Houghton Miffin. [伊東博・村山正治 (監訳) (2001).『ロジャーズ選集 (上)―カウンセラーなら一度は読んでおきたい厳選33論文―』誠信書房.]

Malinowski, B. (1930). The problem of meaning in primitive language. In C. K. Ogden & I. A. Richards (Eds.), *The meaning of meaning* (pp. 297-336). London: Kegan Paul, Trench, Trubner.

Rogers, C. R. (1957). The necessary and sufficient conditions of therapeutic personality change. *Journal of Consulting Psychology 21*(2), 95-103.

Solnit, R. (2010). *A paradise built in hell: The extraordinary communities that arise in disaster.* New York, NY: The Viking Press. [高月園子 (訳) (2010).『災害ユートピア―なぜそのとき特別な共同体が立ち上がるのか―』亜紀書房.]

Wodak, R. & Meyer, M. (Eds). (2001). *Methods for critical discourse analysis.* London: SAGE. [野呂香代子 (監訳) (2010).『批判的談話分析入門』三元社.]

第2部

日本語教育学の「地図」を描くために

3章 教育実践を「知」にむすぶ

柳田 直美

[学習の分析とデザイン] ◀◀◀◀◀

日本語教師の知識本シリーズ①
『日本語教育における学習の分析とデザイン
―言語習得過程の視点から見た日本語教育―』
岡崎眸・岡崎敏雄 著, 2001年発行

1 はじめに

　教師は学習者の学習をどのように捉え、学習をどのようにデザインしていったらよいのでしょうか。これは、言語教育だけでなく、すべての教師が持つ思いかもしれません。

　「日本語教師の知識本シリーズ」1巻の岡崎・岡崎(2001)『日本語教育における学習の分析とデザイン』(以下、『学習の分析とデザイン』)は、「言語習得過程の視点から見た日本語教育」を副題とし、学習者の学習を研究の知見から探り、それらの知見を生かした学習のデザインを提案しました。

　『学習の分析とデザイン』では、第1章においてまず、第二言語習得研究と言語教育のかかわりについて述べ、第二言語習得研究の意義と課題を指摘しています。それを受けて第2章では学習者の理解(読む・聞く)の過程をめぐる研究と現場への示唆、第3章では学習者の産出(書く・話す)の過程をめぐる研究と現場への示唆が続きます。第1章から第3章は、学習の分析が中心に進められるのですが、第4章では、既存のさまざまな教室活動を例に、学習者の学習過程を第二言語習得研究の知見から検討し(=学習の分析)、そこに何かを加えることで実現する新しい学習(=学習のデザイン)について、実践を想定して論じられています。このように『学習の分析とデザイン』は教育実践と教育実践に関する研究の往還がテーマとなっているのです。

　本章では、2001年に刊行された『学習の分析とデザイン』がめざした教育

実践と教育実践に関する研究の往還について、刊行後の研究の展開を追っていきます。そして、今後の日本語教育における教育実践に関する研究の課題と方向性について考えてみたいと思います。

2　『学習の分析とデザイン』のめざしたもの

2.1　『学習の分析とデザイン』のめざしたもの

『学習の分析とデザイン』で述べられている「学習の分析」と「学習のデザイン」は、次のようにまとめることができます。

> 学習の分析：言語の産出と理解の二つの過程でなされる習得に焦点を当てて分析すること
> 学習のデザイン：習得・産出・理解の各過程の研究によって明らかにされた事柄に基づき、日本語教育で実現されている「学習」がどのような可能性を持つかを考えるもの
>
> （岡崎・岡崎, 2001, p. v）

そのうえで、「日本語教育学が日本語教育実践に役立つためには、その成果が実践に結びつくようにするための構造的なシステムが必要である」（岡崎・岡崎, 2001, p. v）と述べています。そして、「研究で得られたことがなかなか実践に活かされるところまでいかないという問題を研究の側から構造的に解決していく」（同, p. v）ためには、日本語教育学において、基礎研究によって原理を構築する「原理構築の段階」と構築された原理を実践場面に適用する「原理適用の段階」に分け、それまでの実験等による検証結果の適用過程を研究対象とする「実践への適用研究」の必要があると訴えました。

このことは、1990年代に日本語教育において教育実践にフォーカスを当てた研究活動が盛んになり始めたこととも無関係ではないでしょう。1993年には日本語教育の現場に役立つ実践的かつ科学的・実証的調査を推進することと研究調査に関する情報交換を行って日本語教育の質の向上を図ることを目的と

して、「日本語教育方法研究会」[1]が発足しています。また、日々の実践を共有し、よりよい次の実践に向けて考える場として活発かつ有意義な議論を展開することと実践と研究を結ぶ循環を形成することを目標とする「実践研究フォーラム」[2]の前身の「実践研究発表会」も1998年にスタートしています。教育実践と研究をどうつなぐか、ということは当時の課題であり、また、現在まで続く課題でもあるように思われます。

さらに、『学習の分析とデザイン』は、学習の分析と学習のデザインは学習者・支援者・教師・研究者が相互交流する「場」、つまり、日本語教育学の成果が日本語教育実践に活用され、実践上の問題が研究の対象として日本語教育学で取り上げられるための「場」を生み出し、教育実践と教育実践に関する研究の往還を進めることをめざすと述べています。

つまり、学習の分析と学習のデザインは、構築された原理を実践場面に適用する「実践への適用研究」であり、学習者と教師だけでなく研究者や支援者をも巻き込んだ教育実践と教育実践に関する研究の相互作用を目的としたものだということです。

加えて、『学習の分析とデザイン』では、当時の第二言語習得研究の限界の指摘と社会的文脈を扱った研究の必要性も述べられています。

> 第二言語習得研究はさらにその対象を拡大していく必要がある。実験室や教室だけでなく、第二言語習得が行われる様々な場で、しかも様々な社会的文脈の中で進む第二言語習得を対象とするような研究へと拡がっていくことが考えられる。
>
> (岡崎・岡崎, 2001, p. 23)

社会的文脈を扱った第二言語習得研究について、『学習の分析とデザイン』刊行の前後3年間、学術雑誌『日本語教育』(日本語教育学会) 96号 (1998年) から123号 (2004年) に掲載された研究論文を見てみると、そのほとんどが研究

---

1) 日本語教育方法研究会：http://www.u.tsukuba.ac.jp/~matsuzaki.hiroshi.fp/JLEM/introductioi.html (2015年3月27日閲覧)
2) 実践研究フォーラム：http://www.nkg.or.jp/kenkyu/Forum/kk-Forum.htm (2015年3月27日閲覧)

者によって統制された環境でデータが収集されており、自然状況における日本語学習者の習得を扱った研究は見られません。よって、『学習の分析とデザイン』に述べられているような社会的文脈を扱った研究の必要性は、当時の習得研究の状況における課題を的確に指摘したものだったといえるでしょう。

このように『学習の分析とデザイン』は、学習の分析と学習のデザインの2つを、構築された原理を実践場面に適用する「実践への適用研究」と位置づけ、(1) 教育実践と教育実践に関する研究の往還、(2) 社会的文脈における日本語教育研究の拡大、という2つの課題を指摘しています。

では、『学習の分析とデザイン』刊行後、日本語教育の実践に関する研究は岡崎・岡崎の指摘した課題にどのように取り組んできたのでしょうか。

「(2) 社会的文脈における日本語教育研究の拡大」という課題については本書6章の嶋論文でより詳しく論じられますので、本章では『学習の分析とデザイン』刊行後の「(1) 教育実践と教育実践に関する研究の往還」という課題を中心に考えてみたいと思います。

2.2 『学習と分析のデザイン』の位置づけ

『学習の分析とデザイン』刊行後の教育実践と教育実践に関する研究の往還について概観する前に、同書が刊行当時の議論の中でどのように位置づけられるかを考えてみます。

市嶋・牛窪・村上・高橋 (2014) は「実践研究」がどのように考えられてきたかについて年代ごとに整理しています。それによると、ちょうど『学習の分析とデザイン』が刊行されたころの1990年代後半から2000年までの「実践研究」に関する議論は以下のように整理・分類されます。

(1) 教師個人が自身の実践を振り返り、内省することで成長していくための方法論 (e.g., 岡崎・岡崎, 1997; 横溝, 2000)
(2) 組織のカリキュラム発展を目的とした取り組み
　　A. 実践知の共有 (e.g., 新矢・三登・米田, 1998)
　　B. 学習理論の応用と検証 (e.g., 岡崎, 1998)
　　C. 実践の実態からの理論構築 (e.g., 西口, 1998)

(1) については『学習の分析とデザイン』でも繰り返し述べられています。一方、『学習の分析とデザイン』では、学習の分析とデザインは構築された原理を実践場面に適用する「実践への適用研究」であるとしていましたから、(2)の「B. 学習理論の応用と検証」に当たるでしょう。だとすると、「実践への適用研究」を提唱した『学習の分析とデザイン』は、実験などで得られた第二言語習得に関する知見を現場に還元することを想定しており、(2) の枠組みに照らすと、教育実践に関する研究についてかなり狭い範囲でしか捉えていないということがいえます。

　そこで、本章では教育実践に関する研究について『学習の分析とデザイン』が指摘した「実践への適用研究」に限定せず、教育実践に関する研究という観点から幅広く捉えてみたいと思います。

　ここで、本題とは少しずれますが、「実践報告」、「実践研究」に関する議論に触れておきます。教育実践は教師による学習者の学習の分析とデザインが具現化されたものですが、そのままでは個々の教師の日々の実践でしかありません。個々の教育実践が共有され、検証されるためには、何らかの形でその実践が公表される必要があります。従来、日本語教育における教育実践は「実践報告」という形で、教師間で共有されてきました。50年以上の歴史を持つ日本語教育の学術雑誌である『日本語教育』(日本語教育学会) にも、「研究論文」と並んで「実践報告」というカテゴリーが設けられています。『日本語教育』では、「実践報告」を次のように規定しています。

> 教育現場における実践の内容が具体的、かつ明示的に述べられているもの。実践の内容を広く公開し、共有することの意義が明確に述べられていることが必要です。実践報告では、教育への貢献、情報の有用性、会員への啓発を特に重視して査読が行われます。[3]

　ただし、「実践報告」がどのようなものか、どうあるべきかについては、2005年に『日本語教育』126号で「日本語教育の実践報告―現場での知見を共

---

3) 「日本語教育学会」ウェブサイト「投稿規定」(http://www.nkg.or.jp/journal/kitei/tokokitei.pdf) より (2015年3月27日閲覧)

有する—」という特集が組まれたほか、2010年の日本語教育学会春季大会で横山・宇佐美・文野・松見・森本 (2010) が「『実践報告』とは何か—知見の共有を目指して—」と題したパネルディスカッションを行うなど、さまざまな議論がなされています。このパネルディスカッションの中で宇佐美・松見 (2010) は、「実践報告」を①教育経験に根差した実践検証型 (実践のアイディアが教育経験そのものに根差していると考えられる論文)、②理論に基づく実践検証型 (理論や理念に基づいて実践が構想されている論文)、③実践過程分析型 (実践の過程において学習者や教師にどのようなことが起こっているかを観察・分析した論文)、④その他 (実践とは直接かかわりのない論文) の4つに分類しています。

また、細川の一連の論考 (e.g., 細川, 2005, 2010) は、「実践研究」という概念を示し、教育実践そのものを研究として捉えるべきであるとしています。

このように「実践報告」、「実践研究」とは何か、どうあるべきかという問いは比較的多くの議論がなされてきたテーマではありますが、まだ明確な定義はないところです。もちろん、研究の1分野として確立するためには明確な定義の下、共通理解を図っていくことが望ましいことではありますが、本章の目的は「実践報告」や「実践研究」の定義を行うことではありません。そのため、本章では以降、日本語教育の実践に関する論考について「実践報告」、「実践研究」という用語は極力用いず、「教育実践に関する研究」と呼び、『学習の分析とデザイン』刊行後の教育実践に関する研究を概観していきたいと思います。

では、本題に戻ります。『日本語教育』の「実践報告」の規定および宇佐美・松見 (2010) の分類と、前述の市嶋・牛窪・村上・高橋 (2014) の「実践研究」に関する議論の整理を統合すると、図1のようになると思われます。教育実践に関する研究は、実践知の共有が目的とされます。そして、その研究のタイプとしては、①教育経験に根差した実践検証型、②理論に基づく実践検証型、③実践過程分析型があり、それらの研究は最終的に実践の実態からの理論構築につながる可能性を持つものだといえるでしょう。

```
┌─────────────────────────────────────────┐
│       目的：A. 実践知の共有              │
├─────────────────────────────────────────┤
│ ①教育経験に根差した実践検証型           │
│ ②理論に基づく実践検証型（＝B. 学習理論の応用と検証） │
│ ③実践過程分析型                         │
└─────────────────────────────────────────┘
                    ↓
┌─────────────────────────────────────────┐
│       C. 実践の実態からの理論構築        │
└─────────────────────────────────────────┘
```

図1　教育実践に関する研究の整理 (1)

3　教育実践と教育実践に関する研究の往還

3.1　教育実践に関する研究の分析にあたって

　ご存知のように、現在までに、各教育機関、研究会、学会などの刊行物において教育実践に関する膨大な量の研究が発表されています。しかし、それらの膨大な教育実践に関する研究を網羅的に分析することは難しいため、ここでは、公益性の高い学術雑誌である『日本語教育』(日本語教育学会) および『世界の日本語教育』[4] (国際交流基金) を主なデータとして、必要に応じて『第二言語としての日本語の習得研究』(第二言語習得研究会) も参照しながら、『学習の分析とデザイン』刊行翌年 (2002年) 以降の「教育実践と教育実践に関する研究の往還」について考えてみたいと思います。

　『日本語教育』は112号 (2002年) から158号 (2014年) までの寄稿を除く全カテゴリー計281本、『世界の日本語教育』は第12号 (2002年) から第19号 (2009年) までの96本から、教育実践に関する研究を分析の対象とします。

---

[4]　1991年から2009年まで国際交流基金によって発行された日本語教育の学術論文誌。以下のサイトで全掲載論文がダウンロードできる。http://www.jpf.go.jp/j/japanese/survey/globe/ (2015年3月27日閲覧)

3.2　教育実践に関する研究の特徴

　まず、教育実践に関する研究の特徴を見ていきましょう。本節では、教育実践に関する研究について、全論文に占める割合、教育実践の対象、教育実践に関する研究のタイプ、という観点から分析していきます。

3.2.1　教育実践に関する研究の全体に占める割合

　『日本語教育』の投稿カテゴリーは「研究論文」「調査報告」「実践報告」「研究ノート」の4つです。そのうち、教育実践に関する研究はどの程度の割合を占めるのでしょうか。『日本語教育』において圧倒的な割合を占めるのは「研究論文」のカテゴリーですが、そのうち、教育実践に関する論文は6本でした。教育実践に関する研究のカテゴリーである「実践報告」は38本ですが、このうち、教員養成など、学習者に対する教育実践と直接かかわりのない論文を除くと33本となりました。その他の「調査報告」「研究ノート」に収録された教育実践に関する研究は計3本で、「研究論文」の6本、「実践報告」の33本と合計しても42本と、全論文数（281本）の15％にとどまります。

　「研究論文」のカテゴリーに掲載された101号（1999年）から150号（2011年）までの論文を分析した本田・岩田・義永・渡部（2014）は、それらを「日本語に関する研究」「学習者に関する研究」「教育と社会に関する研究」の3つに分類しています。そのうち、「教育と社会に関する研究」に分類された「教室活動」は、全「研究論文」カテゴリーの論文236本中14本で、ここでも教育実践系の論文が少ないことが指摘されています（p. 49）。よって、『日本語教育』全体から見ても、「研究論文」のカテゴリーから見ても、教育実践に関する研究の少なさは際立っているといえるでしょう。

　一方、『世界の日本語教育』では、研究論文と実践報告をカテゴリーとして分けていません。そこで、すべての論文から教育実践に関する研究を抜き出したところ、96本中16本となり、こちらも16.7％と、『日本語教育』と同じような傾向が見られました。

　『第二言語としての日本語の習得研究』（第二言語習得研究会）も学習者の学習に関する研究を掲載する学術雑誌ですが、2002年から2014年までに掲載された研究論文42本のうち、教育実践に関する研究は4本のみで、1割にも満た

ない結果となりました。『日本語教育』『世界の日本語教育』と比較して教育実践に関する研究が少ないのは、第二言語習得研究が図1の「②理論に基づく実践検証型」の前提となる「理論」を構築するための研究分野であることが影響していると考えられます。

　しかしながら、「日本語教育学」は「教育」を扱う分野です。本田・岩田・義永・渡部 (2014) でも指摘されていますし、前述のような結果からもわかるように、日本語教育研究において教育実践に関する研究は十分に議論されているとはいえない状況です。日本語教育に必要な基礎研究である「日本語に関する研究」(本田・岩田・義永・渡部, 2014) も重要ですが、このように教育実践に関する研究が極端に少ない状況は、「日本語教育学」としてあまり健全な状態とはいえないのではないでしょうか。

3.2.2　教育実践に関する研究の対象

　次に、教育実践に関する研究の対象について見てみましょう。『日本語教育』の教育実践に関する研究42本と『世界の日本語教育』16本の教育実践の対象をまとめたものが表1です。

表1　教育実践の対象

	『日本語教育』論文数 (%)	『世界の日本語教育』論文数 (%)
大学留学生[5]	22 (52.4%)	0 (0%)
大学生 (海外)[6]	7 (16.7%)	11 (68.8%)
外国人児童生徒	5 (11.9%)	2 (12.5%)
地域日本語学習者	5 (11.9%)	2 (12.5%)
外国人教師	1 (2.4%)	0 (0%)
外国人母	1 (2.4%)	0 (0%)
介護福祉士候補者	1 (2.4%)	0 (0%)
日本語学校生	0 (0%)	1 (6.3%)
計	42 (100%)	16 (100%)

---

5) 大学留学生：学部留学生、大学院生、研究生、短期留学生など、日本の大学で学ぶ留学生全体を指します。
6) 大学生 (海外)：海外の大学で学ぶ大学生、大学院生を指します。

表1から、両者で若干の傾向の違いはあるものの、教育実践に関する研究の実践の対象となっているのは主に大学に在籍する学習者であるということがわかります。学習者の多様化が叫ばれて久しい日本語教育の研究にあって、表1の結果は、残念なものと言わざるをえません。これには、大学に在籍する研究者が大学の在籍生からデータを収集する場合、比較的容易に学習者や周囲の理解が得られやすいということが影響していると考えられます。逆に、その他の教育機関や実践の場でデータを収集することは倫理上の問題や周囲の環境によって難しい面があります。例えば、外国につながる子どもの在籍する学校、看護師・介護従事者の働く病院などは、プライバシーの観点からデータを収集するのが非常に難しい場です。

　学習者の多様化と多様化への対応の必要性は多くの研究者によって指摘されてきました (e.g., 佐久間, 2006; 山田, 2006)。しかしながら、表1の結果は、日本語教育研究が研究の面から学習者の多様化を証明することも、多様化に対する実践の報告・検証もほとんど行ってきていないということを示しています。そのような中で、外国につながる子どもに関する研究 (e.g., 南浦, 2008; 松田・光元・湯川, 2009) や、本間 (2013) の「外国人母」に関する論考は、今後の教育実践に関する研究にとって、学習者の多様化を研究の側面から証明し、そこでの問題を浮き彫りにし、実践へと還元する1つの方向性を示すものといえるでしょう。

3.2.3　教育実践に関する研究で扱われる実践

　ここでは、教育実践に関する研究でどのような実践が扱われるかを分類してみます。教育機関全体のカリキュラムに関する実践を「カリキュラムデザイン」、大学・学校などのようにまとまった長さの実践期間と複数の学習者が存在する科目や活動に関する実践を「コース・活動デザイン」、教材・システム・ツールなどの開発に関する実践を「教材・システム開発」、地域日本語学習者や外国人児童生徒に対する日本語支援の実践を「支援デザイン」、指導法などではなく、学習者あるいは学習者どうしの学習のデザインに関する実践を「学習デザイン」、実践の実態を分析したものを「実態分析」として、表2に分類しました。

　表2を見ると、『日本語教育』の場合、約5割がコース・活動デザインであ

ることがわかります。その他、教材・システム開発に関する5本の論文のうち、桑戸 (2007)、広谷 (2010)、池田・深田 (2012) のコンピュータ教材、web教材開発に関して3本の報告がありますが、まだまだこの分野の知見が広く共有されているとは言い難い状況です。また、地域日本語学習者や外国につながる子どもなどのニーズに対応するような実践に関する研究 (e.g., 朱, 2003; 矢崎, 2004) も約1割ではありますが見られました。一方、『学習の分析とデザイン』がめざしたような、ミクロに学習者の学習をデザインするような研究は4本 (9.5%) で、そのほとんどがピア・ラーニングを扱ったものでした (e.g., 房, 2010; 本郷, 2003)。

表2　教育実践に関する研究のタイプ

	『日本語教育』論文数 (%)	『世界の日本語教育』論文数 (%)
カリキュラムデザイン	0 (0%)	3 (18.8%)
コース・活動デザイン	23 (54.8%)	6 (37.5%)
教材・システム開発	5 (11.9%)	0 (0%)
支援デザイン	4 (9.5%)	1 (6.3%)
学習デザイン	4 (9.5%)	3 (18.8%)
実態分析	6 (14.3%)	3 (18.8%)
計	42 (100%)	16 (100%)

『世界の日本語教育』では、コース・活動デザインは『日本語教育』と比較すると低い割合ですが、カリキュラムデザインというさらに大きな枠組みの実践に関するものが3本 (18.8%) あり、カリキュラムデザインとコース・活動デザインを合計すると約5割となっています。

このことからも、これまでの日本語教育における教育実践に関する研究は、大学・学校などのように一定のカリキュラムの下、比較的まとまった長さの実践期間と複数の学習者が存在する教育機関での実践を中心に行われてきたといえるでしょう。しかし、表1の分析でも触れましたが、学習者がこれだけ多様化し、地域日本語教育、看護師・介護従事者に対する専門日本語教育、外国につながる子どもに対する学校教育と日本語教育の融合など、従来の授業形態で

は到底カバーしきれないような状況が増えているにもかかわらず、教室場面のコースや活動のデザインに偏った報告ばかりでは、実践の内容を広く公開し、共有することの意義が薄れてしまう恐れがあります。

以上、『日本語教育』(2002～2014年)と『世界の日本語教育』(2002～2009年)に掲載された教育実践に関する研究について、教育実践に関する研究の全体に占める割合、教育実践の対象、教育実践に関する研究のタイプ、という観点から分析し、それぞれの課題を指摘しました。次節では、「教育実践と教育実践に関する研究の往還」という観点から、教育実践に関する研究を分析します。

3.3 教育実践と教育実践に関する研究の往還

本節では、「教育実践と教育実践に関する研究の往還」という観点から、教育実践に関する研究における理論的背景に関する記述の有無、理論的背景の傾向を分析し、『学習の分析とデザイン』で言及された理論的背景と比較してみたいと思います。

3.3.1 理論的背景に関する記述の有無

まず、『日本語教育』(2002～2014年)と『世界の日本語教育』(2002～2009年)において、報告内に理論的背景に関する記述があるかどうかについて見てみます。あらかじめ断っておきますが、ここでは、理論的背景をもつのがよい教育実践に関する研究であると言いたいわけではありません。グラウンデッド・セオリー[7]のように、ボトムアップで立ち上がる理論もありますし、そもそも実践と理論は必ずしもリンクしなくてもよいという考え方もあるかもしれません。しかし、研究が広く共有され、検証されうる形をとるために、確かな研究の背景を持つことはその研究の足元を固める重要な要素ですし、その意味で理論的背景は意味のあるものといえます。市嶋(2009a)は、『日本語教育』(1～135号)を分析し、90年代後半は既存の理論の精緻化を目的とする仮説検証型の研究が多く、「理論の実践化」を志向する傾向が見られたが、それ以降は理

---

[7] 社会的現象に関するデータから生成される、データに根ざした理論(Grounded Theory)のこと。グレイザー&ストラウスによって社会科学の方法論として生まれた(Glaser & Strauss, 1967 後藤・大出・水野訳 1996)。

論を既定のものとして捉えるのではなく、「実践の中の理論」を志向する研究も現れてきたと指摘しています。

　本節では『日本語教育』(2002〜2014年)と『世界の日本語教育』(2002〜2009年)に掲載された教育実践に関する研究において、理論的背景に関する記述があるかどうかを調べ、あるとすれば、その理論的背景はどのような傾向にあるのかについて分析します。そして、この分析を通して、近年の日本語教育実践がどのような理論を志向しているのかを探っていきたいと思います。

　『日本語教育』(2002〜2014年)と『世界の日本語教育』(2002〜2009年)内の理論的背景に関する記述の有無を調べた結果、表3のようになりました。表3を見ると、理論的背景に関する記述が特に見られないものは『日本語教育』が24本 (57.1%)、『世界の日本語教育』が8本 (50.0%)で、そのほとんどがコースデザインや活動デザインに関するものでした。一方、『日本語教育』では約4割、『世界の日本語教育』では5割が理論的背景に何らかの形で触れていることがわかります。

表3　理論的背景に関する記述の有無

	『日本語教育』論文数 (%)	『世界の日本語教育』論文数 (%)
あり	18 (42.9%)	8 (50.0%)
なし	24 (57.1%)	8 (50.0%)
計	42 (100%)	16 (100%)

　では、そこで触れられている理論的背景は、どのようなものでしょうか。分析の結果、第二言語学習・習得に関する理論と社会的文脈における学習に関する理論の2つのグループに分けられました (表4)。

　以下に、表4の実践報告内で触れられている理論的背景 (第二言語学習・習得に関する理論／社会的文脈における学習に関する理論) の傾向を分析します。

表4　理論的背景の記述

	『日本語教育』論文数(%)	『世界の日本語教育』論文数(%)
第二言語学習・習得に関する理論	12 (66.7%)	7 (87.5%)
社会的文脈における学習に関する理論	6 (33.3%)	1 (12.5%)
計	18 (100%)	8 (100%)

3.3.2　理論的背景の傾向 (1)：第二言語学習・習得に関する理論

　まず、第二言語学習および習得に関する理論的背景について記述があるグループです。これらのグループは、第二言語習得における認知的視点に基づいた理論への言及がありました。

　金庭 (2004) はニュース教材を利用した聴解授業における認知的アプローチの効果を検証しています。また、南浦 (2008) は、バイリンガリズムの理論を参考に、「二文化統合理解学習」の授業構成の理論を構築し、実際に検証するというプロセスをとっています。このような「理論検証型」の論文がある一方、ピア・ラーニングのように、協働の理論を実践で応用する「理論応用型」の研究も見られます。ピア・ラーニングについては、横山・福永・森・王 (2009) の海外の学習者の聴解力向上を目的としたピア・リスニングや、市嶋 (2009b) のレポート作成時の相互評価活動における学習者の変容の分析、房 (2010) の発音協働学習におけるピア・モニタリング活動の分析などがあります。ピア・ラーニングについては、このように複数の報告がなされており、教師から学習者への知識伝達による学習だけでなく、学習者の相互作用による学習の有効性が次第に実証的に示されてきているといえるでしょう。

　第二言語学習・習得における認知的アプローチの研究成果は、『学習の分析とデザイン』においても学習を分析し、新たな学習をデザインする際に多く応用されていましたが、2002年以降の教育実践に関する研究においても多くを占めていることがわかります。

また、日本語学習者だけが学習するのではなく、日本語母語話者も学習者と共に学んでいくという立場に立った論考も複数見られます（野々口, 2010; 大関・遠藤, 2012）。これらの研究は、これまで学習者の日本語学習・習得に寄与することを目的としてきた日本語教育が、日本語母語話者も学習者と同様に学んでいるとする立場に変わってきたことの証左であり、柳田（2015）が指摘しているように、日本語教育が学習者だけでなく、母語話者にも貢献しうることを示すものといえるでしょう。学習者と母語話者が対等な関係で共に学ぶという点に関しては、本書5章の松尾論文で「地域日本語」という観点からさらに詳しく論じられます。

　ただし、これらの成果はピア・ラーニングに関する研究を除いては、既存の理論に影響を及ぼすほど検証が繰り返されているとはいえません。「教育実践の一回性」は、教育実践に関する研究の議論の中でたびたび指摘されることですが、日本語の教育実践に関する研究を1つの学問分野として成立させるためには、やはりその教育実践の一回性の限界に挑戦する必要もあると考えます。そのためには、1つの教育実践を他の教師や研究者などと協働で実践し、分析し、その教育実践の可能性と限界を検証していくことが求められます。そのことによって教育実践と教育実践に関する研究の往還が可能となり、理論や枠組みの構築、精緻化を図ることができるのではないでしょうか。

3.3.3　理論的背景の傾向 (2)：社会的文脈における学習に関する理論

　次に、「正統的周辺参加」や「社会構成主義」などの社会的文脈における学習を意識した理論的背景について記述があるグループです（e.g., 重田, 2006; 本間, 2013）。

　重田（2006）、本間（2013）は正統的周辺参加の概念を用いて、それぞれ学部留学生、外国人母のアイデンティティ形成の過程を分析しました。また、山辺・谷・中村（2005）は社会構成主義の観点から多文化プロジェクトワークの実践をデザインし、アカデミック・ジャパニーズについて論じています。また、社会的文脈における学習に関する理論的背景をもつ研究にも、日本語学習者だけが学習するのではなく、日本語母語話者も学習者と共に学んでいくという立場に立った論考が複数見られます（e.g., 梶原, 2003; 山辺・谷・中村, 2005）。

義永 (2009) は、第二言語習得研究において、近年「言語使用の状況性、社会性をより重視し、コミュニティにおける実践への参加—具体的には相互行為への参加—を習得の母体と捉える社会的視点」という新たな潮流が生まれつつあることを指摘しています。上に挙げたグループもまた、コミュニティ内の実践 (相互行為) への参加を分析したものであり、「社会的視点」に目を向けた新たな研究の流れといえるでしょう。

　ただし、いずれの実践もやはり教室場面が多く、教室外の教育実践について述べたものは本間 (2013) に限られています。教育実践ではありませんが、2002年以降、『日本語教育』において社会的文脈の中での習得を扱ったものは、就労現場における日本語習得を分析した菊岡・神吉 (2010) のみであり、現在までにほとんど見られません。今後はさまざまな場面での学習者の習得や学習の実態を分析し、そのうえで学習をデザインしていくことが求められるでしょう。このような「学習」の捉え方の変容については本書6章の嶋論文、「学習」をデザインする教師の専門性については7章の牛窪論文で詳しく論じられます。

　また、このような研究は、量的研究にはあまり向きません。質的に丁寧な分析が求められる分野です。ただ、そうであるがゆえに、モデル化、理論化のためには、義永 (2009) が指摘しているように、他の分野 (会話分析、社会文化理論、言語社会化、エスノグラフィー) などとの協働を模索していく必要があります。3.3.2節でも述べたように、1つの教育実践を他の教師や研究者などと協働で実践し、分析し、その教育実践の可能性と限界を検証していくプロセスが教育実践と教育実践に関する研究の往還を可能とし、理論や枠組みの構築、精緻化につながるのではないでしょうか。

3.3.4　理論的背景に特に言及のない教育実践に関する研究

　前述したように、理論的背景に関する記述が特に見られないものは『日本語教育』が24本 (57.1%)、『世界の日本語教育』が8本 (50.0%) で (表3)、そのほとんどがコースデザインや活動デザインに関するものでした。ここでは、どのような学習法・指導法が取り上げられているかを見ていきます。

　学習法・指導法としては、ポートフォリオを使った学習 (e.g., 川村, 2005)、

ブレンディッド・ラーニング (e.g., 池田・深田, 2012)、ジグソー学習法 (e.g., 朱・砂川, 2010; 砂川・朱, 2008)、多読 (e.g., 江田・飯島・野田・吉田, 2005) など、さまざまなものが見られました。

　ただ、このような学習法・指導法に関する研究もなかなか知見の蓄積、検証が難しいようです。せっかくの興味深い論考も、1回きりでは知見の蓄積になりません。しかし、ジグソー学習法についての実践報告 (砂川・朱, 2008) は、その後、朱・砂川 (2010) で学生の意識変容分析が行われ、研究論文として採録されています。これは、1つの教育実践について継続してその可能性と限界を検証していくことで、教育実践と教育実践に関する研究が理論や実践の枠組みの構築、精緻化につながっていく一例だと思います。このような研究は、今後の日本語教育研究における日本語に関する研究と教育実践に関する研究の量のアンバランスを解消するためにも必要だといえるのではないでしょうか。

4　教育実践に関する研究の展望

　本節では前節までをまとめ、教育実践に関する研究の展望を示します。

　『学習の分析とデザイン』は、学習の分析と学習のデザインを、構築された原理を実践場面に適用する「実践への適用研究」と位置づけ、(1) 教育実践と教育実践に関する研究との往還、(2) 社会的文脈における日本語教育研究の拡大、という2つの課題を指摘しました。

　その課題を受けて、本章では、『学習の分析とデザイン』刊行後の『日本語教育』(2002〜2014年) と『世界の日本語教育』(2002〜2009年) を中心に分析し、『学習の分析とデザイン』がめざしたものがどのように実現されてきたかを「(1) 教育実践と教育実践との往還」を中心に分析しました。分析の結果として、まず、これまでの日本語教育研究における教育実践に関する研究の少なさを指摘しました。また、教育実践の成果は徐々に知見として蓄積されるようになってきているものの、依然として既存の理論の応用・検証段階で、教育実践の実態からの理論の構築には至っていない段階であることも述べました。具体的な実践を通じて理念が再構築されることも、実践に根差して理念を議論することも不十分であるという点は、本書4章の三代論文でも議論されていきます。

```
┌─────────────────────────────────────┐
│         目的：実践知の共有            │
│ ①教育経験に根差した実践検証型       │
│ ②理論に基づく実践検証型              │
│ ③実践過程分析型                      │
└─────────────────────────────────────┘
                  ↓
┌─────────────────────────────────────┐
│        実践の実態からの理論構築       │
└─────────────────────────────────────┘
```

図2　教育実践に関する研究の整理 (2)

　ここでもう一度、「教育実践に関する研究の整理」の図を見てみましょう (図2[8])。図2にあるように、教育実践に関する研究の目的が「実践知の共有」だとして、では、「実践『知』」とは何なのでしょうか。筆者は、教育実践の一回性の限界に挑戦するということだと考えます。もちろん、個々の教育実践が厳密にはその場でしか成立しえないものであることは十分理解しています。しかし、学習者の属性や実践の場などの表面的なものを超えて、その教育実践の本質的な知がいったいどこの誰の役に立つのか、あえて大きなことを言うとすれば、その教育実践の知はどこの誰を幸せにすることができるのか、ということを見据えた議論をしなければならないと思います。そのためには、『学習の分析とデザイン』がめざしたように、学習者と教育実践者だけでなく、研究者や支援者など他者との協働によってその教育実践の可能性と限界を検証すること、そしてその教育実践から立ち上がる理論の構築、精緻化を図る必要があります。

　教育実践の実態からの理論構築を行うにあたって、現在、社会的文脈における学習は、義永 (2009) の指摘にもあるように発展途上の分野だといえるでしょう。今後は、さまざまな属性を持つ学習者について、教室場面を離れた社会的文脈の中での学習の記述が必要になってくるでしょうし、学習者だけでなく日本語母語話者もともに学んでいるという立場に立った論考も待たれます。

　日本語教育の営みは、決して社会的文脈から切り離されたものではありませ

---
8) 図1で用いた記号等は省略しています。

ん。これまでの教育実践に関する研究が教授法や指導法に偏っていた、教師中心で学習者を見てこなかった、など、さまざまな指摘があることも確かです。しかし、これまで実際に現場で日本語教育に携わってきた人々の多くが社会的文脈を意識せず、教室の中だけで教育実践を行ってきたとは思えないのです。それは、教育実践に関する「研究」の中で語られてきたことであり、実際はまったく異なったものであったかもしれません。社会的文脈における教育実践を研究者が十分に描き出すことができてこなかったのかもしれません。

　よって、これからの教育実践に関する研究は、これまで以上にさまざまな社会的文脈の中での教育実践を描き出すことが必要です。そして、学習者だけでなく母語話者も含めたさまざまな場面の学習をデザインすることができる日本語教育人材の必要性を社会に訴えるだけの説得力を持つべきです。

　我々が教育実践に関する研究を行うのは何のためでしょうか。研究の理念や手法は異なっていてもかまいません。批判や検証も必要でしょう。しかし、教育実践に関する研究は、その教育実践の本質的な知が共有され、たとえ小さくともその教育実践に携わる人々の社会的営みに貢献するためだということを忘れてはならないと思います。教育実践に関する研究が人々の社会的営みに貢献するためにできることは、説得力のあるデータの蓄積と整理です。そしてその蓄積・整理されたデータをもってしか、日本語教育研究が「学」として社会に貢献することはできないのではないでしょうか。

参考文献

池田順子・深田淳 (2012).「Speak Everywhereを統合したスピーキング重視のコース設計と実践」『日本語教育』152, pp. 46-60. 日本語教育学会.

市嶋典子 (2009a).「日本語教育における「実践研究」論文の質的変化―学会誌『日本語教育』をてがかりに―」『日本語教育論集』25, pp. 3-17. 国立国語研究所.

市嶋典子 (2009b).「相互自己評価活動に対する学習者の認識の学びのプロセス」『日本語教育』142, pp. 134-144. 日本語教育学会.

市嶋典子・牛窪隆太・村上まさみ・高橋聡 (2014).「第1章　実践研究はどのように考え

られてきたか―日本語教育における歴史的変遷―」『実践研究は何をめざすか』pp. 23-48. ココ出版.

宇佐美洋・松見法男 (2010).「2.「実践報告」における教育効果の測定・評価方法」(パネルセッション「「実践報告」とは何か―知見の共有を目指して―」)『2010年度日本語教育学会春季大会予稿集』pp. 94-105. 日本語教育学会.

大関由貴・遠藤郁絵 (2012).「学習者から学ぶ「自律的な学び」とその支援―漢字の一斉授業における取り組みから―」『日本語教育』152, pp. 61-75. 日本語教育学会.

岡崎敏雄・岡崎眸 (1997).『日本語教育の実習―理論と実践』アルク.

岡崎敏雄・西川寿美 (1993).「学習者のやりとりを通した教師の成長」『日本語学』12. pp. 31-41. 明治書院.

岡崎眸・岡崎敏雄 (2001).『日本語教育における学習の分析とデザイン―言語習得過程の視点から見た日本語教育―』凡人社.

岡崎洋三 (1998).「正統的周辺参加としての日本語学習―研究留学生対象の入門クラスでの場合」『大阪大学留学生センター研究論集　多文化社会と留学生交流』2, pp. 17-18. 大阪大学留学生センター.

梶原綾乃 (2003).「留学生と日本人学生との交流促進を目的としたコミュニケーション教育の実践」『日本語教育』117, pp. 93-102. 日本語教育学会.

金庭久美子 (2004).「リソースの活用を目指した授業―ニュース教材を利用した聴解授業―」『日本語教育』121, pp. 86-95. 日本語教育学会.

川村千絵 (2005).「作文クラスにおけるポートフォリオ評価の実践―学習者の内省活動に関するケーススタディー―」『日本語教育』125, pp. 126-135. 日本語教育学会.

菊岡由夏・神吉宇一 (2010).「就労現場の言語活動を通した第二言語習得過程の研究―「一次的ことばと二次的ことば」の観点による言語発達の限界と可能性―」『日本語教育』146, pp. 129-143. 日本語教育学会.

桑戸孝子 (2007).「ディクテーション・ディクトグロス用コンピュータ教材の開発と実践」『日本語教育』135, pp. 90-99. 日本語教育学会.

江田すみれ・飯島ひとみ・野田佳恵・吉田将之 (2005).「中・上級の学習者に対する短編小説を使った多読授業の実践」『日本語教育』126. pp. 74-83. 日本語教育学会.

佐久間勝彦 (2006).「海外に学ぶ日本語教育―日本語学習の多様性―」国立国語研究所 (編)『日本語教育の新たな文脈－学習環境、接触場面、コミュニケーションの多様性』pp. 33-65. アルク.

重田美咲 (2006).「基礎日本語学習者のための「日本事情」―大学1年生を対象とした場合―」『日本語教育』131, pp. 41-49. 日本語教育学会.

朱桂栄 (2003).「教科学習における母語の役割―来日まもない中国人児童の「国語」学習

の場合―」『日本語教育』119, pp. 75-84. 日本語教育学会.

朱桂栄・砂川有里子 (2010).「ジグソー学習法を活用した大学院授業における学生の意識変容について―活動間の有機的連携という観点から―」『日本語教育』145, pp. 25-36. 日本語教育学会.

新矢麻紀子・三登由利子・米田由喜代 (1998).「入門期の漢字教育における学習活動と教師の役割」『大阪大学留学生センター研究論集 多文化社会と留学生交流』2, pp. 45-62. 大阪大学留学生センター.

砂川有里子・朱桂栄 (2008).「学術的コミュニケーション能力の向上を目指すジグソー学習法の試み」『日本語教育』138, pp. 92-101. 日本語教育学会.

西口光一 (1998).「自己表現中心の入門日本語教育」『大阪大学留学生センター研究論集 多文化社会と留学生交流』2, pp. 17-18. 大阪大学留学生センター.

野々口ちとせ (2010).「共生を目指す対話をどう築くか―他者と問題を共有し「自分たちの問題」として捉える過程―」『日本語教育』144, pp. 169-180. 日本語教育学会.

房賢嬉 (2010).「韓国人中級日本語学習者を対象とした発音協働学習の試み―発音ピア・モニタリング活動の可能性と課題―」『日本語教育』144, pp. 157-168. 日本語教育学会.

広谷真紀 (2010).「学習者のCMCコーパスを利用したアプリケーションの開発と試用報告」『日本語教育』145, pp. 72-83. 日本語教育学会.

細川英雄 (2005).「実践研究とは何か―「私はどのような教室をめざすのか」という問い―」『日本語教育』126, pp. 4-14. 日本語教育学会.

細川英雄 (2010).「実践研究は日本語教育に何をもたらすか」『早稲田日本語教育学』7, pp. 69-81. 早稲田大学大学院日本語教育研究科.

本郷智子 (2003).「中級レベルの学習者同士による誤用訂正活動―グループモニタリングの実際―」『日本語教育』118, pp. 96-107. 日本語教育学会.

本田弘之・岩田一成・義永未央子・渡部倫子 (2014).『日本語教育学の歩き方―初学者のための研究ガイド―』大阪大学出版会.

本間敦子 (2013).「外国人の母親たちにとってのネットワーク活動の意義―十全的参加者としてのアイデンティティ形成過程に即して―」『日本語教育』155, pp. 159-174. 日本語教育学会.

松田文子・光元聰江・湯川順子 (2009).「JSLの子どもが在籍学級の学習活動に積極的に参加するための工夫―リライト教材を用いた「日本語による学ぶ力」の育成―」『日本語教育』142, pp. 145-155. 日本語教育学会.

南浦涼介 (2008).「JSL児童生徒のための社会科授業構成―二文化統合理解学習としての単元「私たちのまわりのお店のくふう」をもとに―」『日本語教育』139, pp. 72-81.

日本語教育学会.

矢﨑満夫 (2004).「外国人児童と日本人児童のインターアクションのための日本語支援―教室内ネットワーク形成をめざしたソーシャルスキル学習の試み―」『日本語教育』120, pp. 103-112. 日本語教育学会.

柳田直美 (2015).『接触場面における母語話者のコミュニケーション方略―情報やりとり方略の学習に着目して―』ココ出版.

山田泉 (2006).「第8章　地域社会と日本語教育」『ことばと文化を結ぶ日本語教育』pp. 118-135. 凡人社.

山辺真理子・谷啓子・中村律子 (2005).「アカデミック・ジャパニーズ再考の試み―多文化プロジェクトワークでの学びから―」『日本語教育』126, pp. 104-113. 日本語教育学会.

横溝伸一郎 (2000).『日本語教師のためのアクション・リサーチ』凡人社.

横山紀子・宇佐美洋・文野峰子・松見法男・森本郁代 (2010).「「実践報告」とは何か―知見の共有を目指して―」『2010年度日本語教育学会春季大会予稿集』pp. 94-105. 日本語教育学会.

横山紀子・福永由佳・森篤嗣・王璐 (2009).「ピア・リスニングの試み―海外の日本語教育における課題解決の観点から―」『日本語教育』141, pp. 79-89. 日本語教育学会.

義永未央子 (2009).「第二言語習得研究における社会的視点―認知的視点との比較と今後の展望―」『社会言語科学』12(1), pp. 15-31. 社会言語科学会.

Glaser, B. G. & Strauss, A. L. (1967). *The discovery of grounded theory: Strategies for qualitative research.* Chicago, IL: Aldine. [後藤隆・大出春江・水野節夫 (訳) (1996).『データ対話型理論の発見：調査からいかに理論をうみだすか』新曜社.]

4章 「ことば」「文化」、そして「教育」を問い直す

三代 純平

[言語教育と文化] ◀◀◀◀◀

日本語教師の知識本シリーズ②
『ことばと文化を結ぶ日本語教育』
細川英雄 編
2002年発行

1 はじめに

　ことばと文化を日本語教育においてどう捉えるか。この問題は、1990年代から2000年代にかけて、多様な立場、角度から積極的に議論されました。2002年に刊行された「日本語教師の知識本シリーズ」2巻の『ことばと文化を結ぶ日本語教育』(以下、『ことばと文化』)は、その議論のダイジェストであると同時に、その後10年の日本語教育の課題を提示したメニュー表のような論集になっています。『ことばと文化』は、当時、文化をめぐる議論を精力的に展開していた細川英雄によって編集されました。本書には、文化とは何かという根本的な問いを論じた論考(1章 細川英雄、13章 小川貴士、14章 佐々木倫子)に加え、文化が深く関わる概念として「学習者主体」(2章 牲川波都季)、「状況的学習論」(3章 西口光一)、文化が深く関わる領域として「年少者日本語教育」(6章 川上郁雄)、「地域日本語教育」(8章 山田泉)、文化が深く関わる実践として「内容重視」(4章 岡崎眸)、「イマージョンプログラム」(5章 宮崎里司)、「体験型学習」(7章 池上摩希子)、「メディア・リテラシー」(10章 門倉正美)など多様な論考が収録されています。

　本章では、この『ことばと文化』刊行の意義と課題を、10数年を経た今日の日本語教育から遡って眺めることで論じたいと思います。あわせて、日本語教育におけることばと文化の問題が、その後10年いかに論じられてきたのかを議論し、今後の展望を述べたいと思います。

2 『ことばと文化を結ぶ日本語教育』の貢献

2.1 『ことばと文化を結ぶ日本語教育』の背景

　90年代は、戦後の日本語教育において、ことばと文化の関係が最も広く議論された時期でした。その議論には、大きく分類して2つの潮流があり、その2つの潮流が交差しつつ、ことばと文化の捉え方とその教育のあり方が議論されました。1つめの潮流は、80年代半ばから日本語教育において積極的に取り上げられるようになったコミュニカティブ・アプローチの潮流です。コミュニカティブ・アプローチは、言語学習／習得の目的として、コミュニケーション能力の育成／向上を重視しました。また、コミュニカティブ・アプローチの特徴として、より広い社会文化的文脈で言語は学ばれるべきであるという考え方があります。日本語教育におけるコミュニカティブ・アプローチに関する代表的な論考である岡崎・岡崎 (1990) は、コミュニケーション能力の育成を考える際には、人間の持つ能力全体を対象とし、全人的なインターアクションを考えていかなければならないと主張します。そして、全人的なインターアクションを考えるうえで、学習者が持つ「社会性」や「異文化性」に注目することを提言しました。また、ネウストプニー (1995) は日本語教育の目標をインターアクション能力の育成にあると主張しました。ネウストプニーによると、インターアクション能力とは、コミュニケーション能力よりさらに大きな概念で、文法を中心とした言語能力に加え、文法外のコミュニケーション規則を含む社会言語能力、ある社会における行動規則に基づく社会文化能力を包括した能力です。このネウストプニーの主張は、のちの日本語教育において広く参照され、社会文化能力の育成を日本語教育に取り入れることが多様な形で試みられました。

　コミュニカティブ・アプローチの導入により、日本語教育において文化が注目されるようになりました。また、このときの「文化」とは、単なる知識としての文化というより、異文化間能力と呼ばれるような、能力という側面を重視したものでした。その意味で、第1の潮流には、知識から能力へと重視するものが変わったという側面があります。

　2つめの潮流は、90年代に日本に流入したカルチュラル・スタディーズに代表されるポストモダニズムによる文化観の捉え直しです。カルチュラル・スタ

ディーズは、「文化」の自明性を疑い、その政治性を明らかにしました。吉見(2000)はカルチュラル・スタディーズの文化観について以下のように述べています。

> 文化をすでにそこにあり、固有の内容を含んだものと見なすところから出発するのではなく、近現代におけるこの領域の存立そのものを問い返すこと。文化を政治から切り離せる固定的な領域と見なすのでも、またそうした経済や政治に従属的な表層の秩序と見なすのでもなく、むしろ権力が作動し、経済と結びつき、言説の重層的なせめぎあいのなかで絶えず再構成されているものとして問題化していくこと。
>
> (吉見, 2000, p. 2)

　また、多文化主義の研究は、近代の「国民国家」の成立過程において、「日本語」や「日本文化」が実体視されていく過程とその政治性を明らかにしました。そして、多様な文化のあり方をいかに社会において認めていくかを議論しました(三浦編, 1997)。それは、端的にいうと本質主義の問い直しといえる運動です。上野(2001)は、「本質主義は『本質は実在する』という認識論と、『したがって客観的にアプローチすることができる』という方法論との組み合わせから成り立っている」(p. 280)と本質主義の「本質」を説明します。つまり、本質主義とは、物事には普遍的な本質があり、その本質を「原因」とし、現象を説明することができるという立場のことです。「日本語」や「日本文化」を本質化することの政治性が、急速に多文化化する日本社会において問い直され始めたといえるでしょう。90年代になるとこの思潮が日本語教育にも影響を与え、「日本語」「日本文化」を自明視し教えることの問題が議論されるようになったのです。

　この2つの潮流が、日本語教育における文化の議論を活性化しましたが、その議論の主要な場であったのは「日本事情」教育でした。『ことばと文化』が編纂(へんさん)された背景にも、この「日本事情」教育の議論があります。次に、その「日本事情」教育における文化の議論を概観したいと思います。

2.2 「日本事情」教育

「日本事情」ということばが戦後の日本語教育に定着するのは、1962年の「文部省令第二十一号及びそれについての四年制大学長宛の通知」によります。同通知は、「日本事情」の教育内容を「一般日本事情、日本の歴史、文化、政治、経済、日本の自然、日本の科学技術といったものが考えられる」と規定しました。当初、「日本事情」は、留学生が大学の授業を理解するために必要な一般知識を扱う科目として設定されていたのです。その後しばらくの間、「日本文化」は知識として「日本事情」において教えられました (e.g., 豊田, 1988)。

その「日本事情」がにわかに注目を集めるのは、80年代に入りコミュニカティブ・アプローチの興隆を迎えたときです。従来の教養重視型の「日本事情」では、歌舞伎といった日本の伝統文化や日本の高度経済成長などが積極的に取り上げられていました。それに対し、「日本人」の思考様式のようにコミュニケーションに役立つ（と考えられる）文化的知識が重視され、さらに、知識自体よりも能力が重視されるようなりました。岡崎 (1988) は、コミュニカティブ・アプローチの立場から、異文化間教育として日本語・「日本事情」教育を捉える必要性を主張しました。この頃から、「日本事情」を「異文化間教育」と位置づけ、「異文化間コミュニケーション能力」の育成をめざす研究や実践が増加しました。例えば、正宗 (1996) は、日本語でコミュニケーションをとるためには日本文化の理解と自文化中心の発想にならないことが必要であるとし、日本文化に関する情報を与えつつ、異文化間コミュニケーションについて考えていくという「日本事情」教育を提案しています。

それに対し、90年代、特に後半になると、ポストモダンの思潮から、前述のような「日本事情」が内包する文化観に対する批判が起こります。門倉 (1992) は、日本語・「日本事情」教育が無批判に「日本人論」を教えていたことを反省し、「日本事情」では、むしろ「日本や日本人に関する『通念』の見直し」(p. 14) が必要であると主張しました。川上 (1999) は、ネウストプニーの主張する「社会文化能力」にみられる固定的な文化観を同化主義的でさえあるとし、文化を「『社会』の内部・外部の中で変容する『動態的・多様的・多重的モデル』」(p. 22) から捉え直すことが必要であると主張しました。

また、『ことばと文化』の編者である細川は「日本文化」を「日本事情」の

教育対象とすることさえもラディカルに拒否しました(細川,2000)。細川(2000)は、「日本文化」、特に「日本人」の考え方などを本質化し、教育することは、ステレオタイプの再生産につながり、実際のコミュニケーションをむしろ阻害していると批判しました。そのうえで、細川は、文化を、社会に流通するコードそのもの=知識として取り出せるものではなく、コードを認識しながら他者とコミュニケーションをとる能力と捉えることを提案しました。そして、その能力としての文化は個人によって異なっているとし、「日本文化」ではなく「個の文化」を教育として扱うことこそが、コミュニケーション能力の育成をめざす日本語教育には必要であることを主張しました。

以上、『ことばと文化』が編纂された背景として、日本語教育、特に「日本事情」教育において、文化がどのように議論されていたのかを概観しました。そこには、2つの潮流、コミュニカティブ・アプローチから異文化間コミュニケーションへの流れ、文化の本質主義の問い直しという流れがありました。そして、その2つの流れは、知識から能力へという問題意識を共有しつつ、その能力観において、後者の流れは前者の流れに対し、批判的であったといえます。同時に、後者の間でも、本質主義に対する批判を共有している一方、思い描く文化観や能力観は必ずしも同じであったとはいえません。90年代後半から2000年代にかけて日本語教育における「文化」をめぐる議論は、このような状況にありました。次に、『ことばと文化』につながる雑誌『21世紀の「日本事情」―日本語教育から文化リテラシーへ―』から『ことばと文化』の編集までの流れを踏まえ、『ことばと文化』の意義と課題を10年後の視点から考えたいと思います。

2.3 『ことばと文化を結ぶ日本語教育』の貢献

前節において『ことばと文化』が編集されるにいたる背景として「日本事情」教育をめぐる議論を概観しましたが、この議論が展開された重要な場所として雑誌『21世紀の「日本事情」―日本語教育から文化リテラシーへ―』(以下、『21世紀の「日本事情」』)が挙げられます。『21世紀の「日本事情」』は、文化の議論が積極的になされるようになった90年代最後の年、1999年に刊行されました。編集委員は、長谷川恒雄、佐々木倫子、砂川裕一、細川英雄です。刊行に寄せて砂川は以下のように述べています。

> 「日本事情」を巡ってはこれまでも様々な言及がなされてきているが、具体的な内容や教育上の方法はもとより、ディシプリンとしての意義についてすら、関係者の間での共通理解が得られていない。日本語教育の枠内に積極的に解消しようとする考えもあり、他方で異文化理解や社会的適応の問題へと展開しようとする議論もある。「日本」を超えてグローバルな視界を口にすることも多く、なぜ「日本」事情なのかを問われる場合も多い。「日本事情」とは、そもそも「何」であるのか?
>
> (砂川, 1999, p. 105)

日本語教育において積極的に文化の問題が取り上げられるようになって10年を経た時点においても、共通理解がなかった状況がわかります。90年代後半からは、前述の第2の潮流である文化の本質主義の問い直しが積極的に議論されるようになり、文化の議論は共通理解へと向かうよりも、むしろより多様化していました。また、「日本事情」という科目の可能性が議論されるにつれ、「日本」ということばの限界や、科目の可能性と科目名との乖離(かいり)が問題化されました。『21世紀の「日本事情」』は、基本的に本質主義に異議申し立てを行う編集委員が中心となっているため、あえて「日本事情」と括弧に入れられています。雑誌は、年1度の発刊で2003年の第5巻まで発行されました。誌上では、第1の潮流に軸足を置くもの (e.g., 小川, 2002; 宮崎, 2001) から、第2の潮流 (e.g., 小川, 2001; 河野, 2000) まで、多様な議論が展開され、多角的に日本語教育における「文化」の問題を浮かび上がらせました。

　『ことばと文化』は、まさにこの『21世紀の「日本事情」』が刊行されていた2002年に発刊されています。『ことばと文化』の編者である細川と14章執筆者の佐々木は『21世紀の「日本事情」』の編集委員であり、その他の章の執筆者である牲川、川上、門倉、小川は、『21世紀の「日本事情」』の後継誌として2003年に発刊された論文誌『リテラシーズ―ことば・文化・社会の言語教育へ―』(以下、『リテラシーズ』)の編集委員となっています。つまり、『ことばと文化』は、「日本語教師の知識本シリーズ」として、日本語教育における文化の問題に関する入門書でしたが、同時に、10年余りに及ぶ、文化をめ

ぐる議論の集大成という側面も持っていました。集大成というのは、そこで1つの結論を見たというよりも、これだけ幅広く議論できることがわかったという意味での集大成です。そのため、『ことばと文化』では、『21世紀の「日本事情」』で議論を共有しながら、第2の潮流の立場に立つ論者に加え、状況的学習論（3章 西口）、内容重視（4章 岡崎）、地域日本語教育（8章 山田）など多様な切り口から多様な立場の論者が集まっています。編者である細川は「まえがき」で次のように述べます。

> ……すべての章の「文化」概念が統一的な立場で記述されているわけではありません。それほど「文化」の問題は一筋縄ではいかない、そして今後も引きつづき検討されつづけなければならない主題なのです。
>
> （細川, 2002a, p. ix）

「文化」の問題が集大成として、1つの結論を共有できなかったのは当然のことですし、多様な議論があってしかるべきだと思われます。『ことばと文化』の意義であり、その後の日本語教育への貢献の1つは、文化の議論の多様性を、それぞれのテーマの第一人者により示したことにあります。筆者は冒頭で、『ことばと文化』はその後10年の日本語教育の課題のメニュー表のようだと述べましたが、言語教育とアイデンティティの議論にもつながる学習者主体や、その後、社会文化的アプローチ（本書6章 嶋論文を参照）として日本語教育のパラダイム転換の大きな役割を担う状況的学習論、今後の日本社会において非常に重要な問題となる多文化共生（本書5章 松尾論文を参照）など、現在に発展的に引き継がれているテーマが多くあります。

同時に、『21世紀の「日本事情」』から『ことばと文化』に至るまでの議論は、日本語教育の大きなパラダイム転換として、知識から能力へという方向性を共有していました。そして、日本語教育においてめざすべきものとしてコミュニケーション能力の育成を掲げ、その育成のために文化と文化の教育をどのように捉えればよいかを考えるという視点は共通していました。異なっていたのは、コミュニケーション能力、文化、ひいては、日本語教育そのものをいかに捉え

るかということにありました。だからこそ、それまで自明視されていた「日本語教育」「日本語」「日本文化」が共有されず、多様なまま提示されました。それは、「日本語教育」の大きなパラダイム転換において、新しいパラダイムを構築するために必要な多様性であったのです。

　『ことばと文化』が発行されて10年以上が経過した2015年現在において当時を振り返ると、『21世紀の「日本事情」』から『ことばと文化』に及ぶ議論の積み重ね、特に第2の潮流に軸足を置き、時に過激なまでに従来の日本語教育を批判した一連の研究は、1つの運動であったといえます。それは、大きな流れでは、ポストモダンの本質主義への異議申し立てであり、「文化」の問い直しとして議論を発展させました。同時に、知識から能力へという立場を共有し、日本語教育をコミュニケーション教育として捉えたことは、日本語から日本語教育へという流れを生む契機の1つになったと思われます。コミュニカティブ・アプローチも、ポストモダンの言語教育も、その能力観や世界観は異なっていたのにもかかわらず、知識から能力へという立場に加えて、日本語教育を全人教育として捉え直そうという態度を共有していました。つまり、日本語教育の「日本語」に比重を置いていた日本語教育は、むしろ「教育」のほうにその比重を傾け、「教育」とは何かを問い直すことにつながったといえるでしょう。それは、大きく見れば、「日本語学」から「日本語教育学」が「教育」を主眼に置く学問として独立する過程の一側面であったとも理解することができます。ことばと文化を結ぶ、その結節点は、学習者一人一人にあり、また個々の関係性の中にありました。学習者という主体から「教育」を捉え直していく運動が、そこにはあったのです。

3　その後10年のことばと文化をめぐる展開

3.1　運動の後―『ことばと文化』の残した課題―

　前節において、『ことばと文化』が編纂されるまでの「日本事情」を中心とした文化をめぐる議論は運動であったと述べました。その運動は、その後、どのように展開されたのでしょうか。これをたどるのは容易ではありません。その理由として、議論の場であった「日本事情」が、ある種の解体作業にさらさ

れたことが挙げられます。2000年に「日本語教育のための教員養成について」
(日本語教員の養成に関する調査研究協力者会議)が出され、日本語教師の教員
研修の中から、「日本事情」ということばがなくなります。「日本事情」は、「言
語と社会」「社会・文化・地域」という領域において、「異文化接触」「異文化コミュ
ニケーションと社会」のように、より実情にあった形になります。前述のよう
に、その歴史的経緯から「日本事情」ということばは矛盾を抱えるようになり
ました。科目名としての「日本事情」は「日本(語・人・社会・文化)」が前提
として存在するのではなく、歴史文化的に構築されたものであること、そこに
は一定のイデオロギーが存在することを明らかにしようとする運動、つまり「日
本(語・人・社会・文化)」の脱構築という試みと併せて広く注目されるように
なったからです。『ことばと文化』編者の細川自身、細川(2000)において、「文
化」を個人の文化リテラシーとして捉えたとき、ことばと文化の教育は統合さ
れ、「日本事情」教育は、ある意味、日本語教育を吸収する形で、日本語教育
として統合されると主張します。そのように考えると、科目としての「日本事
情」自体は必要がなくなり、その後は、「文化リテラシー」を育成するための
日本語教育実践へと議論が発展していきます。この議論を反映し、雑誌『21
世紀の「日本事情」』は、『リテラシーズ』へとその雑誌名を変えます。そこに
は、日本語教育、さらには言語教育において、ことば・文化・社会の教育のあ
り方を広く考えたいという編集委員の思いがありました(砂川, 2003)。つまり、
「日本事情」をめぐる議論は「日本語教育」を脱構築する運動であり、次の10
年は脱構築から再構築への10年として企画されたといえます。換言すれば、「日
本事情」を中心に置き文化を議論したのが90年代から2000年代前半だとする
と、その議論で提出されたさまざまな可能性を検討しながら、日本語教育の再
構築が行われているのが『ことばと文化』以降の日本語教育の現状であると捉
えられます。

　「日本事情」という用語が用いられなくなり、日本語教育全体の問題として
議論が展開するようになったことは論理的な帰結であり、日本語教育の発展に
貢献するものでした。しかし、同時に、2015年現在にも続く大きな課題を残
したままにしていることも事実です。「日本事情」という議論の場をなくした
「文化」の議論は拡散し、運動としての推進力を失った印象があります。『こと

ばと文化』は、多様なメニュー表を提示しましたが、その広げられたメニューを、相互に批判的に検討し、日本語教育学に「文化」を位置づけるという地点までたどり着いていません。

　まず、「文化」そのものを問い直す議論自体が、日本語教育で広く共有されないまま、以前ほど行われなくなっています。牲川（2012）のように日本語教育の戦後史を批判的に問い直す試みも継続され、佐藤・ドーア（編）（2008）のように、日本語教育におけるイデオロギーの問題を取り上げた研究も継続されていますが、運動という形で日本語教育の中で議論されているという状況にはありません。「日本事情」ということばがどこか古臭く響くようになるとともに、「文化」を正面から問い直す論考は見られなくなってきました。

　2000年代後半以降、「文化」ということばよりも、むしろ「多文化共生」ということばが取り上げられました。80年代以降、日本社会に日本国籍を持たない人、日本語を第一言語としない人が増加し、それが2000年代に入り加速したという社会背景があります。また2007年より日本は人口減少社会となり、グローバルに展開する労働人口の移動と併せ、日本も「開国」しなければならないという意識が土壌となっています。しかし、植田（2006）が指摘しているように、「多文化共生」ということばは、その内実をあいまいにしたまま、漠然とよいこととして使用され、現実の問題を隠ぺいする危険性も持っています。

　また、「日本事情」は、大学の科目名として普及していたため、大学の留学生教育を中心に議論されていましたが、「多文化共生」は、地域の日本語教育、年少者日本語教育、言語政策などへ議論が展開しました。無論、この議論の展開自体、日本語教育に大きく貢献しましたが、同時に、留学生に対する日本語教育において文化の問題は大きなテーマではなくなっていきました。「日本事情」という科目、つまり教育実践として議論されなくなったということは、ポストモダンの言語観・文化観に基づいた日本語教育の実践が共有されるに至っていないという大きな問題につながります。コミュニカティブ・アプローチが、一定程度、日本語教育で共有されたのに対し、ポストモダンの言語観・文化観に基づいた実践のあり方は共有されていません。元来、ポストモダンは、大きな物語として、テキストや教授法を共有する性質のものではないこともその理由として挙げられるでしょう。しかし、大きな物語の共有とは異なる形で、い

かに、何を、実践として共有していくのかということは、大きな課題として今後議論されなければならないと思われます。

「日本事情」の実践の議論は、以前のようになされなくなった一方、それに代わり、現在取り上げられるのは「ビジネス日本語」関係の議論となっています。このことについては、3.3節において改めて論じたいと思います。

3.2　アイデンティティ、実践研究、シティズンシップ教育

『ことばと文化』以降、文化の議論は運動としての推進力を持ちえなかったことを指摘しましたが、前述のように『ことばと文化』が提起したことばと文化に対する多様なアプローチは発展的に継承されています。必ずしも「日本事情」の議論を直接の源流とはしていませんが、『ことばと文化』の3章で取り上げた状況的学習論をはじめとした社会文化的アプローチがその後の最も大きな展開として位置づけられるでしょう。文化研究から展開した「日本事情」の議論は、世界的な第二言語習得研究の潮流として展開した社会文化的アプローチの議論に吸収されたと見ることも可能かもしれません。この議論の詳細は本書6章（嶋論文）に譲るとして、本章では『ことばと文化』、あるいは「日本事情」の議論の系譜として、学習者主体、アイデンティティ、実践研究、シティズンシップ教育の議論の展開を概観したいと思います。

『ことばと文化』編者の細川には、ことばと文化は学習者個人の中で結ばれるという思想がありました。このことを、コミュニカティブ・アプローチが提起した、学習内容を学習者が選択するという意味での学習者中心に対し、学習者主体ということばで表しました。牛窪（2004）によれば、学習者主体という概念の重要な点は、既存の「日本語」「日本文化」を学ぶ主体としてではなく、ことばと文化のあり方そのものを担う主体として学習者を捉える点にあります。ことばと文化を結ぶ地点としての学習者、あるいは教室という観点から、細川は、「ことば」「文化」、そして、「教育」を問い直していきます。その結果、細川は、学習者主体の日本語教育の目的を、学習者のアイデンティティの更新にあるとします（細川, 2011）。アイデンティティの更新、それは、他者との対話を通じた自己成長、人間形成であり、それこそが、日本語教育の「教育」としての意義であると細川は考えたのです。関係性により更新されるアイ

デンティティというアイデンティティ観は、ポストモダンのアイデンティティ観と多くを共有しています。社会文化的アプローチにおいても、アイデンティティと言語学習は、大きなテーマであったため、2000年代は、広く言語教育とアイデンティティの関係が議論されました[1]。アイデンティティの議論のルーツは、「日本事情」の議論にのみ帰結しませんが、その1つであったと言うことができるでしょう。また、日本語教育の言説の中で、文化に代わって批判的かつ発展的に議論された概念がアイデンティティであったのです。

　なお、この言語教育とアイデンティティをめぐる議論は、言語学習と学習者のアイデンティティは学習者の人生においてどのような関係にあるのかという問いを一方で生み、教室において学習者のアイデンティティ交渉をいかに支援できるかという問いを他方で生みました。前者の問いは留学生のライフストーリー研究等を発展させ（e.g., 三代, 2009）、後者の問いは新しい教育観に基づいた実践研究を志向しました。細川は、『ことばと文化』以降、後者の問いに徹底しつづけています（細川, 2008, 2011, 2013）。

　また、近年、日本語教育のことばと文化の議論に大きく影響を与えているのが、ヨーロッパの言語教育や言語政策の議論です。欧州評議会による『外国語の学習、教授、評価のためのヨーロッパ共通参照枠（Common European Framework of Reference for Languages: Learning, Teaching, Assessment: 以下、CEFR）』（Council of Europe, 2001）が日本語教育にも紹介され、国際交流基金が「JF日本語教育スタンダード」（国際交流基金, 2010）を作成するなど、多様な形で導入が進んでいます。ことばと文化の議論に関していえば、CEFRの理念としてある「複言語・複文化主義」[2]の考え方が広く参照されつつあります。この「複言語・複文化主義」を理解するうえで重要になる概念がシティズンシップ（citizenship）という概念です。

　福島（2011）は、シティズンシップという概念を「国籍」「諸権利」「アイデンティティ」という3つの諸相から整理します。近代国民国家は、「国籍＝国民」「諸権利＝市民」「アイデンティティ＝民族」と捉え、「（国民＝民族）→市民」という図式が成立していたと福島は言います。国を越え、EUへと歩み始めたと

---

1) 日本語教育におけるアイデンティティの議論の系譜は、三代（2011a）を参照のこと。
2) 「複言語・複文化主義」に関する議論の詳細は、細川・西山（編）（2010）を参照のこと。

き、つまり「ヨーロッパ市民」を構想したとき、その図式が変化します。O'shea (2003) は、新しい市民像を「社会において共存する人」とし、シティズンシップを「共に生きる道を模索する新しいモデル」として位置づけます。このように考えたとき、「民族」に代わるアイデンティティは「共に生きる道」を模索し行動する人となり、そのようなアイデンティティを教育の中でいかに涵養するかが、シティズンシップ教育の大きな課題となります。そして、ヨーロッパにおいては、そのシティズンシップ教育の中核に複言語・複文化主義に基づいた言語政策や言語教育があります。以上のヨーロッパの状況から、福島は、日本語教育も「共に生きる」ための能力の育成をめざすべきであると主張します。細川 (2013) もまた、このシティズンシップを支えることばの教育の必要性を提唱しています。細川は、「共に生きる」個人であるためには、「ことばによって自律的に考え、他者との対話を通して、社会を形成していく」(p. 261) ことが必要であると述べ、そのような市民のあり方を「ことばの市民」として、言語教育がめざす市民像と位置づけています。

　確かに、ヨーロッパのシティズンシップ教育の理念は、文化、アイデンティティを捉え直し、全人的教育として言語教育を位置づけるうえで1つの方向性を示しています。今後は、日本語教育の文脈、それも多様な文脈の個別性に根差し、その理念をいかに具現化するかが議論されていくことが期待されます。また、本来ならば、具体的な実践を通じて、理念が再構築されていくことが理想といえます。その意味で、ポストモダンのことばと文化の教育は、日本語教育において、一方で崇高な理念を述べ、他方で実践研究を志向しているのにも関わらず、理念を具体的な実践において議論する、あるいは、実践に根差して理念を議論するところになかなかたどり着けていないという課題を残しています。

3.3　「ビジネス日本語」と文化

　3.1節において、『ことばと文化』以降の課題として、「日本事情」という議論の場を失ったことで、留学生に対する日本語教育における文化の問題がかつてのように議論されなくなったことを挙げました。現在、この「日本事情」の議論を部分的に継承し、大学の留学生を対象とした日本語教育で、文化が話題

に上がるのは「ビジネス日本語」関係の議論です。実際に、筆者が勤務した複数の大学においては、いわゆる知識としての日本文化を教授していた「日本事情」のクラスが「ビジネス日本語」あるいは「就職支援」の講座に転換されました。「日本事情」という科目の後継として、今後最も大きな割合を占めていくのは、おそらく「ビジネス日本語」関連の科目であろうと思われます。

　この背景には、日本の少子化傾向による労働人口の減少、世界的なグローバル化の進行による企業ニーズなどから、留学生の日本国内就職推進へ留学生政策が転換したことがあります (三代, 2013)。特に、2007年度より行われた「アジア人財資金構想事業」(以下、「アジア人財」)以降、プログラム採択校を中心に、留学生の「ビジネス日本語」や就職支援に関する研究が急増しました。「アジア人財」は、経済産業省と文部科学省の共同事業として立ち上げられ、大学と企業が連携しコンソーシアムを形成し、専門教育、日本語教育、インターンシップ等の就職支援をパッケージで行うことを目的としていました (経済産業省, 2007)。この産学官が連携したプログラムにおいて日本語教育は、留学生をグローバル人材として育成し、日本企業に就職させる役割の一端を引き受けることになったのです。

　海外技術者研修協会 (2007) によると、企業は、留学生に「ビジネスにおける日本語能力」「日本企業のビジネス文化・知識」「異文化への対応能力」を期待します。ここに再び、日本文化が議論される場が設定されました。ただし、この、いわゆる企業ニーズに対応した文化の知識、異文化への対応力は、「日本事情」の議論で90年代後半に批判されてきたものに極めて近いものです。三代 (2013) は、「アジア人財」が開始した2007年以降に公表された「ビジネス日本語」関連の論文38本を分析しました。その結果、31本の論文に文化に関する言及がみられることがわかりました。その中で、「ビジネス日本語」を習得するためには「日本の企業文化」を理解する必要があるという主張に基づいたものが30本、「日本の企業文化」の理解のうえに、さらに「異文化間調整能力」の育成が望ましいとするものが7本でした。それに対し、「日本の企業文化」という設定のし方自体を本質主義的な文化観であるとし、批判的に論じた論考は1本 (田中, 2007) しかありませんでした。

　私が「日本事情」の議論を「部分的」に継承していると述べたのは、現在の

「ビジネス日本語」をめぐる文化観は、先述の2つの潮流、コミュニカティブ・アプローチの潮流とポストモダンの文化論の潮流の双方を統合しつつも、内実は第1の潮流に偏っているように思えるからです。多くの論文は、「日本の企業文化」を理解することが、日本企業で働くためには必要だという立場に立っていますが、それは、かつての「日本人」とコミュニケーションするためには「日本文化」を理解していなければならないという議論を踏襲するものです。例えば、平野 (2010) は、「アジア人財」の一環として行われた日本語教育実践の報告ですが、ビジネスマナーや企業理解の必要性が主張されています。また野元 (2007) は、日系企業が現地社員に求める能力を、ネウストプニーの提案した社会文化能力を援用し、解釈しています。

一方、「異文化間調整能力」の議論は、第1の潮流と第2の潮流の双方を視界にとらえた議論になっています。「異文化間調整能力」とは、母国文化と日本文化の双方を理解し、その価値観を相対化し、調整する能力を指しています。「アジア人財」以前より「ビジネス日本語」教育の研究を精力的に行ってきた近藤 (2007) は、課題達成のプロセスにより、仕事で必要になる課題達成能力、問題発見解決能力、そして、異文化理解能力を学ぶことを推奨しています。また、そのためのケース学習の教材も開発されています (近藤・金・ムグダ・福永・池田, 2013; 近藤・品田・金・内海, 2012)。そこでは、国家という枠組みにより文化を捉えた異文化理解能力ではなく、多様な場所で多様な人間が共に生きる道を模索する力としての異文化理解能力がめざされています。また、「異文化調整能力」を視野に「ビジネス日本語」教育について論じているものとして堀井の一連の研究があります (堀井, 2007, 2009, 2010)。堀井は、グローバル人材育成に寄与する「ビジネス日本語」教育のあり方として、「異文化調整能力」、さらに、それを支える「問題発見解決能力」を重視します。堀井の主張も近藤らのものと同様、「日本(企業)文化」を知識として教えることで(ビジネス・)コミュニケーション能力が向上するという文化の本質主義に基づく知識重視ではなく、個人が他者との協働のもとで、課題を解決していく能力を重視しています。

また、近藤らや堀井の主張は、知識から能力へという転換に加え、単に「日本文化」に同化することを推奨するのではなく、自国の文化と相対化することで摩擦を解消する方法を探し、ひいては新しい価値の創造をめざしている点に

おいても重要です。そして、近藤らも堀井も一方的に日本語学習者に変化や成長を求めるのではなく、日本人、日本企業、日本社会側にも同様の変化や成長を求めていることも意義があると思われます。このような近藤らや堀井の提案や実践は、今後の「ビジネス日本語」教育のめざす方向性を示しているといえます。

　ただし、非常に気をつけなければならない点もあります。堀井の「異文化調整能力」の議論は、「日本文化」と「母国文化」を相対化するという点で、前提として「日本文化」「母国文化」を想定しています。「自国文化」「日本文化」を前提にすることの思考様式には、否応なく文化の本質主義が入り込みます（牲川、2012）。この点については「第三の場所」(the third place) の議論が参考になります。「第三の場所」は、オーストラリアにおける異文化間教育を考える際に議論された概念です。Kramsch (1993) は、「第三の場所」を、他者との出会いによって生まれる新しい自己として、本質主義的な文化観とは距離を置き、構想しました。しかし、それが、Crozet, Liddicoat, & Lo Bianco (1999) の議論では、2つの本質化された文化、例えば「オーストラリア文化」と「日本文化」を、相対化することで生まれる新しい「文化」であるかのように論じられるようになりました。矢部 (2007) は、Kramschの議論に立ち返り、「第三の場所」を、国を前提とした文化と文化の間に生まれるものではなく、他者との出会いにより変容する自己のあり方と捉えることを主張します。近藤らや堀井の議論にも矢部がめざした個人の変容も視野に入っていることが推察されます。ただ、この「第三の場所」のように、本質主義を越えようとする議論が、換骨奪胎され、本質主義の概念に侵食されることは往々にしてあるので、慎重な議論が求められます。

　「日本事情」の運動が批判したのは、本質主義そのものでした。留意すべきは、一見、従来の本質主義を乗り越えていこうという議論の中に、本質主義が入り込んでいることです。最初に「問題発見解決能力」の育成を日本語教育の目的として強く掲げたのは細川でした（細川、2002b）。それは、当時議論されていた文化相対主義的な価値観に基づく異文化間コミュニケーション能力に対するアンチテーゼでした。それが、「ビジネス日本語」の場面では、従来の文化相対主義的な異文化間コミュニケーション能力との境界があいまいな形で使用さ

れているのには、注意が必要です。ジェンダー研究、カルチュラル・スタディーズなどのポストモダニズム研究が明らかにしたように、本質主義はその教育のプロセスに抑圧と排除の構造を内包します。新しいことばの教育に、その構造を変え、よりよい社会を志向する可能性を見いだしたのが「日本事情」言説をめぐる運動でした。筆者がこれを運動と呼ぶわけには、そのような政治性があったからです。そのような議論の政治性に意識的になり、どう「ビジネス日本語」を捉えるかが問われ始めているといえます。

　この問いは、非常に困難を伴う問題です。だからこそ、近藤らや堀井の議論は、戦略的にあいまいさを抱えたとみることも、またその有効性を評価することもできるでしょう。「ビジネス日本語」は日本企業側のニーズ、学習者側のニーズに支えられ構築されています。依然として社会に流通するモデル・ストーリーが、日本独特の企業文化があり、それを理解することが日本で就労するうえで不可欠であるというものならば、それをいったん引き受けた形で教育を展開することも必要だと考えられます。ただ、同時に、モデル・ストーリーに還元されないものもあり、それを共有すること、日本で共に働き、共に生きるということの「共に生きる」も重視した日本語教育の可能性も議論したいと筆者自身は模索しています (三代, 2015)。

　以上、少子高齢化、労働力不足、グローバル化などを背景とした社会の要請から展開している「ビジネス日本語」の議論の展開を、「日本事情」の議論が継承された場所として考察しました。グローバル人材育成を日本の教育界全体が産学官連携のもと推進し、その一環として留学生受け入れが議論されている今日、「ビジネス日本語」の議論の重要性はさらに高まることが予想されます。その時、私たちが留意しなければならないことは、そこで議論される「文化」とは何かということを慎重に問わなければならないということです。「文化」とは何かという問い、それと並行した「ことば」とは何かという問い、さらにはその先にある「日本語教育」とは何かという根本的な問い直しが、「日本事情」をめぐる議論にはあったということは、もう一度見直される必要があるように思われます。

　「ビジネス日本語」は、社会的ニーズに支えられています。それに対する異議申し立てを、従来のポストモダンの議論を踏襲して繰り返すだけでは現実的

とはいえません。残念ながら「日本事情」の第2の潮流、つまりポストモダンの文化観から、本質主義的なことばと文化の教育を批判した研究者たちは、この「ビジネス日本語」の抱える非常に困難な問題に対し、積極的な議論を展開していません。しかし、言語習得が、学習者のアイデンティティ交渉と関わり、言語教育によってそれを支えたいと思うのなら、日本での就労は、アイデンティティ交渉の中で、大きなモメントになります。「ビジネス日本語」が、新しい「日本事情」として第1の潮流、第2の潮流が交差し、議論していく場となっていくことが期待されます。

4　おわりに

『ことばと文化』の日本語教育の貢献を、「日本事情」をめぐる議論を中心にたどることで読み解いたうえで、その後10年の議論を概観し、文化の議論の持つ課題を指摘しました。

「ことば」とは何か、「文化」とは何か、そして「教育」とは何かという問いを従来の本質主義とは異なる視点から問い直そうという試みが「日本事情」を中心とした日本語教育における「文化」の議論にはありました。その運動の1つの集大成が『ことばと文化』であったと思われます。その運動は、既存の日本語教育を批判的に「読み」、脱構築する試みでした。『ことばと文化』からの10年は、日本語教育の再構築をそれぞれが試行錯誤した時代といえるかもしれません。新しい日本語教育を「書く」という段階に入っていると捉えることができます。

新しい日本語教育を「書く」という行為が、「読む」という行為がそうであったような1つの運動となりうるかが、今後の日本語教育にとって重要な課題です。グローバル化—このことばも問い直しの対象ですが—の進行する中で、どのような社会を見据えて、どのような言語教育実践を構築するか、このことを批判的に問い直しつつ、新しい実践の形を共有していくことが必要だと、10年前の「日本事情」という運動を思い返しながら感じています。

本章を執筆するにあたり意図したことを、本章の限界と共に最後にふれておきます。ことばと文化の議論は、当然のことながら、日本語教育全域に及びま

す。その意味で「日本事情」に特化した議論に違和感を持たれるかもしれません。ただし、『ことばと文化』という本が編集された背景には確かに「日本事情」の議論があり、その「日本事情」が今ほとんど議論されなくなったことへの問題意識が筆者の中にあったため、あえて「日本事情」に焦点を置き、議論しました。特に『ことばと文化』以降の議論は網羅できていない点も多く不十分になっているかもしれません。他章も含め、本書で議論されていない文化と関わる領域としていくつか考えられるものを挙げておきます。まず、年少者の日本語教育は、文化の問題を考えることが非常に重要な領域です。これには、川上らによる優れた蓄積があります (e.g., 川上編, 2006, 2013)。筆者自身が重要だと思うものには、海外の日本語教育、特に学校教育における日本語教育における文化の問題があります。例えば、韓国の日本語学習者の多くは、高校で日本語を学ぶ学習者です。そこでは、異文化間教育の一環という位置づけがなされています (三代, 2006)。クールジャパンということばも最近はよく耳にします。ポップカルチャーと日本語教育に関する議論は、メディア・リテラシーの問題なども含めながら今後もっとなされていくべきだと思われます。

　また、文化の問題を捉えるとき、「知識から能力へ」というように「能力」ということばをたびたび使用しました。日本語教育を考えるうえで、「能力」をいかに捉えるかという議論は非常に重要です。紙幅の都合上、正面からこの議論をしませんでした。能力の議論には、山下 (2005) や三代 (2011b) 等があります。「日本事情」においては講義型の授業の見直しもあり、「知識から能力」へと知識と能力を対立するかのように議論が構築されましたが、実は、知識は、能力において非常に重要になります。その点も含め、コミュニカティブ・アプローチの日本語教育の受容のあり方もWiddowson (1983) などを基に再考される必要があります。

　最後に、本書はレビュー論文でありながら、3節において日本語教育の課題をやや「挑発的」に記述しました。それは、かつての「日本事情」の議論をレビューすると同時にその意義を再発見しようという試みが筆者にはあったからです。「文化」の問い直し自体の意義と同時に、「日本事情」の議論には、批判的な議論の場を日本語教育に設定したという意義がありました。そして、批判的な議論の場を作ることが、体系的なレビューと併せて、日本語教育学を「学」

としてデザインすることにつながると筆者は考えています。その意味で、「日本事情」の議論は、日本語教育学を志向する胎動の1つだったと捉えることも可能だと思われます。

参考文献

植田晃次 (2006).「「ことばの魔術」の落とし穴―消費される「共生」―」植田晃次・山下仁（編）『「共生」の内実―批判的社会言語学からの問いかけ―』pp. 29-53. 三元社.

上野千鶴子 (2001).「構築主義とは何か―あとがきに代えて―」上野千鶴子（編）『構築主義とは何か』pp. 275-305. 勁草書房.

牛窪隆太 (2004).「クラス活動における「学習者主体」の意味」細川英雄・NPO法人「言語文化教育研究所」スタッフ（編）『考えるための日本語―問題を発見・解決する総合活動型日本語教育のすすめ―』pp. 65-77. 明石書店.

岡崎敏雄 (1988).「日本語日本事情：異文化教育としての指導―方法論・カリキュラム・教材開発論：文化論未確立の場合―」『言語習得及び異文化適応の理論的・実践的研究』pp. 27-37. 広島大学教育学部.

岡崎敏雄・岡崎眸 (1990).『日本語教育におけるコミュニカティブ・アプローチ』凡人社.

小川小百合 (2002).「文化"知識"としての"日本事情"再考」『21世紀の「日本事情」―日本語教育から文化リテラシーへ―』4, pp. 52-66.「日本事情」研究会.

小川貴士 (2001).「日本語学習者の日本文化把握の変化と日本事情教育への試論」『21世紀の「日本事情」―日本語教育から文化リテラシーへ―』3, pp. 4-14.「日本事情」研究会.

海外技術者研修協会 (2007).「平成18年度　構造変化に対応した雇用システムに関する調査研究［日本企業における外国人留学生の就業促進に関する調査研究］(平成18年度経済産業省委託事業)」http://www.hidajapan.or.jp/jp/project/nihongo/asia/r_info/pdf/press070514_2.pdf (2015年3月27日閲覧)

門倉正美 (1992).「「日本事情」の可能性」『山口大学教養部紀要 人文科学篇』26, pp. 13-25. 山口大学教養部.

川上郁雄 (1999).「「日本事情」教育における文化の問題」『21世紀の「日本事情」―日本語教育から文化リテラシーへ―』1, pp. 16-26.「日本事情」研究会.

川上郁雄（編）(2006).『「移動する子どもたち」と日本語教育―日本語を母語としない子

どもへのことばの教育を考える―』明石書店.
川上郁雄（編）(2013).『「移動する子ども」という記憶と力―ことばとアイデンティティ』くろしお出版.
経済産業省 (2007).「経済産業省が取り組む「アジア人財資金構想」について」http://www.meti.go.jp/policy/asia_jinzai_shikin/index.html (2009年8月6日閲覧).
河野理恵 (2000).「"戦略"的「日本文化」非存在説―「日本事情」教育における「文化」のとらえ方をめぐって―」『21世紀の「日本事情」―日本語教育から文化リテラシーへ―』2, pp. 4-15.「日本事情」研究会.
国際交流基金 (2010).「JF日本語教育スタンダード（第三版）」http://jfstandard.jp/pdf/jfs2010_all_3e.pdf (2015年2月25日閲覧)
近藤彩 (2007).『日本人と外国人のビジネス・コミュニケーションに関する実証研究』ひつじ書房.
近藤彩・金孝卿・ムグダ ヤルディー・福永由佳・池田玲子 (2013).『ビジネスコミュニケーションのためのケース学習―職場のダイバーシティで学び合う【教材編】―』ココ出版.
近藤彩・品田潤子・金孝卿・内海美也子 (2012).『課題達成のプロセスで学ぶビジネスコミュニケーション』アプリコット出版.
佐藤慎司・ドーア根理子（編）(2008).『文化・ことば・教育―日本語・日本の教育の「標準」を越えて―』明石書店.
砂川裕一 (1999).「編集後記―創刊によせて―」『21世紀の「日本事情」―日本語教育から文化リテラシーへ―』1, p. 105.「日本事情」研究会.
砂川裕一 (2003).「編集後記」『21世紀の「日本事情」―日本語教育から文化リテラシーへ―』5, p. 149.「日本事情」研究会.
牲川波都季 (2012).『戦後日本語教育学とナショナリズム―「思考様式言説」にみる包摂と差異化の論理―』くろしお出版.
田中敦子 (2007).「タイにおける「ビジネス日本語」コースについての考察―Waseda Education (Thailand) での実践報告―」『国際交流基金バンコク日本文化センター日本語教育紀要』4, pp. 89-98. 国際交流基金バンコク日本文化センター.
豊田豊子 (1988).「日本語教育における日本事情」『日本語教育』65, pp. 16-29. 日本語教育学会.
日本語教員の養成に関する調査研究協力者会議 (2000).『日本語教育のための教員養成について』
ネウストプニー, J. V. (1995).『新しい日本語教育のために』大修館書店.
野元千寿子 (2007).「日系企業が現地社員に求める「ビジネス日本語」の実態」『ポリグ

ロシア』13, pp. 69-81. 立命館アジア太平洋研究センター.
平野貞二 (2010).「大学での「ビジネス日本語」の方向性」『熊本大学国際化推進センター紀要』1, pp. 29-48. 熊本大学国際化推進センター.
福島青史 (2011).「「共に生きる」社会のための言語教育—欧州評議会の活動を例として—」『リテラシーズ—ことば・文化・社会の言語教育へ—』8, pp. 1-9. くろしお出版.
細川英雄 (2000).「崩壊する「日本事情」—ことばと文化の統合をめざして—」『21世紀の「日本事情」—日本語教育から文化リテラシーへ—』2, pp. 16-27.「日本事情」研究会.
細川英雄 (2002a).「まえがき—ことばと文化を結ぶために—」細川英雄 (編)『ことばと文化を結ぶ日本語教育』pp. v-ix. 凡人社.
細川英雄 (2002b).『日本語教育は何をめざすか—言語文化活動の理論と実践—』明石書店.
細川英雄 (2008).「活動型日本語教育の実践から言語教育実践研究へ—岐路に立つ日本語教育とこれからの方向性—」細川英雄・ことばと文化の教育を考える会 (編)『ことばの教育を実践する・探求する—活動型日本語教育の広がり』pp. 224-236. 凡人社.
細川英雄 (2011).「発見アプローチは何をめざすか」細川英雄 (編)『言語教育とアイデンティティ—ことばの教育実践とその可能性—』pp. 44-55. 春風社.
細川英雄 (2013).『「ことばの市民」になる—言語文化教育学の思想と実践—』ココ出版.
細川英雄 (編) (2002).『ことばと文化を結ぶ日本語教育』凡人社.
細川英雄・西山教行 (編) (2010).『複言語・複文化主義とは何か—ヨーロッパの理念・状況から日本における受容・文脈化へ—』くろしお出版.
堀井恵子 (2007).「留学生に対する「ビジネス日本語」教育の現状と課題—産学連携の実現にむけて—」『武蔵野大学文学部紀要』8, pp. 156-143. 武蔵野大学文学部紀要編集委員会.
堀井恵子 (2009).「留学生に対する「ビジネス日本語」教育のシラバス構築のための調査研究—中国の日系企業へのインタビューからの考察—」『武蔵野大学文学部紀要』10, pp. 90-78. 武蔵野大学文学部紀要編集委員会.
堀井恵子 (2010).「プロジェクト型日本語教育の意義と課題」『武蔵野文学部紀要』11, pp. 96-86. 武蔵野大学文学部紀要編集委員会.
正宗鈴香 (1996).「日本語教育における異文化理解プログラムの指導の試み」『筑波大学留学生センター日本語教育論集』11, pp. 171-188. 筑波大学留学生センター.
三浦信孝 (編) (1997).『多言語主義とは何か』藤原書店.
宮崎里司 (2001).「外国人力士の日本語インターアクション能力—イマージョンプログラムのモデルとしての習得環境—」『21世紀の「日本事情」—日本語教育から文化リテラシーへ—』3, pp. 70-79.「日本事情」研究会.
三代純平 (2006).「外国語高校「日本文化」授業の理念と方法に関する一考察—文化の「多

様性」「動態性」「主観性」―」『日本語教育研究』11, pp. 63-79. 韓国日語教育学会.

三代純平 (2009).「コミュニティへの参加の実感という日本語の学び―韓国人留学生のライフストーリー調査から―」『早稲田日本語教育学』6, pp. 1-14. 早稲田大学大学院日本語教育研究科: 早稲田大学日本語教育研究センター.

三代純平 (2011a).「言語教育とアイデンティティの問題を考えるために」細川英雄 (編)『言語教育とアイデンティティ―ことばの教育実践とその可能性―』pp. 245-259. 春風社.

三代純平 (2011b).「日本語能力から「場」の議論へ―留学生のライフストーリー研究から―」『早稲田日本語教育学』9, pp. 67-72. 早稲田大学大学院日本語教育研究科: 早稲田大学日本語教育研究センター.

三代純平 (2013).「「ビジネス日本語」教育における「文化」の問題―「アジア人財資金構想プログラム」以降の先行研究分析―」『徳山大学総合研究所紀要』35, pp. 173-188. 徳山大学総合研究所.

三代純平 (2015).「「グローバル人材」になるということ―モデル・ストーリーを内面化することのジレンマ―」三代純平 (編)『日本語教育学としてのライフストーリー―語りを聞き、書くということ―』pp. 112-138. くろしお出版.

矢部まゆみ (2007).「日本語学習者はどのように「第三の場所」を実現するか―「声」を発し、響き合わせる「対話」の中で―」小川貴士 (編)『日本語教育のフロンティア―学習者主体と協働―』pp. 55-78. くろしお出版.

山下隆史 (2005).「学習を見直す」西口光一 (編)『文化と歴史の中の学習と学習者―日本語教育における社会文化的パースペクティブ―』pp. 6-29. 凡人社.

吉見俊哉 (2000).『カルチュラル・スタディーズ』岩波書店.

Council of Europe. (2001). *Common European framework of reference for languages: Learning, teaching, assessment.* Cambridge: Cambridge.

Crozet, C., Liddicoat, A. J., & Lo Bianco, J. (1999). Intercultural competence: From language policy to language education. In J. Lo Bianco, A. J. Liddicoat & C. Crozet (Eds.), *Striving for the Third Place through language education* (pp.1-19). Melbourne: language Australia.

Kramsch, C. (1993). *Context and culture in language teaching.* Oxford: Oxford University Press.

O`shea, K. (2003). *A glossary of terms for education for democratic citizenship.* Strasbourg: Council of Europe.

Widdowson, H. G. (1983). *Learnig purpose and language use.* Oxford: Oxford university press.

［付記］本研究は、科学研究費補助金（若手研究 (B)）「留学生の就労支援環境構築のための基礎研究―元留学生のライフストーリー研究」（2011年度 – 2014年度, 課題番号 23720277, 研究代表者：三代純平）の研究助成による成果の一部です。

5章 地域日本語教育を問いつづける

松尾 慎

［多文化社会の構築と
言語教育の役割］

日本語教師の知識本シリーズ③
『人間主義の日本語教育』
岡崎洋三・西口光一・山田泉 編
2003年発行

1 はじめに

　日本国内の日本語教育を語るとき、「地域」の視点は欠かせません。それには理由があります。2014年末現在、在留外国人数は、212万1831人で、総人口の約1.67%を占めています（法務省統計資料[1]より）。在留資格の内訳をみると、「特別永住者」が16.9%、「永住者」が31.9%で、合わせて約50%となっています。「永住者」の割合は年々増加傾向でニューカマーの滞在の長期化が顕著な傾向となっています。一方、「留学」は10.1%です。つまり、日本語学校や大学[2]、専門学校などで日本語を学ぶことを前提としている外国人は約10%にすぎないのです。それ以外の外国人が学ぶ場は、多くの場合、地域の日本語教室となります。社会が多元化しつつある日本社会において、地域日本語教室の果たすべき役割は、今後さらに広がっていくといえるでしょう。こうした状況を踏まえ、本章では、地域日本語教育に焦点をあてて論じていくことにしたいと思います。

---

1) 法務省ホームページ http://www.moj.go.jp/nyuukokukanri/kouhou/nyuukokukanri04_00050.html（2015年3月27日閲覧）
2) 理系の大学院を中心に、日本語をあまり学ばない「留学」も増えています。

2 地域日本語教育の背景と流れ

　地域日本語教育は社会の動向と連動して展開してきました（池上, 2007, p. 106）。定住型といわれるタイプの日本語学習者は、インドシナ難民や中国帰国者から始まります。前者に対しては、1979年、兵庫県姫路市の難民定住促進センターにおいて支援が始められました。後者に対する公的な受け入れ機関として、1984年に中国帰国孤児定着促進センターが開設されました。池上（2007）が特筆すべきとしているのは、「難民に対しても帰国者に対しても、公的な支援に先立って社会福祉関連の団体やボランティアによる熱意ある支援があり、現在も続けられているということ」（pp. 106-107）です。その後、1990年の出入国管理および難民認定法改正に伴いブラジル出身者を中心とする日系人とその家族の入国が急激に増加しました。こうして、成人世代に対する日本語教育だけではなく、子どもたちに対する日本語支援にも焦点があたるようになりました。また、長期的滞在者増加の別の要因として、国際結婚の増加が挙げられます。2012年の日本における婚姻件数は、66万 8869組ですが、そのうち国際結婚は2万 3657組で、3.54%を占めています[3]。国際結婚は、1965年と比較すると、約6倍となっています。

　こうした社会状況の変化は施策にも徐々に反映されていきます。例えば、文化庁は、1994～ 2000年度に「地域日本語教育推進事業」、2001～ 2003年度に「地域日本語教育活動の充実事業」、2006～ 2008年度に「地域日本語教育支援事業」を実施し、地域に重点をおいた日本語教育支援策を講じるようになりました。また、多くの自治体において、国際化に向けた基本方針が立てられ、国際交流協会や日本語教室等が設立されました（野山, 2013）。2000年以降には外国人住民・労働者の問題に対する国の政策的対応の必要を求める提言（2001年：外国人集住都市会議による『【浜松宣言】及び【提言】』、2003年：日本経済団体連合会『外国人受け入れ問題に関する中間とりまとめ』等）がまとめられました。さらに、2006年総務省発行の『多文化共生の推進に関する研究会報告書―地域における多文化共生の推進に向けて―』では、「特にニューカマーの中には

---

[3] 厚生労働省大臣官房統計情報部（2014）『我が国の人口動態』より http://www.mhlw.go.jp/toukei/list/dl/81-1a2.pdf（2014年 12月 8日閲覧）

日本語を理解できない人もおり、日本語によるコミュニケーションが困難なことによる様々な問題が生じている」(p. 4)と述べられ、地域における多文化共生の必要性が説かれています。日本語の問題が解決されれば、外国人住民の「社会参画」が実現するというわけではありませんが、国の報告書に多文化共生の必要性と言語問題、また、それらに対する日本語教育の関わりが示された意味は小さくないと思われます。

　永住を前提とするニューカマーが増加するにつれて、在住外国人の日常的生活を支える日本語教育を構築していくための概念として「生活者」という視点が生まれました。政策としては、2006年、内閣府に「外国人労働者問題関係省庁連絡会議」が設置され、「生活者としての外国人」に関する総合的対応策が示されました。これに伴うように、文化庁では2007年度以降、関連する事業名を「『生活者としての外国人』のための日本語教育事業」と変更しています。2008年にはリーマン・ショックが起こり、多くの日系人がいわゆる「派遣切り」で職を失いました。翌年、内閣府に日系定住外国人施策推進室が設置され、2011年に『日系定住外国人施策に関する行動計画』、2014年に『日系定住外国人施策の推進について』が発表されました。

　また近年、地域日本語教育を支えていく人材として、コーディネーターの役割が注目されるようになってきました。日本語教育学会 (2011) においても、地域日本語教育に関わる人々に求められる資質・能力として、コーディネーター的役割が挙げられています。コーディネーターの養成やその資質に関する議論に関しては、4.5節で詳しく論じたいと思います。

3　地域日本語教育を支える理念

3.1　人間主義の日本語教育

　地域日本語教育を支える重要な概念として「人間主義」という考え方があります。人間主義がいかなる概念であるかは、10数年間にわたり川崎市で識字学級に取り組んできた山田泉氏による『人間主義の日本語教育（日本語教師の知識本シリーズ③）』(以下、『人間主義』) 巻末の座談会での語りに表されています。関東で生まれ育った山田が大阪に移って衝撃的だったのは、「人権」と

いう言葉が行政の内部でも職場を含めた学校教育機関でも注目されるべき言葉であったことだと述べ、さらに以下のように語っています。

> 人権というものが、この社会とか、文化も含めて人々の生き方みたいなものを、大きな意味で枠組みをつくっていくという感じがして、それが今まで自分が考えてきた日本語教育の世界とくっつくところにあると。(中略)。そのときに何らかの形で人権という概念を大切にする活動をしたいなと思いました。私にとって「人間主義」のイメージは、「人の社会参加の権利」という意味が浮かびます。
>
> (山田, 2003, p. 285)

山田の実践、経験から浮かび上がるのは、「人権」と社会への「参加」[4]という概念です。参加に関し、山田は、地域日本語教育におけるエンパワーメントに関し「マイノリティー本人はそのままで、社会の制度やありようのほうを変えることで、すべての構成員が対等・平等に社会参加できるような社会にする」(山田, 2003, p. 31) ことの大切さを主張しています。

また、『人間主義』の序章で著者らは、人間が持ちうる総合的な魅力をも含めた「人間力」の育成こそが人間主義の立場に立つ日本語教育において重要な目標となると述べています。それでは、「人間力」とは何を指しているのでしょうか。「人間力」に関連し、山田 (2003) は、日本語教育の役割として、「狭い意味での『日本語の運用能力』を養成するということだけでなく、もう一つ『多文化社会での思考・行動のための資質・能力』を養成するという役割もある」(p. 33) と指摘しています。また、「『多文化社会での思考・行動のための資質・能力』を養成するという役割とは、『お互いの違いを尊重して、相手の立場に立って、......』といった牧歌的な『多文化共生』観を超えて、集団間の力関係を考えて、自分や相手がどのような集団の力を体現しているのかも踏まえた上で、個人間、集団間でのそれらを超えた対等・平等な『共生』の在り方を考え、その実現のために行動していく個人の資質・能力の開発に関与していくというも

---

[4] 参加の概念は、パウロ・フレイレ (Paulo Freire) の思想、それも特に「対話」に関する考え方に影響を受けたものであるとも思われます。

の」(p. 35)であると述べています。

　さらに山田（2002）は、「地域における日本語学習・支援活動」には「二つの異なった目的があり、二つの異なった形態・機能のものが必要」(p. 125)であると指摘しています。その1つは、「社会教育」としての「社会の変革を目指した相互学習」です。それは、「外国人」住民と「日本人」住民とが、対話を通じて、関係を築きながら、地域社会の問題、地球規模での問題までを、「相手とともに」学ぶというものです。もう1つは、「補償教育」としての「社会への参加を目指した言語習得」です。山田は、「補償教育」を「本来ならば社会を多言語に対応させるべきですが、現状ではそうでないという不条理を日本側が詫び、そのかわり自己実現を可能にする一定程度以上の日本語能力が習得できる機会を『償い』として保障するというものです」(p. 126)と説明しています。

　山田は、地域日本語教育を中心的に担う人々が「地域社会における『外国人』住民に対する生活支援関係者（学校をも含めた行政、医療・職業・住居、…民間団体、および個人の関係者）とのネットワークを構築することが必要不可欠」(p. 131)だとも述べています。

　以下、地域日本語教育に関して、「人間主義」の観点から語られた理念や論点をまとめてみましょう。

　1）理念：
　　　　地域日本語教育の根幹にあるのは「人権」概念である。
　2）社会的な必要性：
　　　　真に対等・平等な多文化共生社会の実現。
　3）目標：
　　　　「人間力」の発達と多文化社会での思考・行動のための資質・能力の涵養。
　4）活動内容：
　　　　「補償教育」としての「社会への参加を目指した言語習得」。
　5）活動形態：
　　　　「社会教育」としての「社会の変革を目指した相互学習」。

6）ネットワーク作りとコーディネーター養成：
地域日本語教育と生活支援関係機関、関係者との緊密なネットワーク作りとそれを実現するコーディネーターの養成と配置の必要性。

　以上の6点は地域日本語教育のあり方を考え、実践し、研究していくうえで外すことができない観点であると思われます。

3.2　多文化共生—繰り返し語られる理念—

　本節では、地域日本語教育の理念として掲げられ、語られてきた「多文化共生」という概念に関する議論を概観します。『人間主義』で山田が、牧歌的な「多文化共生観」を超える必要性を指摘していることを前節で紹介しました。『人間主義』以降も、動的な多文化共生観が語られています。総務省（2006）は多文化共生の定義を「国籍や民族などの異なる人々が、互いの文化的ちがいを認め合い、対等な関係を築こうとしながら、地域社会の構成員として共に生きていくこと」（p. 5）としていますが、山西（2013）はこの定義に関し、「静的で相対主義的な文化観」（p. 10）であり、「多文化間の対立・緊張の中にあって、『互いの文化的ちがい』を認め合えば多文化共生社会が実現すると考えることは難しい」（p. 10）と述べています。山西は、より動的な文化観の立場から、多文化共生を「現在の社会において、『人の間』に『人の中』に、文化間の対立・緊張関係が顕在化する中にあって、それぞれの人間が、その対立・緊張関係の様相や原因を、歴史的空間的関係の中で読み解き、より公正で共生可能な文化の表現・選択・創造に、参加しようとしている動的な状態」（p. 10）として捉えることを主張しています。池上（2007）においても、「地域日本語教育は、外国人の日本語能力の伸長だけを目的とするものではなく、参加する地域住民も共に学んで変容し、双方の自己実現が可能な多文化共生社会の創出を目指すとされている」（p. 105）と動的な多文化共生観が述べられています。石井（2010）もまた総務省が2006年に示した「多文化共生推進プラン」に対し、外国人を社会の一員である「人」として、「地域社会に受け入れる体制づくりの必要性が認識されるようになったことは望ましい」（p. 31）と評価しながらも、「受け入

れ側の日本人が我がこととして取り組むべき具体的課題への言及はわずかである」(p. 31) と批判的に論じています。

一方で池上 (2007) は、地域日本語教育の理念的な目的と課題が多文化社会の実現とそれに向けての具体的活動に収斂(しゅうれん)されていることを指摘し、それを「実は、これは日本語教育全体の流れから、ある意味、自明のものとして導き出された着地点にすぎないのではないか」(p. 114) と論じています。池上がいう「日本語教育全体の流れ」とそこから導き出された「着地点」とは、『人間主義』で語られた理念とその理念から導き出される理想としての着地点と捉えることができるようにも思えます。さらに、池上は「『学校型日本語教育』では求めても得られないことを『ここではないどこか』すなわち『学校ではない地域』で実現すべしとの押し付けがないのか、点検していくことが必要であろう」(p. 114) と述べています。「学校型教育」を批判的に乗り越えようとしている『人間主義』は、この池上の問いかけにどのように応えるのでしょうか。

4 地域日本語教育の研究動向

本節では、3.1節で挙げた地域日本語教育の6つの観点に沿って、研究動向をまとめていきます。まず、地域日本語教育の「理念」「社会的な必要性」「目標」に密接に関わる諸研究として、4.1節で「地域日本語教育」という用語に関する議論を紹介し、4.2節で地域日本語教育研究の一般的動向に対し批判的検討を行った論考をまとめます。次に、4.3節では「活動内容」に関し、地域日本語教育で取り交わされる日本語と「生活者」に対するカリキュラムの検討の観点から研究の動向を概観します。4.4節では「活動形態」に関し、地域日本語教育における権力関係に関する議論や外国人支援者の役割、「居場所」としての地域日本語教育についての研究動向を紹介します。最後に、4.5節では「ネットワーク作りとコーディネーター養成」について、地域日本語教育におけるコーディネーター養成の現状や現状に対する批判的論考をまとめたいと思います。

4.1 「地域日本語教育」という用語：教育か支援か活動か

前節まで、「地域在住の『外国人』に対して、基礎的な日本語や生活情報を、

地域住民が中心となってボランタリーに支援する活動」(池上, 2007, p. 105) のことを「地域日本語教育」と呼んできました。しかし、富谷 (2010) によれば、「地域日本語教育」という言葉は、「厳密な定義を欠いたまま広く普及した用語」(p. 62) です。では、どのように普及していったのでしょうか。杉澤 (2012a) は、「地域日本語教育」という言葉が定着してきたのは、前述した、文化庁の「地域日本語教育推進事業」(1994～2000年度)、「地域日本語教育活動の充実事業」(2001～2003年度)、「地域日本語教育支援事業」(2006～2008年度) 等において、「地域日本語教育」を冠した事業が行われたことによると指摘しています。

米勢 (2006) は、「ボランティアを主体とした活動の呼び方はさまざまで、地域日本語教育、地域日本語学習支援、地域日本語習得支援、地域日本語活動、日本語交流活動などがある」(p. 95) と述べています。例えば、足立・松岡 (2005) では、教授者の多くが無償のボランティアで構成され、また公民館など「社会教育の場」で実施されていることに注目して、「教育」や「学習支援」と区別するため、「地域日本語活動」が使用されています。

一方で、山西 (2013) は、教育・学習活動における支援という言葉に、ある種の躊躇、逃げの発想を感じ、あえて「教育」という言葉にこだわることを主張しています。山西は、現実には支援という名のもとに、支援者を主体とする働きかけや、「意図的な働きかけ」としての教育が実態的には行われており、「そこに躊躇、逃げは許されなくなる。教育に関わるものすべてが当事者となるために、日本語支援ではなく日本語教育という言葉を使いたいと思う」(p. 6) と宣言しています。

このように、各研究者がそれぞれの立場や理念に基づいて、それぞれの用語を使用していることがわかります。

4.2　地域日本語教育研究に対する批判的検討

本節では、地域日本語教育研究に対する批判的な検討を行っている研究の中から、研究体系、研究分野、研究対象、研究成果の波及に関し言及しているものを紹介します。

まず、研究体系に関する批判的言及を紹介します。富谷 (2010) は、日本語教室の誕生から30年程度を経た現段階でも、地域日本語教育に関しては、十

分な整理がなされていないことを指摘しています。また、杉澤（2012a）は、地域日本語教育に学問的な体系が定まっていないことを指摘し、その理由として「学習者のあり様が多様であるがゆえに教育カリキュラムの作成が難しく、かつ活動の多くが市民ボランティアによって担われてきた」(p. 8) という背景を挙げています。

　研究分野に関する批判的検討として、伊藤（2009）では、教育的な観点である「目的・目標」と「方法」、「言語権」に関わるものに議論が集中している一方で、「内容（何を）」に関しては議論が希薄であると指摘されています。また、ヤン（2012）は、各種の報告書や論文などにおいて、地域日本語教育に関する理念は語られているものの、「地域日本語教育に関する議論では教育に対する姿勢や心構えに重きが置かれており、このことは肝心の中身（教育内容）の欠如をもたらしている」(p. 38) と述べています。さらに、石井（2010）においても「多文化共生のための日本語教育という理念は掲げられたものの、具体的な方法は模索を始めたばかりの状況」(p. 32) であると指摘されています。

　研究対象に関する批判的検討として、富谷（2010）では、現在の地域日本語教育の抱える大きな問題点として、「『日本語教室に参加できないニューカマー』の存在を直視することなく、日本語教室に通えるニューカマーを対象とした教育内容や教育の方法論を中心に研究が進展してきたということ」(p. 68) を挙げています。

　研究成果の波及に関する批判的検討として、池上（2007）は、地域日本語教育に関する多様な研究の成果が、地域日本語教育の当事者に届いていないのではないかと述べています。例えば、教える人は「教師」ではない人、教わる人は「生徒、学生」ではない人という型を提示することが、「教える－教わる」という非対称性を壊すきっかけになるとされ、相互理解を促す活動の提唱となって久しいが、「現実には教えたい人と教わりたい人から成る学校型の教室が延々と展開されている」(p. 106) ことを挙げています。

　こうした論考には地域日本語教育研究が地域課題に十分に応えているとはいえない現状が読み取れます。

4.3 活動内容

4.3.1 地域日本語教育で取り交わされる日本語とは

本節では、地域日本語教育の場で取り交わされる日本語に関し、どのような理念が述べられているのか、いくつかの観点を紹介します。

岡崎(2002)は、多言語・多文化共生社会としての日本において、2種類の日本語が存在するとしています。1つは、日本語母語話者間のコミュニケーション手段としての日本語で、もう1つは日本語母語話者と日本語非母語話者あるいは日本語非母語話者間のコミュニケーション手段となる「共生言語としての日本語」です。岡崎は、定住者対象の日本語教育においては、この2つを区別して考えることが重要になると指摘しています。

岡崎が提唱した2種類の日本語という構想に対し、牲川(2011)は、母語場面の日本語が規範となることを避けるべく、「共生言語としての日本語」が提案されたものの、「母語場面の日本語」そのものは否定されておらず、確かな存在が約束されていることを問題視しています。また、「地域の日本語支援の文脈では、もう一つの日本語として『共生言語としての日本語』を提起するのではなく、『共生言語としての日本語』しかないと言い切るという、戦略的な論じ方が必要」(p. 117)であると主張しています。また、三代・鄭(2006)は、「共生言語としての日本語」という構想が語られる場がほとんど地域の日本語支援に限定されていることを問題視し、「地域の日本語教育に限定せずに、日本語教育すべての現場で、これからの日本語教育を考える上で検討しなければならない課題である」(p. 90)と主張しています。

庵(2009)は初級にかける時間を少なくするために、「やさしい日本語」が地域日本語教育の初期段階で導入されるべきであると指摘しています。また、庵(2009)は、「日本語教育の専門家ではないボランティアが主体となっても運営可能な教材を開発することを目指す必要がある」(p. 129)とも述べています[5]。一方、安田(2013)は、「やさしい日本語」に対する疑問を投げかけています。安田は「そもそも、ホスト社会が求める『正しい日本語』というものがあり、それによってみずからのチャンスが拡がるのなら、それを獲得しようとするの

---

5) 庵を中心とするグループは、「やさしい日本語」を柱に据えた地域日本語教育用の教材を出版しています(『にほんごこれだけ!』ココ出版)。

は当然の理です」(p. 335) と指摘しています。さらに、庵・岩田・森 (2011) で「日本語をやさしくすることは決して外国人のためにだけではなく、日本人の高齢者なども利益を受けることである」(p. 121) と述べられているのに対し、安田 (2013) は、「これは外国人と高齢者をひとくくりに『情報弱者』とするだけであって、日本語そのものの変化を求めていない」(p. 326) と批判的に論じています。

　岡崎が主張している「共生言語としての日本語」や庵らが主張している「やさしい日本語」がもつ可能性の検討、また、それらに対する牲川や安田からの批判的検討、さらに、日本語そのものの変化を求める論点など、地域日本語教育で取り交わされる日本語に関する議論は、今後も深められる必要があるように思えます。

4.3.2 「生活者」に対するカリキュラムの検討

　「生活者」という視点に関しては、『ことばと文化を結ぶ日本語教育』(細川編, 2002) において池上摩希子 (7章) や尾﨑明人 (12章)、山田泉 (8章) が「生活者」という用語を使用しており、少なくともこの時期に地域日本語教育関係者の間で「生活者」という言葉が用いられつつあったことがわかります。金田 (2009) は、国立国語研究所が実施した「生活のための日本語」に関する研究プロジェクトの結果から、在住外国人の「人生」あるいは「生涯」を意識する重要性が明らかになったと述べています。政策においては、2節でも述べた通り、2006年に内閣府で、2007年には文化庁で、それぞれ「生活者」という視点での取り組みが始められました。また、文化審議会国語分科会の日本語教育小委員会によって、2010年に『「生活者としての外国人」に対する日本語教育の標準的なカリキュラム案について』が発表されました。

　池上 (2011) は、「標準的なカリキュラム案」に関し、「生活者としての外国人」に対して育成しようとしている『日本語能力』は、いわゆる個体主義的[6]な能力観によって規定されるものではなく、社会の多様な状況において他者との関係性の中で発現する能力であると捉えることができる」(p. 87) と一定の評価を

---

6) 個体主義的な能力観とは、学習を脱文脈的な知識の内化過程とみなし個人に内在する能力の問題として捉える考え方を指します。

しています。

　一方、ヤン（2011）は、「標準的なカリキュラム案」の有用性を指摘しつつも、利用者側への配慮が十分ではない部分が存在すると述べています。ヤンは、「標準的なカリキュラム案」を地域の日本語教室で運用するためには、「（学習項目の）優先順位」「難易度」「知識・情報が中心となるものなのか、それとも、日本語によるコミュニケーションが中心となるものなのか」という3つの観点が「標準的なカリキュラム案」に加えられることが望ましいと指摘しています。

　その後、日本語教育小委員会は、2011年に「標準的なカリキュラム案」活用のためのガイドブック、2012年に教材例集などを次々と発表しています。2013年に発表された「『生活者としての外国人』に対する日本語教育における指導力評価について」においては、4.5節で触れるコーディネーターの指導力に関しても述べられています。

4.4　活動形態
4.4.1　権力関係に関する議論

　「人間主義」の理念によれば、地域の日本語教室は、社会のすべての構成員が対等・平等に社会参加できるよう、社会の変革を目指した相互学習の場であることが期待されています。しかしながら、実際には地域日本語教育において、日本人参加者と外国人参加者の間には対等・平等ではない権力関係が存在しているとの議論が存在しています。

　森本（2001）は、地域日本語教育現場における談話資料に基づき、地域日本語教育現場において、「教える－教えられる」関係が「日本語母語話者－非母語話者」の関係を背景に成立しているため、容易に覆しがたい非対称的な関係が存在していることを指摘しました。森本（2001）以降、地域日本語教育現場における権力関係に関する議論がみられるようになりました。

　森本・服部（2011）は、地域日本語教育現場において、「ボランティアが日本語教育以外の側面に活動の意義を見出しつつも、日本語教育への指向性をぬぐいされていない」（p. 151）ため、「コミュニティ内に日本語能力という覆しがたい非対称性に基づく力関係が生まれてしまう」（p. 154）と論じています。また、中川（2013）は、「多文化共生の文脈で行われる日本語教育は、日本人に対

する眼差しの強化にしかならない母語話者の権力性が潜む言語知識、規範を身につけさせることを廃し、対等な関係の下での交わりを通じて言語的、文化的な発見を追求していく教育へと変わっていくことが重要である」(p. 17)と述べています。

　一方、許(2011)は、「教えられる」者の主体性を前提とする「教える－学ぶ」関係の構築が地域日本語活動における最大の課題であると述べ、「教えられる」者が主体性を持つことができれば権力関係は生じないと主張しています。また、ヤン(2012)は、日本語教育は「教える－教わる」という従来の学校型教育の在り方の閉塞感から逃れようとするあまりに、「日本語能力を高める」という本来の役割を忘れているのではないかと問いかけています(p. 46)。ヤンによれば、定住外国人が地域の日本語教室に来る理由は、その場所である程度の日本語能力を身につけられると期待しているからであるにもかかわらず、「いまの日本語教育は抽象性の高い理念ばかりが全面に出ていると言わざるを得ない」(p. 46)と指摘しています。

　リーマン・ショック以降、職を失う在住外国人が増え、実用的な日本語学習へのニーズが高まっているとの指摘があります(自治体国際化協会, 2010)。「実用的な日本語学習」とは何かという議論をしたうえで、こうしたニーズと『人間主義』で主張された「人間力」の発達や多文化社会での思考・行動のための資質・能力の涵養という地域日本語教育の目標をどのように擦り合わせていくのか、それが問われていると思われます。

4.4.2　外国人支援者

　前節の権力関係の議論においては、地域日本語教育を担っているのは日本人参加者であり、外国人参加者ではないという前提がありました。しかし、地域日本語教育を担っているのは、日本人支援者だけではありません。文化庁の委託事業として、2007年度から2008年度にかけて「日本語能力を有する外国人を対象とした日本語指導者養成」および「日系人等を活用した日本語教室の設置運営」が実施されました。このように地域日本語教育の現場で、支援する立場としての外国人が注目されるようになってきました。それにともない、研究においても、支援者としての外国人が取り上げられるようになっています。

御舘 (2010) は、地域日本語教室等で活動している外国人支援者を対象に聞き取り調査と実際の学習支援活動の記録を行いました。外国人支援者が自身の支援活動の意義を、教室が参加者にとって、「仲間」を見つけ学びあえる「居場所」となることを支援できていること、また、新しく来日した人にとっての「ロールモデル」になれること、経験から得たことを多数派側や次世代を担う子どもたちに伝えていくことなどに見いだしていることが明らかになりました。また、金井 (2010) は、ある地域日本語教室における実践データに基づき、「日本語非母語話者ボランティアは、学習者の経験を引き出し、経験を知ることで、学習者が言いたいことを伝えたいという強い動機を誘発し、ことばの発達につながっている」(pp. 173-174) と述べています。一方で、活動が「日本語母語話者ボランティアの主導で行われたこと」「日本語母語話者ボランティアと日本語非母語話者ボランティアの両者が対等な場の作り手ではなかったこと」などの課題が指摘されています (p. 174)。永田・山木 (2012) では、学習者にとって教室が単なる語学学習の場ではなく、出身が同じ他の学習者や外国人支援者と交流することができる「居場所」(p. 228) となっており、この点が御舘 (2010) と同様の結果となったことが述べられています。

このように外国人支援者における論考には、現時点では、外国人支援者が必ずしも日本人支援者と対等な立場、関わり方とは言い切れないものの、地域日本語教育を主導的に支えていく立場になりつつあることが表れているといえるでしょう。

4.4.3 「居場所」としての地域日本語教育

地域日本語教育が持つ「居場所」としての役割は、前節の御舘 (2010) や永田・山木 (2012) の中で指摘しました。地域日本語教室は、権力関係を再生産する機能を持ちえますが、一方で、日本人参加者にとっても外国人参加者にとっても「居場所」としての機能を持っているとの議論が生まれています。

石塚 (2011) は、複数の地域、複数の日本語教室で活動する支援者138名、学習者165名を対象に質問紙調査を行いました。探索的因子分析を行った結果、「役割感」「肯定的他者関係」「被受容感」「否定的他者関係」という4つの因子が抽出されました。「役割感」「肯定的他者関係」「被受容感」がプラスに働き、

「否定的他者関係」がマイナスに働いたとき、日本語教室が個々の支援者にとっても、個々の学習者にとっても「居場所」となることがわかりました (p. 39)。また、学習者は自分が役に立っているとは感じにくく、支援者は自分が受け入れられていないと感じやすい傾向が明らかになりました。石塚は、「このことは、日本語教室の中で、教えるという役割、教わるという役割という二分する役割が存在している影響なのかもしれない」(p. 49) と述べています。二分する役割が存在するならば、それが権力関係の再生産につながる可能性もあります。二分した役割を捉え直し、関係性を協働的に再構築していくことが、居場所としての地域日本語教育の実現のために求められているといえるでしょう。

4.5　地域日本語教育におけるコーディネーター

地域日本語教育におけるコーディネーター[7]の重要性を指摘する声は少なくありません (e.g., 伊藤, 2009; 杉澤, 2012a, 2012b; 野山, 2008, 2009, 2013; ヤン, 2012)。例えば、野山 (2008) は、地域日本語教育におけるさまざまな「協働実践を持続可能な状況にするためには、このコーディネータという専門職の人材発掘・確保がますます期待される。そこで、この専門職の確立や、育成・研修の充実を図ることが、今後の政策・施策展開の中でも、特に大切な課題の一つとなろう」(pp. 10-11) と述べています。野山 (2009) は、コーディネーターに必要な知識・能力として以下の7項目を挙げています。

① 平明で適切な日本語による説明や対話や編集ができる言語運用能力
② 日本語教育だけでなく、関連領域に関する幅広い知識
③ 日本語の習得に繋がる環境を設計し維持する能力
④ 周囲の人々を巻き込みながら、状況に応じて専門家の手を借りられる関係構築能力
⑤ 異文化接触場面を学びの機会（エンジン）と捉えられる寛容性や柔軟性
⑥ 冷静に自分の役割をわきまえながら、孤独に耐えられる能力

---

7) コーディネーターの業務として、杉澤 (2012a) は「日本語教育事業の企画・運営」「地域ごとに異なる問題の解決」「市民参加の仕組みづくり」などを挙げています。

⑦ 目的に応じて（たくましく）自分自身の位置取りを自在に変えられる対人調整能力

(野山, 2009, pp. 158-159)

　以上の通り、日本語運用能力・日本語教育に関する知識はもちろんのこと、関連領域の幅広い知識や企画能力、関係構築能力、柔軟性などが求められていることがわかります。

　こうした声を受け、政策としてもコーディネーターの養成が行われています。文化庁では、2001年度から2005年度まで「地域日本語支援コーディネーター研修」を、そして、2010年度からは「地域日本語教育コーディネーター研修」を実施しています。また、関連する研修として全国市町村国際文化研修所 (JIAM) 主催の「多文化共生マネージャー養成コース」や東京外国語大学多言語・多文化教育研究センター主催の「多文化社会コーディネーター養成講座」が挙げられます。

　日本語教育学会 (2011) では、地域日本語教育・支援に関わる人々に求められる資質・能力を表1のようにまとめています。地域日本語教育を支える「コーディネーター」が、「地域日本語コーディネーター」と「システムコーディネーター」に分けられていることがわかります。

　日本語教育学会 (2011) は、「実際には明確なシステムがないまま、地域日本語教育専門家や日本語教育コーディネーターが果たすべき役割の多くがボランティア任せになっているケースが多々見られる。システム作りが進まないまま、多くの地域社会においてボランティアによって日本語教育・支援が行われているのである。そのことが、地域日本語教育専門家の必要性について真剣に議論する場を遠ざけてきたとも言える」(p. 132) と指摘しています。また、杉澤 (2012a) は、日本語教育学会 (2011) に対し、「日本語教育に関する能力とは、単に文法・文型が教えられるということではないはずである。(中略)。『対話・協働』型の学習活動を推進するために『参加型学習やワークショップ』などの手法を活用した相互学習のプログラムをデザインし、協働型活動をファシリテートできる能力・技能が必要とされる」(p. 18) と主張しています。さらに、日本語教育学会の議論ではこうしたコーディネーターに求められる能力・技能

表1 地域日本語教育・支援に関わる人々に求められる資質・能力

		地域日本語教育専門家	地域日本語コーディネーター	システムコーディネーター	日本語ボランティア
A	日本語教育に関する知識・能力	◎	◎	○	△
B	日本語教育に関する実践能力	◎	◎	－	△
C	"その地域社会"を理解し、生きる力	○	○	◎	○
D	企画立案能力	○	◎	◎	－
E	計画を実行する能力	○	◎	◎	－
F	対人関係を築く力	◎	◎	◎	◎

◎非常に求められる　○求められる　△ある程度求められる　－特に求められない

については触れられていないことを指摘しています。こうした能力・技能に関し、実践とその省察に基づいて述べられている論文として、北村 (2012)、杉澤 (2012b)、宮崎 (2012) などが挙げられます。

5　おわりに

　山西 (2013) は、「大胆な提案」(p. 17) をしています。それは、地域日本語教室という枠を超えた「地域多言語・多文化教室」を開設してはどうかという提案です。山西は、「地域での多文化共生やエンパワーメントに向けての教育とその場を描き出そうとすると、学び手は外国人住民だけでなく地域住民全員が基本的にその学習の当事者となることが想定され、また日本語を含む多言語・多文化をめぐる学びをつくり出す教室・教育へのニーズは今後より高まって

いくことが想定できる」(p. 17) と主張しています。そのために、日本語教育・多文化教育・異文化間教育・開発教育・国際理解教育などにこれまで関わってきた関係者の協働が必要であると述べています。『人間主義』で語られた理念、それ以降に積み重ねられてきた理念を踏まえれば、筆者には、山西が提案する「地域多言語・多文化教室」というアイデアは決して大胆なものではなく、自然に受け止められるものであると思えます。

山西 (2013) は、分野間の協働の必要性を指摘しました。地域日本語教育の研究、実践の質を高めていくために必要なことは、分野間の協働に加え、専門研究者や地域日本語教育専門家、各種コーディネーター、ボランティアの協働でしょう。実践の現場を持ち、実践に関わるすべての人の対等な社会参加や社会の変革を目指した協働的な取り組みを重ねている研究者やコーディネーター系人材の実践研究的な論考には非常に説得力があります (e.g., 北村, 2012; 杉澤, 2012b; ヤン, 2011)。こうした論考を支えるものとして、実践者としての経験知や暗黙知の広がりや深さとそれを支える省察の力、人材養成の成果だけではなく、『人間主義』やそれに引き続き専門研究者が「社会の変革」のために論じてきた理念の蓄積 (e.g., 池上, 2007; 石井, 2010; 富谷, 2010; 野山, 2013; 山西, 2013) がそこに存在しているように思えます。さらに、日本全国の各地域において、限られた人材、予算、時間、情報の中で、どのような工夫で実践に向き合っているのかというような「現場の経験知や暗黙知」「現場のリアルな経験」もまた、事例として積み重ねられていく必要があるでしょう。

細川 (2008) は、「『実践研究』とは、『実践に関する研究』でもなければ、『実践を通じて何かを研究すること』でもない。『実践』それ自体が『研究』であるという思想である」(p. 6) と述べています。また、三代・古屋・古賀・武・寅丸・長嶺 (2014) は、実践研究を「実践への参加者たちが協働で批判的省察を行い、その実践を社会的によりよいものにしていくための実践＝研究」(p. 80) であると定義しています。

理念は繰り返し語られる必要があります。それと同時に、さまざまな現場での実践を踏まえた論考が積み重ねられる必要があります。つまり、理念理想モデルと現実の工夫という、両面から議論が行われることが求められているのです。そして、すべての人の公平な社会への参加や社会の変革を実現していくた

めに、営みに関わるすべての成員が日本語教育、地域日本語教育が果たすべき役割を問いつづけていくことが求められています。

参考文献

足立祐子・松岡洋子 (2005).「地域日本語活動における提案―地域日本語活動に求められるもの―」『新潟大学国際センター紀要』1, pp. 13-22. 新潟大学.

庵功雄 (2009).「地域日本語教育と日本語教育文法―「やさしい日本語」という観点から―」『人文・自然研究』3, pp. 126-141. 一橋大学大学教育研究開発センター.

庵功雄・岩田一成・森篤嗣 (2011).「「やさしい日本語」を用いた公文書の書き換え―多文化共生と日本語教育文法の接点を求めて―」『人文・自然研究』5, pp. 115-139. 一橋大学大学教育研究開発センター.

池上摩希子 (2007).「「地域日本語教育」という課題―理念から内容と方法へ向けて―」『早稲田大学日本語教育研究センター紀要』20, pp. 105-117. 早稲田大学日本語教育研究センター.

池上摩希子 (2011).「地域日本語教育の在り方から考える日本語能力」『早稲田日本語教育学』9, pp. 85-91. 早稲田大学大学院日本語教育研究科: 早稲田大学日本語教育研究センター.

石井恵理子 (2010).「多文化共生社会形成のために日本語教育は何ができるか」『異文化間教育』32, pp. 24-36. 異文化間教育学会.

石塚昌保 (2011).「「協働型居場所づくり尺度」の開発―地域日本語教室の調査から―」『シリーズ多言語・多文化協働実践研究 13　共生社会に向けた協働の地域づくり』pp. 31-52. 東京外国語大学多言語・多文化教育研究センター.

伊藤健人 (2009).「地域日本語教育―取組むべき課題は何か―」『日本語学』28(11), pp. 12-23. 明治書院.

岡崎眸 (2002).「内容重視の日本語教育」細川英雄 (編)『ことばと文化を結ぶ日本語教育』pp. 49-66. 凡人社.

岡崎洋三・西口光一・山田泉 (2003).「人間主義の日本語教育とは？」岡崎洋三・西口光一・山田泉 (編)『人間主義の日本語教育』pp. 1-8. 凡人社.

御舘久里恵 (2010).『地域日本語教室における外国人支援者の存在意義と, かれらの「語り」に関する研究―平成 20 年度〜平成 21 年度科学研究費補助金［若手研究 (B)］研究

成果報告書―』．

金井淑子 (2010)．「地域日本語教室における学習者の学び―日本語非母語話者ボランティアの参加をとおして―」『多言語多文化―実践と研究―』3, pp. 150-175. 東京外国語大学多言語・多文化教育研究センター．

金田智子 (2009)．「「目的別」「対象別」学習内容から「人生」を意識した学習内容へ」『日本語学』28(11), pp. 4-11. 明治書院．

北村祐人 (2012)．「「地域社会を創る」―システム・コーディネーターの立場から―」『シリーズ多言語・多文化協働実践研究 15　地域日本語教育をめぐる多文化社会コーディネーターの役割と専門性』pp. 65-76. 東京外国語大学多言語・多文化教育研究センター．

許之威 (2011)．「なぜ、日本語を「教え」てはいけないのか―地域日本語活動における「教える‐教えられる」関係に対する批判の再考―」『人間・環境学』59, pp. 57-65. 京都大学大学院人間・環境学研究科．

自治体国際化協会 (2010)．「特集　新たな『共生』に向けた日本語学習」『自治体国際化フォーラム』251, pp. 2-18. 自治体国際化協会．

杉澤経子 (2012a)．「地域日本語教育分野におけるコーディネーターの専門性」『シリーズ多言語・多文化協働実践研究 15　地域日本語教育をめぐる多文化社会コーディネーターの役割と専門性』pp. 6-25. 東京外国語大学多言語・多文化教育研究センター．

杉澤経子 (2012b)．「「仕組みを創る」―外国人住民施策を担当する立場から―」『シリーズ多言語・多文化協働実践研究 15　地域日本語教育をめぐる多文化社会コーディネーターの役割と専門性』pp. 40-51. 東京外国語大学多言語・多文化教育研究センター．

牲川波都季 (2011)．「「共生言語としての日本語」という構想―地域の日本語支援をささえる戦略的使用のために―」植田晃次・山下仁 (編)『新装版　「共生」の内実―批判的社会言語学からの問いかけ―』pp. 107-125. 三元社．

総務省 (2006)．『多文化共生の推進に関する研究会　報告書―地域における多文化共生の推進に向けて―』総務省．

富谷玲子 (2010)．「地域日本語教育批判―ニューカマーの社会参加と言語保障のために―」『神奈川大学言語研究』32, pp. 59-78. 神奈川大学．

中川康弘 (2013)．「多文化共生社会の構築に向けた外国人の関わりに関する一考察―ある一人のベトナム難民2世の語りから―」『教育科学研究』27, pp. 11-17. 首都大学東京大学院人文科学研究科教育学研究室．

永田良太・山木眞理子 (2012)．「地域日本語教室における外国人支援者の役割―鳴門国際交流協会日本語教室の場合―」『鳴門教育大学研究紀要―人文・社会科学編―』27,

pp. 225-231. 鳴門教育大学.
日本語教育学会 (2011).『平成22年度文化庁　日本語教育研究委託 生活日本語の指導力の評価に関する調査研究―報告書―』日本語教育学会.
野山広 (2008).「多文化共生と地域日本語教育支援―持続可能な協議実践の展開を目指して―」『日本語教育』138, pp. 4-13. 日本語教育学会.
野山広 (2009).「多言語・多文化共生の時代に応じた日本語教育政策の構築に向けて」春原憲一郎 (編)『移動労働者とその家族のための言語政策―生活者のための日本語教育―』pp. 147-165. ひつじ書房.
野山広 (2013).「地域日本語教育―その概念の誕生と展開―」『日本語学』32(3), pp. 18-31. 明治書院.
フレイレ, P (著)・三砂ちづる (訳) (2011).『新訳　被抑圧者の教育学』亜紀書房.
細川英雄 (2008).「日本語教育学における「実践研究」の意味と課題」『早稲田日本語教育学』9, pp. 85-91. 早稲田大学大学院日本語教育研究科　早稲田大学日本語教育研究センター.
細川英雄 (編) (2002).『ことばと文化を結ぶ日本語教育』凡人社.
宮崎妙子 (2012).「「市民活動を創る」―日本語学習支援コーディネーターの立場から―」『シリーズ多言語・多文化協働実践研究 15　地域日本語教育をめぐる多文化社会コーディネーターの役割と専門性』pp. 52-64. 東京外国語大学多言語・多文化教育研究センター.
三代純平・鄭京姫 (2006).「「正しい日本語」を教えることの問題と「共生言語としての日本語」への展望」『言語文化教育研究』5, pp. 80-93. 早稲田大学大学院日本語教育研究科言語文化教育研究室.
三代純平・古屋憲章・古賀和恵・武一美・寅丸真澄・長嶺倫子 (2014).「新しいパラダイムとしての実践研究―Action Researchの再解釈―」細川英雄・三代純平 (編)『実践研究は何をめざすか―日本語教育における実践研究の意味と可能性―』pp. 49-90. ココ出版.
森本郁代 (2001).「地域日本語教育の批判的再検討―ボランティアの語りに見られるカテゴリー化を通して―」野呂香代子・山下仁 (編)『「正しさ」への問い―批判的社会言語学の試み―』pp. 215-247. 三元社.
森本郁代・服部圭子 (2011).「地域日本語支援活動の現場と社会をつなぐもの―日本語ボランティアの声から―」植田晃次・山下仁 (編)『新装版　「共生」の内実―批判的社会言語学からの問いかけ―』pp. 127-155. 三元社.
安田敏朗 (2013).「「やさしい日本語」の批判的検討」庵功雄・イヨンスク・森篤嗣 (編)『「やさしい日本語」は何を目指すか―多文化共生社会を実現するために―』pp. 321-341. ココ出版.

山田泉 (2002).「地域社会と日本語教育」細川英雄 (編)『ことばと文化を結ぶ日本語教育』pp. 118-135. 凡人社.

山田泉 (2003).「日本語教育の文脈を考える」岡崎洋三・西口光一・山田泉 (編)『人間主義の日本語教育』pp. 9-43. 凡人社.

山西優二 (2013).「エンパワーメントの視点からみた日本語教育―多文化共生に向けて―」『日本語教育』155, pp. 5-19. 日本語教育学会.

ヤン・ジョンヨン (2011).「地域日本語教室における学習内容をめぐって―「標準的なカリキュラム案」の可能性と課題―」『地域政策研究』14(1), pp. 49-67. 高崎経済大学.

ヤン・ジョンヨン (2012).「地域日本語教育は何を「教育」するのか―国の政策と日本語教育と定住外国人の三者の理想から―」『地域政策研究』14(2/3), pp. 37-48. 高崎経済大学.

米勢治子 (2006).「外国人住民の受け入れと言語保障―地域日本語教育の課題―」『人間文化研究』4, pp. 93-106. 名古屋市立大学.

6章　「社会」のなかに学習と学習者をとらえる

嶋 ちはる

[学習と学習者の研究] ◀◀◀◀

日本語教師の知識本シリーズ④
『文化と歴史の中の学習と学習者
―日本語教育における社会文化的パースペクティブ―』
西口光一 編、2005年発行

1　はじめに

　日本語教育は日本語の「学習」を扱う分野であることは前提として共有されていることかと思いますが、そもそも「学習」とは何でしょうか。「日本語教師の知識本シリーズ」4巻の西口（編）(2005)『文化と歴史の中の学習と学習者』（以下、『学習と学習者』）は、知識の獲得として個人の中で起こるものとして捉えられていた従来の学習観に対し、「社会文化的アプローチ」の視点から新しい学習観を日本語教育に紹介したものです。『学習と学習者』では、「社会文化的アプローチ」を「知識や技能の習得を含めた人間主体の行為や変容を、具体的な文脈の中で、歴史的にとらえようとする見方や接近法」(p. 2) であり、「主体による文脈の構成ということを通して、社会的な実践や実践のコミュニティの改革という現象をも視野に入れた新しい分析の視点」(p. 2) としています。つまり、それは「学習」という行為を個人の頭の中で起こる活動から、社会的文脈の中で生まれるものとして位置づけ直すことであり、また一方向的な知識のやりとりから双方向的な関わり合いとして捉え直すことでもあります。

　本章では2005年の刊行からちょうど10年が過ぎた現在、この『学習と学習者』で紹介された「社会文化的アプローチ」の観点がどのように日本語教育に継承されているのかを論じ、今後の展望について考えたいと思います。

2 『文化と歴史の中の学習と学習者』について

2.1　第二言語習得研究における社会文化的アプローチへの注目

　本節では日本語教育に「社会文化的アプローチ」が紹介される背景に最も深く関わっていると思われる、第二言語習得（以下、SLA）研究の流れについて見ていきます。1950年代におけるSLA研究は構造主義言語学の言語観および行動主義の学習観が中心的な役割を果たしていました。構造主義の言語観では言語は客観的、科学的に分析・記述できる対象であるとされ、学習者の母語と学習言語の言語構造を比較分析するという「対照分析（contrastive analysis）」の枠組みが生まれました。また、当時は行動主義の学習観の影響を受け、言語学習は刺激－反応による習慣形成だと捉えられていました。しかしながら、構造主義言語学では言語について意味ではなく形式にこだわることで抽象度の高い記述を可能にしようとしたため、分析の限界がありました。また、学習においても刺激－反応という考え方では第二言語（以下、L2）学習者の創造的な間違いを説明できないことから、Chomsky（チョムスキー）の「生成文法理論」がSLA研究において強い影響力を持つようになります。この理論の背景には、人間には生まれながらに言語を生成し理解する能力があるという考え方があります。Chomskyの理論は、言語は規則に基づいて学習者自らが作り出すものという視点を与え、学習者の誤用を分析する「誤用分析（error analysis）」が注目を集めるようになりました。後には誤用や正用を含めた学習者言語全体を学習者の認知的視点から捉えようとする「中間言語（interlanguage）」研究が主流となり、学習観も認知学習理論が中心となっていきます。言い換えれば、知識がどのように処理され構造化されるのかということが中心課題と捉えられるようになりました。以後、現在に至るまでSLA研究においてはさまざまな理論が展開されていますが、その中の多くは認知プロセスを解明することを目的とする「認知主義（cognitivism）」の考え方を拠り所としており、それがSLA研究の主流な枠組みとして浸透しています（Atkinson, 2011; Larsen-Freeman, 2007）。

　「認知主義」においては、人間の思考や学習はコード化された言語情報の処理過程を中心とした認知活動としてみなされており、SLA研究においても第二言語の単一的、普遍的な処理過程を解明することが目的とされ、SLAを認

知科学の一部として位置づけようという流れがありました (Atkinson, 2011; Larsen-Freeman, 2007)。また、個人に内在する「認知過程 (cognitive process)」に焦点が置かれるため、文脈から切り離された抽象的な知識の獲得プロセスが研究対象となり、個人は平均的な人間として集約されているという批判もありました (Block, 2003)。

しかし90年代に入ると、SLA研究における社会的文脈との関わりや状況性の認識の必要性が議論されるようになります。特にその中心的な役割を担っていたのがFirth & Wagner (1997) による問題提起です。Firth & WagnerはSLAにおけるディスコースやコミュニケーション研究が個人の認知プロセスに注目したものに偏っていることを指摘し、これまでの研究で用いられている「中間言語」「非母語話者」「学習者」などの用語は、理想化された母語話者の規範に対し「欠陥のある伝達者 (deficient communicator)」という視点をL2話者の言語使用にもたらしていることを批判しました。また、コミュニケーションにおいても文法能力に重きが置かれ相互行為の達成過程、参加過程については十分に注意が払われていないことを指摘し、今後のSLA研究が豊かな領域となるためには、①言語使用における社会的状況的なコンテクストや相互行為に関わる側面の認識を高めること、②研究対象であるL2話者の「イーミック (emic)」な視点、つまり、外部からの見方ではなく相互行為に携わっている当事者の視点にたった分析を行うこと、③SLA研究のデータベースに自然会話を取り入れ拡張することの3点が必要であると論じました。

Firth & Wagner (1997) の論文をきっかけにSLA研究の方法論をめぐり、認知主義を基盤にする「認知的アプローチ」と社会的文脈を重視する「社会的アプローチ」との間で「認知－社会 (cognitive-social)」論争と呼ばれる議論 (例えば、Larsen-Freeman, 2007; Seidlhofer, 2003) が注目を集めます。また、90年代は、人文学の分野で広まっていたポスト構造主義やポストモダニズムに対する興味が応用言語学の分野においても高まり、言語観や認識論のパラダイムシフトを迎え、SLA理論のその後の方向性についても絶対的な理論をめざそうとする実証主義者と複数の理論を歓迎する相対主義者の立場が明確に分かれはじめていました (Zuengler & Miller, 2006)。この一連の流れの中で、客観的な存在としての知識を否定し、社会的文脈に注目し知識を相対的文脈依存的なものと

みなす社会構成主義的な学習観が広まり、その理論的枠組みがSLAに取り入れられるようになっていったのです。これがSLAに「社会文化的アプローチ」が取り入れられるようになった流れです。以降、さまざまな観点から言語学習と社会の関係を捉えようとする枠組みがSLA研究の中で広まります。次節では代表的なものを簡単に紹介します。

2.2 SLA研究における「社会文化的アプローチ」

　SLA研究や言語教育に応用されている「社会文化的アプローチ」または「社会的視点」というのはロシアの心理学者Vygotsky（ヴィゴツキー）に端をなす「社会文化理論 (Vygotskian sociocultural theory)」[1]（以下、SCT）(e.g., Vygotsky, 1978; Wertsch, 1985, 1991 田島他訳 2004) と混同されることが多いですが、「社会文化的アプローチ」や「社会的視点」というのは包括的用語であり、実際にはさまざまな理論的枠組みが存在し、それぞれの枠組みにおける社会の位置づけは異なります (e.g., Atkinson, 2011; Zuengler & Miller, 2006)。SCTの他、代表的なものを挙げると、「活動理論 (Activity theory)」(e.g., Engeström, 1987 山住他訳 1999; Leont'ev, 1978, 1981; Wertsch, 1985, 1991 田島他訳 2004)、「言語社会化 (language socialization)」(e.g., Ochs & Schieffelin, 1984)、「状況的学習論 (situated learning approach)」(e.g., Lave & Wenger, 1991 佐伯訳 1993; Rogoff, 1990; Wenger, 1998)、「アイデンティティ・アプローチ」(e.g., Norton, 2000; Norton Peirce, 1995) などです。

　上記の理論から導かれるL2の習得過程における社会的視点のうち、代表的なものを簡単に紹介します。まず、SCTに代表される学習の起源を他者との相互行為だとみなす考え方が挙げられます。SCTは発達心理学の分野において構築された理論であり、子どもの精神機能の発達について、大人などの他者の援助を得て協働的に構築されたものが個人に「内化 (internalization)」され自分一人でもできるようになるプロセスとして捉えます。時々SCTにおける「社会

---

[1]　SLA研究では、Vygotskyの理論を指すのに「社会文化理論 (sociocultural theory)」という言葉がよく使われていますが、Vygotsky自身は「文化心理学 (cultural psychology)」や「文化歴史的心理学 (cultural-historical psychology)」という用語を使っています。Vygotskyの理論に対し「社会文化 (sociocultural)」という用語を用いたのはWertsch (1985) であると言われています (Lantolf & Beckett, 2009, p. 459)。

的」側面を、マクロな社会的文脈が学習者に与える影響の観点から論じられているのを目にしますが、SCTでは相互行為に学習の社会性をみているのであって、実際には文化的・歴史的に発展する文脈の中で、人間の精神機能の発達を他者や道具との相互行為から解明しようとする認知理論です (Lantolf & Thorne, 2006; Wertsch, 1991 田島他訳 2004)。また、SCTでは人間の行為は「主体」が「対象」に直接働きかけるのではなく、記号や道具などの「文化的人工物 (cultural artifact)」により「媒介される (mediated)」という視点や、独力での問題解決が可能な発達水準と他者からの援助で初めて問題解決が可能となる発達水準との間隔を示した「最近接発達領域 (zone of proximal development)」をはじめとした、さまざまな概念を提示しています。SCTを発展させたのが「活動理論」であり、「活動理論」では学習に集団内の分業の視点を含めます (e.g., Lantolf & Thorne, 2006)[2]。

　「活動理論」と同様に集団を分析の単位として捉えるものに「状況的学習論」や「言語社会化」があります。これらの枠組みに共通しているのは学習をコミュニティの参加の過程やそのコミュニティにおける他者との関係性、自分の位置づけの変化とみなす考え方です。例えば「状況的学習論」には、人間の知的活動は個人の頭の中を超え、人や道具を含めたネットワークの中に分散されているものであり、学習とはその分散された知識が実践において1つの認知システムとして機能するようになっていく過程であるとする「社会的分散認知 (socially distributed cognition)」の考え方 (e.g., Hutchins, 1991) や、自分が属しているコミュニティにおける実践への参加を通し、学習主体が熟達化しコミュニティにおけるメンバーシップを獲得していく過程だとする「実践のコミュニティ (communities of practice)」(Wenger, 1998) の考え方などがあります。こ

---

[2] Engeström (エンゲストローム) (1987 山住他訳 1999) は「活動理論」はVygotskyのSCTを軸にした第1世代からLeont'ev (レオンチェフ) の第2世代、そしてEngeströmの第3世代へと歴史的に展開してきたとしています。第1世代では、人間の学習や発達が言語やテクノロジーといった「文化的人工物 (cultural artifact)」に媒介されている活動であることを明らかにし、第2世代ではその活動に「分業」という概念を取り入れ、学習を含めた人間の活動は個人ではなく集団を単位とした集合的実践として捉えるべきであるという視点を提示しています。第3世代では集合的実践としての活動を、「主体」「人工物」「対象」「コミュニティ」「ルール」「分業」という要素が組み合わさったものだと捉えシステム化しました。また、この世代では、「学習」を集合的実践に潜在している内的矛盾の解決のために、既存の文化や仕組みを変化させ新たなものを創造しようとするプロセスとして捉えています。

れらの枠組みでは、参加の過程や他者との関係性の変化にともなうアイデンティティの変化も学習を考えるうえでの重要な視点です。

最後にポスト構造主義的言語観に基づく「アイデンティティ・アプローチ」を取り上げておきます。構造主義における言語観はソシュール (Saussure) の影響を強く受け、言語の構造は能記 (音声や文字など) と所記 (イメージや概念、意味など) からなる言語記号の体系であると捉えられていました。両者の関係は恣意的ですが、能記と所記が一度関連づけられると意味は固定化されるとみなされています。それに対し、ポスト構造主義における言語観では、意味は固定されず一時的であり、変化や転移、葛藤を引き起こすものだと捉えられています (Burr, 1995 田中訳 1997)。また、言語は思考や知識、自己のアイデンティティと密接に関わり、それらは権力関係やイデオロギーが埋め込まれた社会のディスコースの中で構築されるものだと捉えられています (Weedon, 1997)。こういった言語観を背景に、Nortonの研究 (Norton, 2000; Norton Peirce, 1995) では従来のSLA研究では認知プロセスに影響を与える外的要因の1つとして扱われていた、固定化された単一アイデンティティの見方を批判し、L2話者のアイデンティティを社会的文脈の中で動的、複合的なものとして捉える視点から、アイデンティティと言語学習の関係を論じています。

このように、それぞれの理論の中で扱われる社会性、文脈性や学習の捉え方にはそれぞれ違いがありますが、重なり合う部分も多く、学習を客観的知識の獲得ではなく、人や人工物を含めた周りとの相互行為や実践の中で協働的に構築されるものであり、そのプロセスは周りとの関係性や自己のアイデンティティがともなう動的で流動的なものであるとする捉え方は共通しているといえるでしょう。

2.3 『文化と歴史の中の学習と学習者』の貢献

2.2節ではSLA研究の流れにおいて「社会文化的アプローチ」がどのように位置づけられたかについて概観しましたが、この「社会文化的アプローチ」の視点は日本語教育にどのように取り入れられてきたのでしょうか。佐々木 (2006) は、日本語教育は2度のパラダイム転換を経てきたと述べています。第1の転換は1980年代半ばに見られたコミュニカティブ・アプローチの広がりで

す。言語知識の獲得が重視されたオーディオリンガル法に対する批判から、コミュニケーション能力の育成をめざしたコミュニカティブ・アプローチが急速に普及し、教室内に教室外社会のコミュニケーション場面を反映したタスクを設定することの重要性が主張されてきました。それは言い換えれば、外の社会における実践の前段階としての練習であり、教えることで実際のコミュニケーションに必要とされるものをどのように補完し能力を発達させていくかという教育の効率性、経済性に関わる視点があるといえます（細川, 2007, 2009）。

コミュニカティブ・アプローチの普及に続く日本語教育における第2のパラダイム転換として、佐々木（2006）は1990年代半ば以降の客観主義的教育観から構成主義的教育観への転換を挙げています。佐々木は、構成主義では、学習は学習者の協働性により特徴づけられるとし、知識受容型ではなく、学習者の能動的な参加により知識が構築されていくとしています。オーディオリンガル法からコミュニカティブ・アプローチへの転換では、構造より意味が重視され、知識から実社会における言語の運用能力に焦点が変わったものの、静的な規範を個人が獲得していくという個人主義的な学習の捉え方はコミュニカティブ・アプローチにおいても依然として継続されていたのに対し、この第2の転換では学習における他者の役割が強く意識されていることが指摘できます。

また、従来の教育実践では、日本語学習者が学ぶべき母語話者の言語や行動様式の規範モデルがあることが前提となり、日本語教育で扱われる日本語観や日本文化観を固定化、本質主義化してしまうという批判が強まり、それに代わる新しい言語教育実践が模索されるようになります（細川, 2007, 2009）。「学習者主体」や「協働」という概念から教育実践を捉え直そうとする試み（e.g., 小川, 2007）や、本書4章（三代論文）の議論にもあるように、学習者のアイデンティティや人間形成に関わろうとする活動（細川, 2011）などはその例といえます。また、実社会でのコミュニケーションの練習としての教室活動の位置づけを批判し、状況的学習論の理論的枠組みを用いて、教室自体をコミュニケーションの場として位置づけ、学習者を教室という社会の参加者として捉え直そうとする動きも見られるようになります（e.g., 西口, 1999, 2004）。

このように、日本語教育における「社会文化的アプローチ」は、SLA研究の流れに加え、母語話者規範を基にしたコミュニケーションスキルの育成が重視

された個人主義的な教育実践に対し、その限界が指摘され、それに代わる教育目的が模索されていた中で取り入れられ、新たな潮流をつくりはじめていったといえるでしょう。

『学習と学習者』はこの流れの中で、日本語教育における既存の概念や、従来の日本語の習得研究や教育実践の現場で扱われていなかった事象について、今までとは違う視点からアプローチする可能性を示しました。例えば1章（山下隆史）では、学習観の変化について、従来の文脈から切り離された個人の知識獲得という捉え方を批判し、相互行為による関係性の変化と捉える視点を提示しています。また、3章（義永未央子）では、コミュニカティブ・アプローチの中心的な概念であった伝達能力を捉え直し、意味は相互行為により協働的に構築されるとみなす相互行為能力という考え方を示しています。その他にも、学習者の母語使用（5章 西野藍）や、ある教室の中で学習者に好まれて使われるフレーズ（10章 菊岡由夏）など、従来の外国語教育では否定的にみなされたり雑談として捉えられ注目されなかったりすることの多い事象について、新たな解釈の可能性を見せています。このように、『学習と学習者』は社会文化的アプローチに用いられている概念や考え方が、実際の日本語教育の現場で見られる現象にどう応用できるかの方向性を示したといえます。

一方で、日本における実践や研究は萌芽的時期にあり、『学習と学習者』で紹介されている先行研究は英語圏での研究がほとんどで、日本語教育における具体的な教育実践の方向性や研究成果についての記述は限られていました。では、『学習と学習者』が出版されてから現在までの間に日本語教育研究や実践にどのような変化があったのでしょうか。

3　日本語教育および関連分野における社会文化的視点

『学習と学習者』が刊行されてから10年が過ぎましたが、日本語教育や日本語学習に関する分野における社会文化的視点に立った研究や実践は、数的にみると依然として非常に限られているのが現状です。その理由の1つとして、日本語教育研究における日本語学の影響が考えられます。本田・岩田・義永・渡部（2014）では、雑誌『日本語教育』の101号（1991年7月）から150号（2012年2月）

に掲載された論文を、取り扱うテーマにより「日本語」「学習者」「教育と社会」という3つのグループに分けて分析しています。分析結果からは「日本語」を扱う研究が最も多いことが明らかとなり、日本語教育研究における日本語学や言語学の影響の強さが示されています。その一方で、『日本語教育』の101号から111号では全体の72.6％を占めていた「日本語」に関する論文が、141号から150号ではその比率が34.4％まで下がっており、近年は日本語教育における日本語学の存在感が弱まり、言語形式自体ではなく、より教育や学習の側面に焦点を当てた研究が進みつつあることも指摘されています。

とはいえ、本田・岩田・義永・渡部 (2014) の分類による「学習者」に関する研究の分析を見てみると、言語の学習のメカニズムを情報処理モデルに基づき分析しているものや集団間の比較を行うものが多く、量的アプローチが優位であるという結果になっています。このことからも、現状の日本語教育研究の中では、学習を「情報処理」のモデルから捉え、学習者を没個性化した「集団」の中に位置づけて、言語形式としての知識を獲得するプロセスとして見ている傾向が根強いことが推察されます。

しかしながら、数は少ないながらも、近年では「活動型日本語教育」(細川, 2008) など社会構成主義的な学習観に基づく教授概念を日本語教育実践の中で具現化しようとする試みも提案されるようになってきています。以下では、過去10年における研究や実践を中心に、学習とそのプロセスがどのように社会文化的アプローチ的視点から捉えられているかについて見ていきます。まず、日本語教育における「社会文化的アプローチ」の中でも、他者との学びという点が重視され、扱われることの多い協働学習について取り上げます。次に、協働学習を含めた他者との相互行為において語られることの多い「学習のプロセス」や「人間関係の構築」について、相互行為におけるやりとりをミクロな視点から見ているものと、特定のコミュニティに参加していく過程という、よりマクロな視点から見ているものに大別し、概観します。

3.1 協働学習

3.1.1 協働学習とは

日本語教育において協働学習が取り上げられるようになった背景には、知識

を文脈依存的であり社会的相互行為の中で構築されるものであるとみなす社会構成主義的学習観の影響や、効果的な教授法の追求から自律的な学習者の育成へという教育観の変化などがあります (池田, 2008; 池田・舘岡, 2007)。また、近年では、協働学習の中で経験される意識変容や歩み寄りを通じて構築される社会的人間関係を、多文化共生社会における問題解決の可能性の1つとして捉えるという見方もされるようになってきています (e.g., 池田, 2008)。

　一方で、「協働」はさまざまな分野で用いられている用語であり、共同や協同などの類義語が混在し、それが何を指すのかの見解が異なるという指摘があります (池田・舘岡, 2007; 市嶋, 2005)。「協働」とは何かという問いに関連し、池田・舘岡 (2007) ではピア・レスポンスやピア・リーディングといった学習者同士の協働学習に必要な要素を①「対等」、②「対話」、③「創造」、④「プロセス」、⑤「互恵性」の5つの視点から捉えています。しかしながら、市嶋 (2005) は、協働の条件に注目することに関し、「協働」を起こすこと自体が目的化し、教室活動が「協働」により何を目指すかが捉えにくくなることを批判しています。「協働」自体を含め、「協働」を考えるうえで語られるキーワードは、それらが何を指しているのか、今後その意味を問い返していく必要があると思われます。

3.1.2　日本語教育におけるピア・レスポンス

　日本語教育における協働学習を扱ったものには作文や読解活動、教師養成などに関する教育実践が見られますが、ここでは日本語教育で取り上げられることの多いピア・レスポンスを例に見ていきます。

　ピア・レスポンス (以下、PR) とは、作文のプロセスの中で、学習者同士がお互いに書いた作文について書き手と読み手の立場を交換しながら、検討する活動です (池田, 2004)。日本語教育におけるPRについては研究や実践報告が多数なされていますが、PRがめざすものについては人によって観点が異なり、また、前述の市嶋 (2005) の指摘にもあるように必ずしも明確にされていない場合もあります。例えば、原田 (2006a) では、作文の推敲活動をSCTの観点から捉え、他者と「協働」で学ぶ経験を通し、将来的には他者からのフィードバックを受けずとも自己推敲できる力を養うことを目的としています。言い換えれ

ば、自律した学習者の育成をめざす視点です。市嶋（2005）はレポート作成における「協働」でめざすものとして、「固有性」の発見を挙げています。「固有性」とは、市嶋によると、「その人にしか書けないテーマ・内容」（p. 46）であり、「『協働』を通して、自己を相対化し、問題意識を深めながら発見していくもの」（p. 46）です。この考えには、学習者が自分をどう捉え、そして捉え直すかというアイデンティティ構築のプロセスが重視されていることが見られます。以下では日本語教育における近年のPR研究を概観し、それらの研究が志向しているものから、PRの位置づけを考えてみます。

日本語教育におけるPRは、大きく分けて①作文としてのプロダクト（原田, 2006a; 広瀬, 2004）と②PRの活動におけるプロセス（岩田・小笠, 2007; 原田, 2006b）に分けられます。まず、プロダクトを扱っている研究ですが、教師添削との比較（原田, 2006a）やPRが効果的に働く側面（広瀬, 2004）、PRのやりとりの推敲時への影響（原田, 2007）の他、PRの効果に関わる要因などが見られます。これらの研究からは、PRには一定の効果が認められ、教師添削に代わるものとしての可能性が指摘されるなどの重要な成果があります。一方で、これらの研究で注目されているのは最終的には学習者の推敲能力がどう改善されるかであり、言い換えれば、個人の「言語能力」の伸びに相互行為がどう関わるかという視点です。また、「学習者」は「教師」と「学習者」という二項対立の中で位置づけられ、作文の「改善」の評価は教員／研究者によりあらかじめ決められた尺度で測られています。そのため、学習における「協働性」や「学び」は成果物の成否により判断されることとなり、実際の「協働」がどのように達成されたか、またはされなかったかというプロセスについては見えてこない、あるいは見えにくいままであることが指摘されます。

一方、数は少ないですがPRのプロセスに着目し、学習者の協働学習におけるやりとりを分析している研究（岩田・小笠, 2007; 原田, 2006b; 広瀬, 2012）もあります。例えば、原田（2006b）は、日本語能力に差があっても活動の積み重ねによってアドバイスの与え手、受け手という一方向的なやりとりから、意見や反論など双方向的なやりとりに変化していく様子を報告し、この方向性の変化を対等で相互支援的な対話生成の過程として捉えています。また、岩田・小笠（2007）では日本人学生と留学生間のPRにおけるやりとりの発話機能とプロ

セスの分析を行い、話し合いの展開の管理という視点から対等な関係性を捉えようとしています。これらの視点は教室活動の中でどのように協働が達成されるかについて1つの視座を与えているといえるでしょう。

しかしながら、一方で、上記の研究ではプロセスを見るうえで、「書き手」「読み手」、または「言語能力の高い学生」と「言語能力の低い学生」という役割が静的に捉えられており、それ以外のアイデンティティ構築のプロセスを見えにくくしていることが指摘されます。それに対し広瀬 (2012) では、PRの過程を見る視点の1つとして、学習者自身の内省が取り入れられていることが特徴的です。今後、学習者を含めたさまざまな視点から、学習者が他の学習者や教師、自分や他者の書いた作文といった人工物との相互行為を通じ、どのような社会的関係を構築し、またそれはどのように交渉され、更新されていくのか、そしてそれが学習者や教師の捉える学習とどのように関わるのか、そのプロセスを見ていくことが期待されます。社会的関係の構築及び変化のプロセスを縦断的に見ていくことも、重要な視点だと思われます。

3.2 相互行為の中で構築されるアイデンティティと学習

本節では、3.1節で問題視した、社会的関係や学習が相互行為の中で構築されるプロセスをどう捉えるかという課題について、ミクロな視点から明らかにしようとしているものと、よりマクロな視点からのものに分けて見ていきます。

3.2.1 相互行為におけるミクロな分析の視点

前述したFirth & Wagner (1997) の問題提起以降、L2話者の能力やアイデンティティ、理解の協働構築の過程を相互行為のミクロな分析の中で捉え直そうとする動きが会話分析 (Conversation Analysis: 以下、CA) の研究者を中心に広まり、日本語教育の分野においても注目されるようになってきています。CAはいわゆる社会文化的アプローチと呼ばれるものの中には含まれませんが、相互行為においてどのような社会的秩序が組織され、相互行為を通じて何が達成されているのかを見るという観点は社会文化的アプローチの視点によって分析する際の方法論として親和性が高いと言われています (Mori, 2007)。

CAの手法では、L2話者と母語話者またはL2話者同士の相互行為の分析に見

られる「母語話者」「非母語話者」「学習者」などのアイデンティティのカテゴリーは、初めから与えられているのではなく相互行為の中で状況的に達成されると捉えます (Mori, 2007)。つまり、相互行為の分析においてL2話者であることを前提とせず、たとえL2話者に文法的な間違いを含む発話があったとしても、相互行為の中で参加者がその間違いに意識を向けないかぎりは「非母語話者であること」が顕在化しているとはしません。例えば、Hosoda (2006) では、L2日本語話者と母語話者の自然会話を分析し、語彙の理解に問題が見られた場合であっても、参加者は「非母語話者」と「母語話者」というよりはその語に関する専門知識の「熟達者」や「初心者」というアイデンティティに志向していることを報告し、固定化された「母語話者」「非母語話者」とは異なる見方を示しています。

しかしながら、このような研究には、相互行為に現れる秩序や相互行為の中で構築される参加者の流動的な関係性は見られるものの、教育現場における実践の改善への示唆は得られないとする批判 (杉原, 2010) もあり、相互行為の分析において、教育実践を省みる視点を重視しようとする研究もあります。また、相互行為における非対称的な力関係がどう構築されるかを批判的談話分析の視点から探り (Fukuda, 2006; Ohri, 2005)、「対等な対話」へ向けた方向性を探ろうとする研究 (金・野々口, 2007; 杉原, 2010) も増えてきています。

一方で、CAにおける相互行為の中で参加者が何を志向しているかという視点は、日本語の授業内における相互行為の分析に新しい視点を与えています。ペアワークにおける笑い (Ohta, 2008) や学生の言葉遊び (Bushnell, 2008) はその一例であり、これらは学習者がどのように教師から与えられた課題を解釈し再構築しているかを示しているといえます。こういった授業中のタスクの再構築の過程を示す研究がある一方で、Mori (2002) やMori & Hasegawa (2009) の分析は、学生の相互行為は教師による教室活動のデザインと学習者それぞれの教室活動の再構築過程との相互作用の中で達成されていることも明らかにしています。

とはいえ、このようなCAをはじめとした相互行為の記述を中心にしたアプローチからは、L2の「使用」は見られてもL2の「発達過程」は見られないとの批判もあり (e.g., Gass, 1998)、相互行為の分析からどう言語学習を捉えるか

については今後の議論が期待される分野だと思われます。

　CAの手法を用いた相互行為分析から日本語学習を捉えようとした数少ない研究の1つに柳町 (2009) があります。柳町 (2009) は、留学生が別の留学生に対しアルバイト先の飲食店で客の座席の割り当てについて教えている場面における相互行為を分析し、先輩留学生の指示を理解し学習したという事態が相互行為への参加のあり方や発話連鎖の構造の変化により観察可能になっている過程を詳述しています。柳町は、L2の相互行為においては、L2を使うこと自体が目的ではなく、日々のさまざまな実践を行っていくためのリソースの1つとしてL2を見るべきであるとし、相互行為における学習を、相互行為の中でL2を使いながら実践の達成のし方を学んでいくこととして捉え直しています。この観点は、正しく文法や語彙が使えるということや、語や文ではなく談話レベルで話せるといった従来の言語能力観に対し、いかに相互行為を組織するかという視点から新たな能力観を提示しています。この視点に基づき、L2学習者自身が自己の会話を録画し、あいづちや会話の参加のし方の観点から分析するという教育実践も行われはじめています (中井, 2008)。

3.2.2　実践のコミュニティへの参加の視点

　柳町 (2009) がいうように、L2話者は日本語を学ぶということ以外にもさまざまな目的のある実践に参加しています。その参加のプロセスから学習を考えるうえでは、学習主体がどのように実践の場にアクセスし、どのようなリソースを使うのか、またそこにはどのような権力構造がありそのコンテクストの中で実践の参加者はどのように位置づけられるのか、という広い視点から考える必要も出てきます。以下ではそういった視点から学習の様相を捉えている研究を見ていきます。

　菊岡・神吉 (2010) は工場におけるフィールドワークで得られた自然会話をデータに、意図的な日本語教育が行われない自然状況下における相互行為とその相互行為の実践が行われる場の構造の分析を行い、彼らが現在置かれている文脈を超えどのように新たな文脈を再構築するかという視点が生活者の日本語教育を考えていくうえで重要であることを論じています。

　ソーヤー (2006) は大学院の理工学研究室に所属する大学院留学生の参加の

過程を実践や実験装置へのアクセスの視点から分析しています。ソーヤーの研究は相互行為の場へのアクセスやコミュニティにおけるポジションの獲得、アイデンティティ交渉から言語学習を捉え、人やモノへのアクセスを含めた学習の機会をどうデザインするかという観点から言語学習に示唆を与えています。本間（2013）もまたアイデンティティに焦点を当て、地域在住の外国人の母親が、どのように自分たちにとっての実践のコミュニティを創出し、維持し、再生成していったのか、そしてそれが彼らのアイデンティティの変容とどう関わっているのかを双方向的な視点から見ています。

　上記の研究に見られるような実践のコミュニティへの参加の過程の諸相について、その実践が位置づけられているコミュニティに目を向けて行われている研究は依然として少なく、特に教室の外のコミュニティを扱う研究は非常に限られているのが現状です（本書3章 柳田論文参照）。これらの研究や実践では、個人がL2学習者である前に、またはそれと同時に、さまざまなアイデンティティを持ちさまざまな実践に参加する存在であることを示しており、学習の多様性をより動的に捉えるためには、今後の研究のデータベースの広がりが期待されます。

　一方で、グローバリゼーションにともなう人の移動により、人々が所属するコミュニティも複雑化、多重化しています。それに加え、近年のITのめまぐるしい発達により、日本語学習者が参加する、または参加したいと願うコミュニティはもはや物理的に位置づけられるものではなくなってきています（e.g., Kurata, 2011; Pasfield-Neofitou, 2012）。「社会文化的アプローチ」の考え方の1つである、道具や記号によって活動や行為が媒介されるという視点においても、テクノロジーの発達は学習を考えるうえで不可分です。中でも、コンピュータ媒介インターアクション（Computer-Mediated-Communication: 以下、CMC）はL2学習において学習環境や学習形態を大きく変化させています（e.g., 北出, 2006; Pasfield-Neofitou, 2012）。スカイプやブログなどの活用により、従来、特に国外の学習環境では非常に限られていた、母語話者や他の日本語学習者との教室外におけるインターアクションが可能になり、学習者が実際に日本語を使用する機会が以前に比べ圧倒的に増えたといえます。また、遠隔での授業も可能になり、教師と学習者が教室という物理的な学習の場を共有せずとも教育が

行えるようになりました。また、近年では、コンピュータを利用した自習と従来の対面式授業を組み合わせたブレンディッドラーニングを導入し、知識に関する部分は自宅学習で予習させ、授業では運用力の育成やディスカッションなどに時間をあてるといった実践も行われています (e.g., 篠崎, 2013)。

2.3節でも述べたように、コミュニカティブ・アプローチに対する批判から、教室自体を学習者が属する社会の1つだと捉え直し、そこに求められる教室と教師の役割を問い直す論考や実践も近年多く見られるようになってきていますが (e.g., 塩谷, 2008; 細川, 2008)、テクノロジーの発達により、従来の教室内コミュニケーションと教室外コミュニケーションの境界があいまいになる中、改めて教室というコミュニティの意義や学習者の中での位置づけを問い直す視点も今後ますます重要になってくると思われます。

4 今後の視点

本章では、「社会文化的アプローチ」から学習や学習のプロセスがどう捉えられるかについて、日本語教育におけるここ10年の間の研究から見てきました。ここでは、本章で概観した研究から示唆される今後の視点について、2つの点から整理したいと思います。

まず1つめは、日本語を学ぶ教室という場の意義、およびその場における教師の役割の捉え直しです。言語知識の教授および実社会に対するシミュレーションの場としての教室の存在を批判的に捉えるのであれば、それに代わる教室実践の目的は一体何なのでしょうか。また、テクノロジーの発達した現在、物理的に学習者が集う教室でなければできないことはあるのでしょうか。「社会文化的アプローチ」の影響を受けた教室実践では、協働学習の研究に見られるように、他者との関わりを通じた関係構築や自己の変容が教育実践の目的を指すキーワードとして語られています。しかしどのように自己と他者との関係が構築されるのか、そしてその結果、何ができるようになるのか、という問いに対してはまだ明確に示されていません。教室実践が何をめざし、どのように評価するのか、そしてそのために教師は何をする必要があるのかを考えていくことは、これからの言語教育のあり方だけではなく、日本語教師という仕事に

対し、他の日本語話者から差別化を図り、その専門性と価値を考えていくうえでも必要な視点だと思われます。

　2つめは、学習者を取り巻く日々の相互行為への注目です。本章で扱った研究は、教室における教育実践を対象にしているものばかりではありません。しかし、彼らが教室を含めたさまざまな文脈においてどのような相互行為を通し日々の活動に参加しているのかを理解することは、日々の実践にはどのような権力関係が埋め込まれているのか、そして、そこには学習の機会へのアクセスがあるのかという視点から言語学習を考えることにもつながります。言い換えれば、それは学習者の置かれている環境や、そこで（再）構築される学習者のアイデンティティを捉え直すことであり、そのプロセスを経ることによって、それぞれのコンテクストに内在している問題を認識し、解決へ向かうための学習を分析しデザインすることが可能になるといえるのではないでしょうか。しかしながら、前述した通り、現状では日本語を学ぶ制度的場面である教室というコンテクスト以外の場における相互行為に注目した研究や実践は非常に限られています。外国人看護・介護人材や技能実習生の受け入れなどが進んでいる現在、それぞれの文脈における接触場面でのやりとりにおいて、どのようにL2が使用され（使用されず）、言語が学ばれているのか（いないのか）、また、言語以外で学ばれているものにはどのようなものがあるのか、ということに注目することは、L2話者、母語話者を含め、それぞれが参加する実践において、他者と協働で目的を達成するために求められる「能力」は何かを考えるうえで必要な視点だと思われます。その視点から見ることで、学習の主体をL2話者に限らず母語話者を含めて捉えることが可能になるといえるでしょう。その一方で、看護やビジネスにおける専門人材や外国人児童・生徒など、さまざまな背景やニーズを持つL2話者を前に、その学習者が属するコミュニティにおける実践を共有しない日本語教師がどのように貢献できるのかは、これからさらに議論されていくことが期待されます。日本語教師が付け焼刃の知識でそれぞれの実践で必要となる言語知識を取り出して教えるのではなく、それぞれの文脈における問題やコンフリクトの解決に、日本語教育の知識や経験がどう活かせるのか、場合によっては「教えない日本語教師」としての役割も模索していく必要があるように思います。

参考文献

池田玲子 (2004).「日本語学習における学習者同士の相互助言」『日本語学』23(1), pp. 36-50. 明治書院.

池田玲子 (2008).「協働学習としての対話的問題提起型学習―大学コミュニティの多文化共生のために―」細川英雄・ことばと文化の教育を考える会 (編)『ことばの教育を実践する・探究する―活動型日本語教育の広がり―』pp. 60-79. 凡人社.

池田玲子・舘岡洋子 (2007).『ピア・ラーニング入門―創造的な学びのデザインのために―』ひつじ書房.

市嶋典子 (2005).「日本語教育における「協働」とは何か―「接点」「固有性」をてがかりに―」『言語文化教育研究』3, pp. 41-59. 早稲田大学日本語教育研究センター言語文化教育研究会.

岩田夏穂・小笠恵美子 (2007).「発話機能から見た留学生と日本人学生のピア・レスポンスの可能性」『日本語教育』133, pp. 57-66. 日本語教育学会.

小川貴士 (編) (2007).『日本語教育のフロンティア―学習者主体と協働―』くろしお出版.

Ohri, R. (2005).「「共生」を目指す地域の相互学習型活動の批判的再検討―母語話者の「日本人は」のディスコースから―」『日本語教育』126, pp. 134-143. 日本語教育学会.

菊岡由夏・神吉宇一 (2010).「就労現場の言語活動を通した第二言語習得過程の研究―「一時的ことばと二次的ことば」の観点による言語発達の限界と可能性―」『日本語教育』146, pp. 129-143. 日本語教育学会.

北出慶子 (2006).「非共時性コンピュータ媒介インターアクションの特徴がもたらす第二言語習得への可能性」『山口幸二教授退職記念論集』pp. 115-138. 立命館大学法学会.

金珍淑・野々口ちとせ (2007).「共生日本語の教室における参加者間の談話分析―非対称な力関係を示す発話行為を中心に―」岡崎眸 (監修)・野々口ちとせ・岩田夏穂・張瑜珊・半原芳子 (編)『共生日本語教育学―多言語多文化共生社会のために―』pp. 203-220. 雄松堂出版.

佐々木倫子 (2006).「パラダイムシフト再考」『日本語教育の新たな文脈―学習環境、接触場面、コミュニケーションの多様性―』pp. 259-283. アルク.

塩谷奈緒子 (2008).『教室文化と日本語教育―学習者と作る対話の教室と教師の役割―』明石書店.

篠﨑大司 (2013).「日本語教員養成向けeラーニングコンテンツの開発と授業実践および授業評価―日本語教員養成向けブレンディッドラーニングモデルの構築に向けて―」『別府大学紀要』54, pp. 1-9. 別府大学会.

杉原由美 (2010).『日本語学習のエスノメソドロジー―言語的共生化の過程分析―』勁草書房.

ソーヤーりえこ (2006).「理系研究室における装置へのアクセスの社会的組織化」上野直樹・ソーヤーりえこ (編)『文化と状況的学習―実践、言語、人工物へのアクセスのデザイン―』pp. 91-124. 凡人社.

中井陽子 (2008).「日本語の会話分析活動クラスの実践の可能性―学習者のメタ認知能力育成とアカデミックな日本語の実際使用の試み―」細川英雄・ことばと文化の教育を考える会 (編)『ことばの教育を実践する・探究する―活動型日本語教育の広がり―』pp. 98-122. 凡人社.

西口光一 (1999).「状況的学習論から見た日本語教育」『大阪大学留学生センター研究論集―多文化社会と留学生交流―』3, pp. 1-15. 大阪大学留学生センター.

西口光一 (2004).「留学生のための日本語教育の変革―共通言語の生成による授業の創造―」石黒広昭 (編)『社会文化的アプローチの実際―学習活動の理解と変革のエスノグラフィー―』pp. 96-128. 北大路書房.

西口光一 (編) (2005).『文化と歴史の中の学習と学習者―日本語教育における社会文化的パースペクティブ―』凡人社.

原田美千代 (2006a).「中級学習者の作文推敲過程に与えるピア・レスポンスの影響―教師添削との比較―」『日本語教育』131, pp. 3-12. 日本語教育学会.

原田美千代 (2006b).「中級日本語作文における学習者の相互支援活動―言語能力の差はピア・レスポンスにとって負の要因か―」『日本語教育論集　世界の日本語教育』16, pp. 53-73. 国際交流基金.

原田美千代 (2007).「作文の変化にピア・レスポンスがどのように関わったか―中級日本語学習者の場合―」『小出記念日本語教育研究会論文集』15, pp. 55-70. 小出記念日本語教育研究会.

広瀬和佳子 (2004).「ピア・レスポンス (peer response) は推敲作文にどう反映されるか―マレーシア人中級日本語学習者の場合―」『第二言語としての日本語の習得研究』7, pp. 60-80. 第二言語習得研究会.

広瀬和佳子 (2012).「教室での対話がもたらす「本当に言いたいこと」を表現することば―発話の単声機能と対応機能に着目した相互行為分析―」『日本語教育』152, pp. 30-44. 日本語教育学会.

細川英雄 (2007).「新しい言語教育をめざして―母語・第二言語教育の連携から言語教育実践研究へ―」小川貴士 (編)『日本語教育のフロンティア―学習者主体と協働―』pp. 1-20. くろしお出版.

細川英雄 (2008).「活動型日本語教育の実践から言語教育実践研究へ―岐路に立つ日本語教育とこれからの方向性―」細川英雄・ことばと文化の教育を考える会 (編)『言葉の教育を実践する・探究する―活動型日本語教育の広がり―』pp. 224-236. 凡人社.

細川英雄 (2009). 「動的で相互構築的な言語教育実践とは何か」『社会言語科学』12(1), pp. 32-43. 社会言語科学会.

細川英雄 (編) (2011).『言語教育とアイデンティティ―ことばの教育実践とその可能性―』pp. 44-55. 春風社.

本田弘之・岩田一成・義永未央子・渡部倫子 (2014).『日本語教育学の歩き方―初学者のための研究ガイド―』大阪大学出版会.

本間淳子 (2013). 「外国人の母親たちにとってのネットワーク活動の意義―十全的参加者としてのアイデンティティ形成過程に即して―」『日本語教育』155, pp. 159-174. 日本語教育学会.

柳町智治 (2009). 「第二言語話者によるインタラクションへの参加と学習の達成」『社会言語科学』12(1), pp. 57-66. 社会言語科学会.

Atkinson, D. (2011). Introduction: Cognitivism and second language acquisition. In D. Atkinson (Ed.), *Alternative approach to second language acquisition* (pp. 1-23). London: Routledge.

Block, D. (2003). *The social turn in second language acquisition.* Edinburgh, UK: Edinburgh University Press.

Burr, V. (1995). *An introduction to Social Constructionism.* London: Routledge. [田中一彦 (訳) (1997).『社会構築主義への招待―言説分析とは何か―』川島書店.]

Bushnell, C. (2008). 'Lego my keego!': An analysis of language play in a beginning Japanese as a foreign language classroom. *Applied Linguistics, 30*, 49-69.

Engeström, Y. (1987). *Learning by expanding: An activity-theoretical approach to developmental research.* Helsinki: Orienta-Konsultit. [山住勝広・松下佳代・百合草禎二・保坂裕子・庄井良信・手取義宏・高橋登 (訳) (1999).『拡張による学習―活動理論からのアプローチ―』新曜社.]

Firth, A., & Wagner, J. (1997). On Discourse, communication, and (some) fundamental concepts in SLA research. *Modern Language Journal, 81*, 285-300.

Fukuda, C. (2006). Resistance against being formulated as cultural other: The case of a Chinese student in Japan. *Pragmatics, 16*, 429-456.

Gass, S. (1998). Apples and oranges: Or why apples are not oranges and don't need to be. *Modern Language Journal, 82*, 83-90.

Hosoda, Y. (2006). Repair and relevance of differential language expertise in second language conversations. *Applied Linguistics, 27*(1), 25-50.

Hutchins E. (1991). The social organization of distributed cognition. In L. Resnick, J. Levine & S. Teasley (Eds). *Perspectives on socially shared cognition* (pp. 283-307).

Washington, DC: APA.

Kurata, N. (2011). *Foreign Language Learning and Use: Interaction in Informal Social Networks.* London: Continuum International.

Lantolf, J. P., & Beckett, T. (2009). Research timeline for sociocultural theory and second language acquisition. *Language Teaching, 42,* 459-475.

Lantolf, J. P., & Thorne, S. (2006). *Sociocultural theory and the genesis of second language development.* Cambridge, UK: Oxford University Press.

Larsen-Freeman, D. (2007). Reflecting on the cognitive-social debate in second language acquisition. *Modern Language Journal, 91,* 773-787.

Lave, J. & Wenger, E. (1991). *Situated learning: Legitimate peripheral participation.* New York, NY: Cambridge University Press. [佐伯胖（訳）(1993).『状況に埋め込まれた学習―正統的周辺参加―』産業図書.]

Leont'ev, A. N. (1978). *Activity, consciousness, and personality.* Englewood Cliffs, NJ: Prentice Hall.

Leont'ev, A. N. (1981). The problem of activity in psychology. In J. V. Wertsch (Ed.), *The concept of activity in Soviet psychology* (pp. 37-71). Armonk, NY: M. E. Sharpe.

Mori, J. (2002). Task design, plan, and development of talk-in-interaction: An analysis of a small group activity in a Japanese language classroom. *Applied Linguistics, 23,* 323-347.

Mori, J. (2007). Border crossing? Exploring the interaction of seconf language acquisition, conversation analysis, and foreign language pedagogy. *Modern Language Journal, 91,* 849-862.

Mori, J. & Hasegawa, A. (2009). Doing being a foreign language learner in a classroom: Embodiment of cognitive states as social events. *International Review of Applied Linguistics in Language Teaching, 47,* 65-94.

Norton, B. (2000). *Identity and language learning: Gender, ethnicity and educational change.* Harlow, UK: Longman Pearson Education.

Norton Peirce, B. (1995). Social identity, investment, and language learning. *TESOL Quarterly, 29*(1), 9-31.

Ochs, E., & Schieffelin, B. B. (1984). Language acquisition and socialization: Three developmental stories and their implications. In R. A. Shweder & R. A. LeVine (Eds.), *Culture Theory: Essays in mind, self and emotion* (pp. 276-320). New York, NY: Cambridge University Press.

Ohta, A. S. (2008). Laughter and second language acquisition: A study of Japanese foreign language class. In J. Mori & A. S. Ohta (Eds.). *Japanese applied linguistics: Discourse and social perspective* (pp. 213-242). London: Continuum.

Pasfield-Neofitou, S. E. (2012). *Online communication in a second language: Social interaction, language use, and learning Japanese.* Bristol: Multilingual Matters.

Rogoff, B. (1990). *Apprenticeship in Thinking: Cognitive development in social context.* New York, NY: Oxford University Press.

Seidlhofer, B. (Ed.). (2003). *Controversies in applied linguistics.* Oxford: Oxford University Press.

Vygotsky, L. S. (1978). *Mind in society: The development of higher Psychological processes.* Cambridge, UK: Harvard University Press.

Weedon, C. (1997). *Feminist practice and poststructualist theory.* London: Blackwell.

Wenger, E. (1998). *Community of practice: Learning, meaning, and identity.* Cambridge, UK: Cambridge University Press.

Wertsch, J. V. (1985). *Vygotsky and social formation of mind.* Cambridge, UK: Harvard University Press.

Wertsch, J. V. (1991). *Voices of the mind: A sociocultural approach to medicated action.* Cambridge, MA: Harvard University Press. [田島信元・佐藤公治・茂呂雄二・上村佳世子 (訳) (2004). 『心の声―媒介された行為への社会文化的アプローチ―』福村出版.]

Zuengler, J., & Miller, E. R. (2006). Cognitive and sociocultural perspectives: Two parallel SLA worlds? *TESOL Quarterly, 40*(1), 35-38.

7章 教師の役割と専門性を考える

牛窪 隆太

[教師の役割と専門性] ◀◀◀◀◀

日本語教師の知識本シリーズ⑤
『日本語教師の成長と自己研修
―新たな教師研修ストラテジーの可能性をめざして―』
春原憲一郎・横溝紳一郎 編, 2006年発行

1 はじめに

「日本語教師の知識本シリーズ」5巻の春原・横溝（編）(2006)『日本語教師の成長と自己研修』においては、主に教師養成に携わる識者らが、民間教育機関、地域日本語教室、大学主専攻課程、海外教育機関など多様な現場における教師研修のあり方を示し、日本語教師の成長にとって必要となる観点を示しています。それらは、決して過去のものというわけではなく、現在でも十分に有効性をもつものです。例えば、當作 (2006) が指摘している、海外で日本語教育に携わる教師に必要な「アドボカシー (advocacy)」「アサーティブネス (assertiveness)」は、現在、国内大学のグローバル化戦略において、新たな役割を付与されるようになった日本語教師のあり方にも通じる議論でしょう。また、青木 (2006) が指摘した日本語教師の実践知のナラティブ的側面への注目は、現在の日本語教師研究における教師の語りの注目へとつながっています。

その一方で、前書出版から10年、日本語教師のあり方をめぐって活発な議論が巻き起こったかといえば、そうであると言うことは難しいのではないでしょうか。そしてそれは、現在の日本語教育が抱える課題であるのと同時に、同書の中にすでに存在していた課題であるようにも思えます。同書の編者である春原は、哲学者である永井均の言葉を引用しながら、「本書は『同じ問いを共有し、協力してそれを徹底的に解明し尽くす』ための論点を出したいと思って企画」(p. 3) したものであると述べ、「論戦に参加してくださった執筆者」（同

の論点を紹介しています。しかしながら、それぞれの論考で展開される教師研修、あるいは、教師のあり方に対する執筆者の立場は、必ずしも関連性をもち共通の課題へと昇華されているわけではなく、それぞれの現場や日本語教育への関わりの「異なり」の中へと解消されてしまっているようです。つまり、それぞれの識者が、それぞれの現場で「私の思う日本語教師のあり方」を示す一方で、その立場の違いは、現場の「異なり」の問題として表面化されず、したがって、議論へと発展することはなかったのではないかと思えるのです。

近年、日本語教育においては、「アーティキュレーション（articulation）」の必要性が盛んに主張されるようになりました（e.g., 當作, 2013; 宮崎, 2013）。「関節」や「つながり」を意味するこの用語は、現場や立場を異にする日本語教師が連携していくことの重要性を示しています。しかし、教育の現場において教師が連携することの意義は、近年になって新たに見いだされた知見というわけでもありません。では、なぜ今改めて、日本語教師の連携が問われなければならないのでしょうか。1つ考えられることは、日本語教育を取り巻く環境が再び転機を迎えつつある現在において、各々が思うように実践してきた日本語教育のあり方では立ち行かないことに、関係者の多くが危機感を抱くようになってきたということです。そう考えるのであれば、近年の「アーティキュレーション」の議論とは、従来の日本語教師論で想定されてきた教師のあり方の問題点を示しているのであり、今後、新たな日本語教育のあり方を構想していくためには、従来の教師論を大きく捉え直す必要があるともいえそうです。

以上の問題意識から、本章では日本語教師を対象とした研究を概観しつつ、日本語教師の役割と専門性について考えてみたいと思います。

2　日本語学習者の多様化と教授法の変化

日本語教育は、1980年代に大きな転機を迎えました。それは、1983年に当時の中曽根内閣によって告示された「留学生受入れ10万人計画」にともなう留学生の多様化と、オーディオリンガル法からコミュニカティブ・アプローチへという教授法の変化です。

質量ともに増加することが予想される留学生（就学生含む）に対応するため

に、日本語教師の養成が喫緊の課題[1]となり、1985年には、筑波大学、東京外国語大学に日本語教師養成課程が設置されています。それと同時に、従来のオーディオリンガル法への批判 (e.g., 畠, 1989) が盛んになされるようになり、教授法の議論の潮流が大きく変化しました。

留学生の多様化と教授法の変化は、教師研究においては、相互に関連しながら展開していると考えられます。それ以前は、特定の教授法の効果測定を目的として教室活動が取り上げられ、教室における教師の役割が検討されてきました。しかし、多様化した学習者に対応しなければならない状況において、日本語教師には、従来の画一的な教授法への批判的態度[2]が求められるようになり、目の前の学習者を観察することによって、自身の教授活動を変えていかなければならないという認識が広く共有されました。例えば、石井 (1989) は、従来の教師中心の教室活動を批判的に検討し、日本語教育において「学習者中心」を推し進めるためには、教師が自身の教室における学習者の学習に注目する必要があるとしました。また、古川 (1991) は、日本語教師が自律性をつかむ契機として、自身の教授行動を客観的に捉え、教室活動の中で自己向上を遂げていくことを挙げています。さらに、文野 (1991, 1994) は、教師が自身の教室談話を分析し、教授活動を客観的に捉えることによって、授業の改善が促進されると考えました。これらの議論において、教室活動を分析することは、教師が自身の教授活動を振り返り、向上させるための方法として位置づけられています。

その後、ESL (English as a second language: 第二言語としての英語教育) の研究成果が日本語教育に導入されると、教師が教室活動を分析することは、日本語習得プロセスを科学的に解明することを目的として実施されるようにもなりました。例えば、西村 (1994) は、教育学を引き合いに出しながら、日本語教育においては、授業データを扱った研究はほとんど蓄積がないことを指摘し、授業研究を実施することによって、科学的知見を蓄積していく必要があるとしました。この議論において教室活動を分析する教師には、研究者としての役割

---

[1] 日本語教育振興協会 (2010) によれば、当時日本語教師は、大学民間教育機関を合わせても全国で数百人程度であり、留学生を10万人受け入れるためには、最低でも1万人から2万人に増員する必要があるという推計が出されたといいます。
[2] 岡崎 (1991) はこれを「唯一絶対の教授法への決別」と表現しています。

が与えられており、その目的は、日本語習得のあり方を科学的観点から明らかにすることです。

新井 (1995) は、1990年代の日本語教育においては、授業研究が教師研修と密接な関係をもって展開していることを指摘していますが、この背景には、研究者が教師でもあるという日本語教育の特殊な事情があると考えられます。つまり、日本語教師の役割とは、一方では、教室活動を分析することによって、教師として自身の授業を向上させることとされながら、他方では、研究者として教室活動を分析することによって、日本語習得について科学的知見を蓄積することであるとされているということです。教師として教室活動に向き合うことと、研究者として教室活動を分析することは、異なる動機のもとに行われるべきものです。しかし日本語教育の教師論においては、これらの区別は自覚されることなく、同じ「教師の成長」のもとに合流しているのです。

3 「アクションリサーチ」と「自己研修型教師」における「内省」

1990年代後半から、教師研修の議論において、教師トレーニングから教師の成長へのパラダイム転換が起こり、教師が「内省 (reflection)」[3]することで成長し続けるという教師像は、「自己研修型教師」(岡崎・岡崎, 1997) として明確に示されるようになりました。また、教師が自身の教室活動から課題を発見し、それを改善することで成長するというモデルが、「アクションリサーチ」(横溝, 2000) として提案されると、大学の実習生を対象とした研究報告がなされるようになりました (e.g., 迫田, 2000)。

「アクションリサーチ」と「自己研修型教師」は、同じように「内省」概念を下地とするものです。日本語教師は「内省」によって自己成長していくことが必要であるといいます。しかしここで指摘しておきたいことは、「アクションリサーチ」や「自己研修型教師」の議論でいわれる成長は、何を「内省」の対象にするかによって、異なる意味合いをもつものになるということです。

日本語教育における「内省」概念の基には、Wallace (1991) がいう「内省

[3) 「reflection」の訳語としては、他にも「省察」「反省」などが考えられますが、本章では、引用部分を除いて「内省」に統一しています。]

モデル（reflective model）」があります。外国語教師研修の議論においてWallace (1991) は、親方の指導のもとでの実践によって職能（professional competence）を得るという「職人モデル（craft model）」(p. 6) や、現場教師が研究者の実験によって得られた科学的知識を享受し、実施するという「応用科学モデル（applied science model）」(p. 9) と対比させながら、教師自身が「内省サイクル（reflective cycle）」において、与えられた知識（received knowledge）と実践知（experiential knowledge）を捉え直し、職能へと結びつけていくというモデルを提示しました (p. 49)。この議論は、自身の教室活動において教師が自己向上していくことが主張された当時の日本語教育の潮流と符合するものであり、現在では、日本語教師が成長するために「内省」が必要であるということは、関係者の間で広く受容されています。

しかし近年、日本語教育でいわれる「内省」については、問題点も指摘されています。三代・古屋・古賀・武・寅丸・長嶺 (2014) は、日本語教育における「アクションリサーチ」を批判的に検討し、日本語教育の「アクションリサーチ」においては、教師が目の前の教室活動の改善のみをめざすというWallaceの考えが踏襲され、教室活動がおかれた社会的文脈（教育機関、カリキュラム、シラバスなど）があらかじめ検討対象から外されていることを指摘しています。つまり、教師が「内省」すべき対象が、教室内の出来事に重ねられることで、教室活動の枠組みは問題視されないものになっているということです。

一方、「自己研修型教師」を提言した、岡崎・岡崎 (1997) は、外国語教育で提示された「内省」概念について注目すべき点として、教室現象を教室の中だけに限定して考察するという考え方だけではなく、教室を取り巻くコミュニティや社会全体との関係で「内省」を捉える考え方が出てきたことを挙げています (p. 35)。しかし、岡崎・岡崎 (1997) もまた、続く章において「これらの枠組みの現実的な基礎をなすもの」として、「授業観察」を取り上げています。

ここで注目したいのは、「アクションリサーチ」を論じた横溝 (2000) も、「自己研修型教師」を提起した岡崎・岡崎 (1997) も、直接的には「実習生」の「実習」を考察対象とすることによって、「内省」の対象を「授業」に限定しているということです。考えてみればこれは当然のことであるともいえるのかもしれません。教壇経験の浅い実習生は、これからまさに「発見」と「生き残り」（秋田、

2007）をかけて、日本語教育の世界に入っていく存在であり、まずは、自身の授業を成立させていくことが、教師として生き残るためにも必須であると考えられるからです。しかしながら、教師の成長論として考えるのであれば、日本語教師の「内省」が「現実的な基礎」として「授業」に限定されていることには注意が必要です。なぜならば、「授業」の形は、おかれた環境によって異なるはずであり、教師の専門性や成長に対する考え方は、その環境において培われるものだからです。

　日本語教師の「内省」について、鈴木（2012）は、「内省」は、目の前の状況を解決する問いに留まらず、Bartlett（1990）が指摘したように「何を」「なぜ」という社会的文脈を包括するものとして考える必要があるとしています（p. 18）。Bartlett（1990）は、教師が「何を」「なぜ」という問いをもつことによって、「critically reflective teacher（批判的内省型教師）」となることを主張しています。Bartlett（1990）のいう「critical」の意味は、教師が自身の教授活動を歴史的、社会的、文化的コンテキストとの関係の中で捉えるということです（p. 205）。つまり、同じ「内省」といっても、実際には、内省の枠組みをどのように設定するかによって異なるものであり、内省に支えられた「教師の成長」も異なる種類のものになるのです。

4　「日本語教師」の研究の展開

　1990年代以降、ESLの研究成果を受けて、「日本語教師」そのものを対象とした研究も実施されるようになりました。これらの研究によって、日本語教師がもつ言語教育や言語学習についてのビリーフ（belief: 信念）や、教師や学習者が抱く「日本語教師」像が明らかにされるようになっています。

　ビリーフ研究においては、教師と学習者のビリーフの違いや、ベテラン教師と新人教師の違いを明らかにするもの、また、教師がもつビリーフの変容可能性にも注目が集まるようになりました。その流れの中で、研究の方法論も変化し、ESLにおいて開発されたBALLI (Beliefs About Language Learning Inventory) を使用した質問紙調査（e.g., 岡崎, 1996; 齋藤, 1996）から、PAC分析を使ったもの（e.g., 安・渡辺・内藤, 2004; 藤田・佐藤, 1996）、また、社会言語学的イ

ンタビューでの語りについて、ナラティブ分析を実施したもの (e.g., 小玉・古川, 2001) や、ビリーフの変容可能性について因子間の関係モデルから検討するもの (e.g., 要, 2005) まで、多岐にわたって実施されています。これらの研究成果によって、日本語教師がもつ教育観の内実や変容可能性が検討され、経験年数による傾向や評価対立のあり方 (e.g., 松田, 2005) も議論されるようになってきました。

　それと同時に、ビリーフを客観的に把握するという研究のあり方について、根本的な課題も指摘されるようになりました。それは、質問紙調査を実施しても、教師の教授行為の実際を把握できるわけではない (e.g., 嶽肩・坪根・小澤, 2009) ということであり、調査に参加した教師は、自身が真にもっているビリーフではなく、自身がありたい教師像や見られたい教師像を答えることがある (e.g., 小玉・古川, 2001) ということです。さらにいえば、教師が調査で答えるビリーフとは、必ずしも実際の教授活動との整合性があるものとはいえず、実際の行為との関係の中で捉えられなければ、それは単なる表明にすぎないということも指摘できます。教師の教授活動は文脈性をもつものです。例えば、学生の誤用に積極的な訂正は行わないというビリーフをもつ教師が、先輩教師の指導や学生の要望に従って、教室の中で積極的な誤用訂正をするようになることは、十分に考えられることなのではないでしょうか。そう考えると、今後ビリーフ研究においては、教師のビリーフの変容過程に加え、教授活動との関連の中で、その動態性が解明されることが望まれているといえます。

　どのようなビリーフをもつ教師であれ、よい教師でありたいと考えるのは当然のことです。「日本語教師」像についての研究は、学生が求める教師像 (e.g., 五味, 2005; 林, 2010) を明らかにするとともに、教師自身が抱く自己イメージを明らかにしてきました。

　岡崎 (1998) は、日本語教師がもつ自己イメージについて、現職日本語教師53名を対象に比喩作成による調査を実施し、日本語教師が「親」「育てる」「無条件に受け入れる」「元気に声をかける」などのイメージで自身の役割を説明していると報告しました。この結果から、岡崎は、日本語教師は「外国で苦労しながら学んでいる学習者を精神的に支える支援者として自らをイメージしている」(p. 297) と考察しています。また、八木 (2004) は、119名の現職日本語

教師に対する質問紙調査について因子分析を行い、日本語教師が抱くよい日本語教師像について、「授業技術」「学習者支援」「関係知識」「授業への意欲」「授業直結知識」の5因子が抽出されたと報告しています。そのうえで八木は、「授業技術」因子について、教師が学習を管理し、学習者は教師に従って学習するという教師主導の授業イメージを示唆しているとし、「学習者支援」因子について、岡崎（1998）で報告されている「支援者」イメージにつながるものであるとしています。これらの結果から考えるのであれば、日本語教師の自己イメージには、「親として学生に日本語を教えるための教授技術を身につける」という意識が付与されていると考えることができます。

　一方、2000年に「日本語教員の養成に関する調査研究協力者会議」（文化庁）が提示した『日本語教育のための教員養成について』を受けるかたちで、日本語教師の「資質」も議論されるようになりました。横溝（2002）は、先行研究の議論をまとめ、日本語教師に求められる資質として、「人間性」「専門性」「自己教育力」の3つの柱を指摘しました。そして、日本語教師には、「自己教育力」を軸に「人間性」「専門性」を高めることが求められるとしています。この指摘は、「教師の自己成長」の議論につながるものであり、日本語教師の「資質」の中核概念として、自己成長する力が位置づけられています。

　海外の日本語教育現場の声から、日本語教師に求められる資質について明らかにした研究に平畑（2014）があります。平畑（2014）は、世界26ヵ国で日本語教育に携わる関係者41名を対象にインタビュー調査を実施しました。そして、海外で母語話者教師に求められる中核的資質として、「教育能力」「人間性」「職務能力」を挙げ、それらが相互に関連し合うものであることを明らかにしています。平畑は、調査の結果と2000年の『日本語教育のための教員養成について』（文化庁）に記載された資質とを比較し、文化庁報告では、「職務能力」（それは、「立場の異なる同僚たちと協働する能力」「日本語教育の目的を考える目的設定能力」「その場における自分の位置づけを考える役割認識能力」の3つからなる）と、「人間性」のうち現地の人々との対人関係の構築に必要な「コミュニケーション能力」については触れられていないことを指摘しています。このことは、海外の現場においては、日本語教師に、周囲の関係者とのコミュニケーション能力や、目的を設定したうえで、自身の役割を認識しながら職務を遂行

していくための調整能力が強く求められることを示しています。これらの研究によって、日本語教師には、教室で授業をする以外の力が必要とされていることが改めて注目されるようになりました。

日本語教師の「資質」が研究対象とされる中で、教師研究についての根本課題も指摘されるようになりました。それは、従来の教師論において想定されている「日本語教師」とは誰を指しているのかということです。

岡本 (2005) は、2000年の文化庁報告について、従来から求められている「経験の浅い教師の研修制度化は棚送りになった格好である」とし、現職教師を対象とした研修の整備が遅々として進んでいないことを指摘しています。そして、2003年の文化庁調査の結果から、国内の日本語教師総数（約2万8千人）のうち、ボランティア教師が5割以上を占めているという現状について、「政府は教師養成内容のみで、その後の教師環境の整備を黙殺してきたのである」(p. 124) と厳しく批判しています。日本政府は、「学校教育のような教師体制を築くことも、日本語教師を恒常的に育成することも熟慮していない」（同）のであり、国内で養成課程を終えたとしても、「経済的な基盤に期待が持てない日本語教師の道を断念していく者を生んでいる」（同）といいます。

また、平畑 (2009) は、本来「教員」とは、学校教師を指すものであるのに対し、日本語教育研究においては、「教員」とは認められないものに対しても「教員」という用語が無定義に使用されていること、また、学校教師の養成をめぐる議論において提出された「教師の自己成長」という概念が、日本語教師の成長論として無批判に適用されていることに疑問を投げかけています。海外の日本語教育の現場を考えてみれば、国内の学校教育の現場と異なるものであることは明らかであり、日本語教師には、学校教育の枠組みとは異なる資質や能力が求められるのではないかということです。

これら「資質」を明らかにする研究は、日本語教師とは「どのような」教師なのかという観点から、日本語教師のあり方にアプローチしてきたといえます。それに対して、日本語教師が「どのように」教師になっているのかという観点から、アプローチする研究も実施されるようになってきました。次に、日本語教師の経験に注目した研究を紹介します。

5 「日本語教師」という経験への注目

　近年、心理学分野における質的研究法の展開にともなって、日本語教育においても、少しずつではありますが、教師のライフストーリーやナラティブに注目する研究が実施されるようになっています。これらの研究によって、日本語教師がもつ経験が明らかにされ、改めて教師の教授活動の社会文化的な側面[4]に焦点が当てられるようになってきました。

　太田（2010）は、オーストラリアの非母語話者教師を対象としたライフストーリーインタビューを実施し、現場教師の葛藤と喜びを記述する中で、教師個人がもつ「意味世界」に注目しています。そして、現場の日本語教師は、国家の言語政策や教育機関の方針など、日本語教育がおかれた社会的環境の変化によって大きく影響を受けているのであり、教室活動に向かうスタンスもまた、そのような動態的な環境の中で決定されることを示しています。

　また、海外で日本語教育に携わる母語話者教師を対象にライフストーリーインタビューを実施した飯野（2012）は、日本語教育における「教師の成長」を日本語教育コミュニティにおける「アイデンティティ交渉」と再定義しました。日本語教師は、多様な教育現場を「移動」している（飯野, 2011）のであり、教師は、新たな日本語教育観や学習観に触れる中で、教師としての立場を変容させていく必要があるといいます。このように、教師の成長論に「交渉」の観点が導入されたことにより、成長が、直線的なものではなく、よりダイナミックなプロセスとして捉えられるようになりました。

　さらに、日本語教師の葛藤に注目することから、制度的制約の中での日本語教師の主体性のあり方を問う研究も実施されました。有田（2012）は、日本語教師の葛藤を生み出す「構造的拘束性」に注目しています。そして国内の日本語教師を対象としたライフストーリーインタビューから、日本語教師が抱く葛藤とその調整のあり方を明らかにしました。日本語教育内部において、教師に求められる行為規範・価値規範が付け加えられ、膨らんでいることから、現場教師が自身の教室活動において葛藤を解消していくという方向性が示されてい

---

[4]　一方、ESLにおいては、教師のエージェンシー（agency）をめぐって、制約のもとでの教師の主体性のあり方が議論されてきました（e.g., Crookes, 1997; Feyork, 2012）。

ます。

　また、牛窪 (2014) は、新人日本語教師の語りについて修正版グラウンデッドセオリー (M-GTA) を用いて分析し、教育機関において新人教師が葛藤を抱くプロセスを明らかにしました。分析の結果、日本語教育においては新人教師に個体主義性と同調性が同時に求められる構造が存在し、教育機関の「こなしていけば終わるシステム」によって、教師間の関係性が分断されることで、新人教師が、典型的な教授法を再生産せざるをえない状況におかれていることを指摘しています。

　日本語教育において、教師のナラティブにいち早く注目した研究に、李 (2004, 2006) があります。「ナラティブ」とは、物語を語る行為そのものであると同時に、その語られた内容を示すものです。李 (2004, 2006) はClandinin & Connelly (2000) が提唱した「Narrative Inquiry (ナラティブ探求)」を用いて、ある日本語教師の専門知を1年間にわたる授業内外でのフィールド調査から描いています。授業内外で収集した豊富なデータから、教師個人がもつ教室活動におけるジレンマとその変容を捉え、日本語教師の専門的能力を、目の前の学習者を中心におき「このクラス」に最も合う実践を開拓していくこととしています。

　これらの研究においては、日本語教師の教室活動や主体性とは、社会的・制度的制約の規定を受けるものであり、教師が制約の中で教授活動を行っているという事実に改めて目を向ける必要性が主張されています。従来の教師論が理論的に追求されてきたとすれば、これら日本語教師の経験に注目した研究は、より実践的に教師のあり方を探求する試みであると考えることができます。研究の多くは、質的データ分析法を採用しています。分析対象者が数名の教師という場合も多く、その結果はただちに一般化できるものではありません。しかし考えてみれば、全世界をフィールドに実施される日本語教育において、どこでも応用可能な理論を生み出すことは、ほとんど不可能であるともいえます。また、研究者が科学的に正しい知識を生成し、現場の教師がそれを活用するという発想は、まさしくWallace (1991) が「応用科学モデル」として示したものであり、現場の日本語教師を単なる知識の消費者として位置づけることにつながります。このように考えると、現場教師の現実に寄り添う研究の意味とは、

どの現場でも応用可能な基礎科学を志向するものではなく、読者に影響を与え、他の日本語教師の実践を変えるための知見を志向するべきであると考えることができます。とはいえ、日本語教師の経験をめぐる研究は、まだ緒についたばかりであり、今後、多様な角度から研究が進められることによって、教師を取り巻く環境や、教師の学びのあり方が明らかにされる必要があります。

6　日本語教師養成・研修の変化

日本語教師をめぐる研究の変化にともなって、教師養成のあり方も変化してきました。近年では、教師のナラティブに注目することから、現職教師が自身の経験を語る行為を通して実践知を深めるという考え方が示され、従来の教師研修とは異なるあり方が報告されるようになっています。

『日本語教師の成長と自己研修』において、青木（2006）は、理想的な職場環境を想定して実施される教師研修に疑問を投げかけ、教師が教育現場での経験を他の教師仲間と語り合うことに注目した「日本語教師のためのトーキングショップ」の実践を紹介しました。末吉（2013）は、青木の実践を参考に、現職教師同士の「語りの場」を設定し、そこに参加した日本語教師の気づきを描いています。教師が悩みを克服するためには、自身の経験を語り、他の教師の語りを聴くことを通じて、自分の価値を見いだすことが必要であるといいます。そして、教師の悩みの克服には、日本語教育のアクションリサーチで想定されているような「内省」ではなく、教師が生きている社会や経験を理解することが必要であるとしています。

それでは、教師が経験を語り、気づきを得るとは、どのようなことなのでしょうか。日本語教育において「自己研修型教師」が語られるときに、よく引き合いに出されるものに、Schön（1983 柳沢・三輪監訳 2007）が提唱した、「内省的実践家（reflective practitioner）」という考え方があります。専門家の知は「行為についての内省」であるとともに「行為の中での内省」を伴うものであり、その中で専門家は、問題設定の枠組みそのものを組み替えているというものです。この考え方は、近年では、広く日本語教育関係者の間で受け入れられています。一方で、そもそも「内省」とは時間を要するものであり、実際の教室場

面で教師が下す決断は、ほとんど思考をともなわない「ゲシュタルト (Gestalt)」的なものであるという指摘もなされています。

　Korthagen (2001 武田監訳 2010) は、実際の授業場面においては、Schönが指摘したような「行為の中の内省 (省察)」は、教師が授業中に下す決断のうち、わずか数回にすぎない可能性を指摘しています (p. 230)。1つの授業の中で教師は、何百という数の瞬間的な決断を下しているのであり、その多くはほとんど無意識的になされています。Korthagenは、教師は自身の人生や日々の実践から、論理的に説明することが困難な授業についての「ゲシュタルト (Gestalt)」を形成していると考えています。ゲシュタルトとは、「感情」「価値観」「役割に対する考え方」「ニーズや関心」「習慣」(p. 196) などが入り混じったものであり、ある場面における瞬間的な決断を可能にしているものです[5]。それは、個人の経験に深く根ざしているため、実習において外部から最新の理論や考え方を教え込んだところで、実習生は、教室場面において判断を下す際には、自身のゲシュタルトに戻るのです。したがって、まずは実習生自身が、教室場面における自身のゲシュタルトに気づくことができるような養成方法が必要であるといいます。

　ここで確認しておきたいことは、教師が決断の際に、拠り所とする「ゲシュタルト」とは、個人の感情や価値観を多分に含むものであり、教師個人の人間としてのあり方に深く根ざしているということです。前出の青木 (2006) は、教師が実践知を語ることができる場とは、確実なことについて自信をもって語る場ではなく、不確実なことを数多くの留保付きで語れる場であるとしています。しかしそのためには、教師が教授活動の不確実さを認めることが、現場において保障されている必要があるでしょう。つまり、教師として常に正しい判断を下すという専門家像ではなく、ゲシュタルトに拠る教授活動の不確実さを認めたうえで、同僚教師とともによりよいあり方を探求していくという専門家像が、職場環境において共有されていなければなりません。この点については、次節以降で再び議論したいと思います。

　近年、大学機関において、教師養成課程を受講しながらも、日本語教師にな

---

[5] Korthagenは「ゲシュタルト」について、Clandinin & Connelly (2000) が「心象」と呼ぶもののことであると説明しています。

らないという選択をする実習生が増加する中で、職業的日本語教師をめざさない教師養成のあり方も検討されるようになっています。

　鈴木（2011）は、大学院で日本語教育学を学びながらも一般企業に就職する留学生が増加していることから、日本語教師養成においては、職業的日本語教師にのみ役立つ、教授にかかわる知識や能力ばかりを育成するのではなく、「在野の日本語教師」として社会に貢献できる「内省的実践家」を育成するべきであると主張しています。そしてその実習例として、「共生日本語教育実習」（岡崎, 2007）を挙げ、実習の中で実習生が当事者の視点から社会を捉え直すことが必要であり、教師養成を多様な参加者へと「開放」していく必要があるとしています。この議論で指摘されているように、日本語教育を理解している人材を日本語教育の外部に育成していくことは、今後の日本語教育にとって大きな課題の1つであると考えられます。

　また、小林（2010）は、従来の教師養成論は、実習生すべてが日本語教師になることを前提になされており、必ずしも現実を反映したものになっていないと指摘しています。例えば、大学の併設日本語教師養成課程においては、日本語教師以外の進路を決めている受講生が半数以上であるといいます。このことから小林は、実習生、留学生、実習指導教員の3者にとって意味のある形として「留学生の就職支援活動」を提案しています。

　これらの議論は、一見、従来の日本語教育実習の意味を消極的な理由から捉え直したものであると思われるかもしれません。しかし、見方を変えれば、これらにおいては、日本語教師とならない実習生にとっても有益な教育内容が検討されることによって、改めて、日本語教育と社会の接合点が課題化されていると考えることもできます。つまり、これらの議論から示唆されることは、逆説的にではありますが、従来の教師養成観では、日本語教育が社会に貢献していくことは難しいということです。鈴木（2011）が指摘しているように、従来の教師養成で想定されてきた職業的日本語教師としての知識や技術は、日本語教師となって初めて役立つものです。しかしながら、日本語教師の専門性が、教師として教授活動を行う際の知識や技術に限定されているのであれば、それは日本語学習者や教師志望者に対してのみ有用性をもつものであり、日本社会に暮らすほとんどの人にとっては、なんら意味をもたないものになってしまい

ます。社会に対して日本語教育を開いていくためには、日本社会との接合点をできるかぎり増やしていくことが必要であるといえるでしょう。

　林(2002)は、多言語・多文化社会における日本語教育の役割として、「外国人の日本語」を日本人に教えることを超えて、「日本人に対する日本語教育」を考えていくべきであるとしています。つまり、外国人が話す日本語を理解してもらうことに留まらず、多文化社会への変化の中で必要とされる「基礎的な力・態度」を日本人の側に積極的に教育していく必要があるということです。今後さらに、日本語教師にならない人のための教育プログラムについて議論が進むことにより、日本語教育そのものを日本社会とより多様な接合点をもつものへと展開させていくことが望まれています。

　以上の議論は、日本社会における日本語教育の位置づけや、周辺領域との境界を捉え直すことによって、外部との連携を考えようとするものです。一方で、日本語教育の内部でも、現職日本語教師の学びが検討されることによって、教師間の連携が模索されるようになりました。

　齋藤・池田・池上・河野(2007)は、現職教師を対象とした研修におけるコーディネーターの学びから、ワークショップ型教師研修の可能性を論じています。研修の実施過程におけるコーディネーターの内省資料を分析した結果、異なる専門や経歴をもつ教師が、認識や経験の相違を開示し、交差させることによって、お互いに気づきを得ることが示唆されたといいます。そのうえで、異領域の専門家が参加し、新しい価値を生み出す研修の形として「現場生成型研修」が提案されています。

　また、近年、現職日本語教師が、実践やテーマを持ち寄って開示し、現場の違いを超えて議論することを目的とした研究会も実施されるようになり、その活動報告もなされています(例えば、「言語教育と実践を考える会」「合同有意義会」「実践持ち寄り会」「つながろうねっト」など)。今後、このような活動における教師の学びのあり方について、さらに議論が進められるとともに、同様の集まりが多層的に広がっていくことが期待されます。

7 「応じる」ことと「役割を構想する」こと

　日本語教師がおかれた環境を考えたとき、日本語教育における「教師の自己成長」論とは、公的な整備が進まない教師環境の中で、現場の教師が向上していくための消極的な選択肢となっているように思えます。その一方で、日本語教師が自己成長を遂げていることによって、政府による制度整備の黙殺が容認されているという構造があるようにも思えます。あえていうならば、日本語教師と呼ばれる者の過半数がボランティアによってまかなわれ、現職教師の研修の機会も与えられていない状況の中で、現場の教師は自己成長を遂げろと言われているのも同然なのです。

　日本語教師の「資質」についての研究は、日本語教師に求められるあり方やその専門性を明らかにし、教師養成においてめざすべき方向性を示してきました。専門性を明らかにし、育成するべき人材の輪郭を描き出すことによって、日本語教師養成や研修のあり方をより具体的に議論することも可能になります。また、そのことで日本語教育の意義を外部に向けて主張することも可能になるでしょう。その一方で、日本語教師に「求められるあり方」を既存の価値体系の内部で考えることには注意が必要です。つまり、その体系の中で外部の要望に「応じる」教師を育てるだけでは、今後、日本語教育をさらに展開していくことは困難であるということです。

　例えば、イ（2013）は、「日本語教育が『外国人対策』の枠組みを脱するために」と題された論考で、言語は自由を表現する手段であるとともに、言語そのものが人間の自由の手段であるとし、日本語教育では、表現のための自由を育てることを目標にすべきであるとしています。この論考からは、現在の国内の日本語教育の枠組みとは「外国人対策」であるという意識がはっきりと読み取れます。「対策」とは、与えられた状況に対する受動的・消極的姿勢を意味しているのであり、そこに新たな役割を構想していくことはほとんど不可能です。今後、国内の日本語教育には「外国人対策」を超えて何ができるのかという議論が改めて必要なのであり、日本語教師の専門性もその中で再検討されるべきであると考えます。そのためには、教師自身が、自分は何のために日本語を教える仕事に従事しているのかという根本の問いをもつことが、改めて必要となる

のです。

　細川（2010）は、日本語教育の問題として「技術至上主義」と「パターナリズム（差別的温情主義）」の存在を指摘し、日本語教師が自身の教育観・人間形成観を批判的に問い直すために、「実践研究」を行う必要があると主張しています（p. 80）。この議論の中で「技術至上主義」「パターナリズム」として批判されている日本語教師のあり方とは、まさに、先行研究で明らかにされていた「親として学生に日本語を教えるための教授技術を身につける」という日本語教師の自己イメージに重なります。さらに、「実践研究」の意味として主張されている、教師が自身の教育観・人間形成観を批判的に問い直すこととは、Bartlett（1990）が「critical」の意味として説明しているものに重ねて考えることもできるでしょう。

　つまり、日本語教師が「内省」する意味とは、教室活動における教授技術をよりよくすることを超えて、教授活動そのものを成立させている自身の教育観・人間形成観に向かうべきものであり、「実践研究」とはそのために実施されるものなのではないか、ということです。「親として学生に日本語を教えるための教授技術を身につける」という自己イメージには、何のために教えるのかという「目的」が欠落しています。前出の松田（2005）は、日本語教師27名を対象に実施した記述式調査の結果から、ベテラン教師の多くが、日本語教師の役割について本格的に回答することを避けたと報告しています。そして調査に参加したほとんどの教師が、日本語教育の目的を学習者の個別のニーズに応えることとし、日本語教育の社会的・政治的インパクトや、学習者の教室外の環境デザインにどうかかわっていくかという方向性は見られなかったといいます（p. 225）。この指摘からうかがえることは、ベテラン教師さえもが、自身の教室の中でのみ日本語教育を考えていることであり、教室の外部に関心を向けていないという可能性です。

8　「内省」による「自己成長」はどこへ向かうか

　Senge（2012 リヒテルズ訳 2014）は、教員という仕事に対して人々がもつメンタル・モデルが、どうしようもないほど時代遅れになっていると指摘してい

ます (p. 121)。人は教育を個人的な努力とみなしがちであり、教師は「自分の教室に入り、ドアを閉め、一人で教える」(同) ものであるとされています。分業と効率性に支えられた教育システムは、産業化時代の遺産であり、産業化時代に必要とされた人材を生み出すためのものであるといいます。このことから、Sengeは、学校にかかわるものが協働し「学習する組織」として学校を変革していくことを主張しています。

　この議論は、教室の中で自己成長を遂げるとされる日本語教師にも当てはまるように思います。「内省」によって日本語教師が「自己成長」できるとして、それはどこへ向かう成長なのでしょうか。それは、教師が今日の授業はうまくいったと満足感を得るためなのでしょうか。あるいは、実習生が教授技術を身につけ、専門家として独り立ちするためなのでしょうか。

　一方で、実際の教室活動とは、他の教師の教室活動との関係性に埋め込まれたものであり、教育機関のコースに埋め込まれたものであり、より広くは、社会に埋め込まれたものであるという現実があります。1人の日本語教師が担当する授業とは、学生からすれば、ほんのわずかな影響力しかもちえません。日本語教師の自己成長論において想定されてきた成長観や専門家観は、技術主義的であり、個体主義的であり、さらに、最終的には教師個人の能力向上を志向しているという点において、独善的なものであるともいえます。それぞれの教師が自分の教室活動 (や、自分と学生の関係や自分の職能) だけを考えて成長するのでは、日本語教育の枠組みは変わらないのであり、日本語教育は「外国人対策」としての位置づけに甘んじていくよりほかないのです。

　この問題を乗り越えていくためには、改めて、現場における同僚教師との関係性のあり方に注目する必要があると考えます。教師の関係性は、教育学においては「同僚性 (Collegiality)」として議論されてきました。それは「教育実践の創造と相互の研修を目的とし、相互の実践を批評し高め合い、自律的な専門家としての成長を達成する目的で連帯する同志的関係」(佐藤, 1997) であり、「求めるべき教育への共通の展望をもち、共に仕事をしていく関係」(秋田, 2007) とされているものです。

　紅林 (2007) は、教育現場で教師が築く同僚性とは、チームとしての同僚性であるとしています。チームの協働に必要とされるのは、「専門性」と「対等

性」であり、それぞれの教師とチームの両方に自律性が保証されていることが、チームが成立する必要条件であるといいます。チームが機能するためには、個人の能力が高いかどうかはそれほど大きな問題ではありません。それよりも、チームの関係性において何を生み出すことができるかが重要な課題になるからです。

　また、秋田（1998）は、授業についての教師の内省（省察）について、「これから求められるのは、省察の対象とする内容をひろげ、物語の様式で同僚性コミュニティモデルを軸とした形で行う省察である」(p. 255) と指摘しています。従来、教師は自身の実践について語るときに、「抽象的一般的な命題としての語り口、主語は匿名、時空間は限定されない」ものとして語ってきました。教室活動を客観的に語ろうとすることによって、教師個人が抱く教育についての価値観は消え去り、教室活動から固有性や文脈性が失われます。しかし、教師は、ただ実践を語るのではなく、「実践を語るのと表裏一体の関係で、教師としての〈私〉の全貌を同僚に開示し語る」(p. 253) 必要があるといいます。それによって、同僚教師との関係性は、職人モデルから同僚性モデルに転換するのです。もちろん、先行研究でも指摘されていたように、学校教師と日本語教師とはおかれている環境の点で大きく異なり、教育学で提出された概念がそのまま日本語教育の議論に当てはまるとは思えません。しかしながら、日本語教師論においては、内省による自己成長が推奨される一方で、教師環境や授業の社会的文脈が議論から切り離され、その結果として、それぞれの教師が自身の授業の中だけで日本語教育を考えるという流れが作り出されてきたのではないでしょうか。

　今後、日本語教育において、アーティキュレーションを構想し、「外国人対策」を超える役割を構想していくためには、現場の教師それぞれが、日本語教育の役割を考え、問い直していくことが必要です。しかし、そのためには、まずは教師それぞれが、不確実な専門家像を認めたうえで、それを同僚教師との関係性にひらいていかなければなりません。そして、教師の成長が、「自己」ではなく、コースのあり方や教育機関、ひいては日本語教育全体の変革に向かうものとして捉えられる必要があります。このように書くと、自分は、コースのあり方を変えられるような立場にはないという現実的な反論があるかもしれません。し

かし、日本語教育において枠組みが変わらないのは、果たして、専任教員や教務主任、コースコーディネーターが責任を果たしていないからなのでしょうか。そうではなく、それは、「専門家」として日本語教育にかかわる（あるいは、これからかかわろうとする）現場の教師一人ひとりの問題なのではないでしょうか。すでに指摘した通り、「求められるあり方」に応じ、「親として学生に日本語を教えるための教授技術を身につける」という自己イメージをもち、日本語教育の社会的・政治的インパクトを考えていないのは、（筆者を含めた）現場の日本語教師一人ひとりなのです。もちろん教師1人の力で、ただちに日本語教育の枠組みを変えていくことは難しいでしょう。しかし、教室で小さな変化を起こそうとすることによって、教室外での大きな変革を志向すること（金田，2009）は、決して不可能ではないはずです。

参考文献

青木直子（2006）.「教師オートノミー」春原憲一郎・横溝紳一郎（編）『日本語教師の成長と自己研修』pp. 138-157. 凡人社.

秋田喜代美（1998）.「実践の創造と同僚関係」佐伯胖・黒崎勲・佐藤学・田中考彦・浜田寿美男・藤田英典（編）『岩波講座　現代の教育　第6巻　教師像の再構築』pp. 235-259. 岩波書店.

秋田喜代美（2007）.「教師の生涯発達と授業づくり」秋田喜代美（編）『改訂版　授業研究と談話分析』pp. 217-229. 放送大学.

新井眞美（1995）.「教室研究の展望と課題―教室における第二言語習得の解明に向けて―」『言語文化と日本語教育』9, pp. 304-314. お茶の水女子大学日本言語文化学研究会.

有田佳代子（2012）.『日本語教師の葛藤に関する研究―構造的拘束性と主体的調整のありよう―』一橋大学大学院言語社会研究科博士学位論文（未公刊）.

安龍沫・渡辺文夫・内藤哲雄（2004）.「日本語学習者と日本人日本語教師の授業観の比較―個人別態度構造分析法（PAC）による事例研究―」『茨城大学留学生センター紀要』2, pp. 49-59. 茨城大学留学生センター.

イ・ヨンスク（2013）.「日本語教育が「外国人対策」の枠組みを脱するために―「外国人」

が能動的に生きるための日本語教育―」庵功雄・イ・ヨンスク・森篤嗣（編）『「やさしい日本語」は何を目指すか―多文化共生社会を実現するために―』pp. 259-278. ココ出版.

飯野令子 (2011).「多様な立場の教育実践が混在する日本語教育における教師の「成長」とは―教師が自らの教育実践の立場を明確化する過程―」『早稲田日本語教育学』9, pp. 137-157. 早稲田大学大学院日本語教育研究科.

飯野令子 (2012).「日本語教師の成長としてのアイデンティティ交渉―日本語教育コミュニティとの関係性から―」『リテラシーズ』11, pp. 1-10. くろしお出版.

石井恵理子 (1989).「学習のとらえ方と教室活動」『日本語教育論集』6, pp. 1-18. 国立国語研究所.

牛窪隆太 (2014).「新人日本語教師の葛藤を生み出すもの―制約の下での発達に焦点をあてて―」『多摩留学生教育研究論集』9, pp. 1-10. 電気通信大学国際交流推進センター・東京農工大学国際センター.

太田裕子 (2010).『日本語教師の「意味世界」―オーストラリアの子どもに教える教師たちのライフストーリー―』ココ出版.

岡崎敏雄 (1991).「コミュニカティブ・アプローチ―多様化における可能性―」『日本語教育』73, pp. 1-11. 日本語教育学会.

岡崎敏雄・岡崎眸 (1997).『日本語教育の実習―理論と実践―』アルク.

岡崎眸 (1996).「教授法の授業が受講生の持つ言語学習についての確信に及ぼす効果」『日本語教育』89, pp. 25-38. 日本語教育学会.

岡崎眸 (1998).「日本語教師の自己イメージ」『お茶の水女子大学人文科学紀要』51, pp. 289-300. お茶の水女子大学.

岡崎眸 (2007).「共生日本語教育とはどんな日本語教育か」野々口ちとせ・岩田夏穂・張瑜珊・半原芳子（編）『共生日本語教育学―多言語多文化共生社会のために―』pp. 273-308. 雄松堂出版.

岡本佐智子 (2005).「日本語教師養成の現状と課題」『北海道文教大学論集』6, pp. 121-133. 北海道文教大学.

要弥由実 (2005).「社会的位置付けを持った日本語教師のビリーフ・システム―構造方程式モデリング (SEM) によるモデル化とその考察―」『日本語教育』127, pp. 11-20. 日本語教育学会.

金田智子 (2009).「日本語教師の育成および成長支援のあり方―「成長」にかかわる調査研究の推進を目指して―」河野俊之・金田智子（編）『日本語教育の過去・現在・未来　第2巻　教師』pp. 42-63. 凡人社.

紅林信幸 (2007).「協働の同僚性としての《チーム》―学校臨床社会学から―」『教育学研究』

74(2), pp. 174-188. 日本教育学会.

小玉安恵・古川嘉子 (2001).「ナラティブ分析によるビリーフ調査の試み―長期研修生への社会言語学的インタビューを通して―」『日本語国際センター紀要』11, pp. 51-67. 国際交流基金日本語国際センター.

小林浩明 (2010).「日本語教師を志望しない実習生を視野に入れた日本語教育実習とは何か」『北九州市立大学国際論集』8, pp. 45-52. 北九州市立大学国際教育交流センター.

五味政信 (2005).「良い「日本語教師」像を探る―留学生が日本語教師に求めていること―」松岡弘・五味政信 (編)『開かれた日本語教育の扉』pp. 18-29. スリーエーネットワーク.

齋藤ひろみ (1996).「日本語学習者と教師のビリーフス―自律学習に関わるビリーフスの調査を通して―」『言語文化と日本語教育』12, pp. 58-69. お茶の水女子大学日本言語文化学研究会.

齋藤ひろみ・池田玲子・池上摩希子・河野俊之 (2007).「ワークショップ型日本語教師研修におけるコーディネータの学び―研修参加者との場の共有化と対話を通して―」『WEB版リテラシーズ』4(2), pp. 10-19. くろしお出版. (http://literacies.9640.jp/vol04.html (2015年1月18日閲覧)

迫田久美子 (2000).「アクションリサーチを取り入れた教育実習の試み―自己研修型教師を目指して―」『広島大学日本語教育学科紀要』10, pp. 21-29. 広島大学日本語教育学講座.

佐藤学 (1997).『教師というアポリア―反省的実践へ―』世織書房.

末吉朋美 (2013).「教師の悩みはどこから来るのか？―日本語教師たちとのナラティブ探求を通して―」『阪大日本語研究』25, pp. 75-104. 大阪大学日本語学研究室.

鈴木寿子 (2011).「「日本語教師にならない人」にとっても有益な日本語教師養成とはどうあるべきか―開放的教師養成のための一考察―」『リテラシーズ』8, pp. 33-38. くろしお出版.

鈴木寿子 (2012).「共生社会における日本語教師養成のための一考察―言語生態学的内省モデルの提案―」『人文科学研究』8, pp. 15-26. お茶の水女子大学.

嶽肩志江・坪根由香里・小澤伊久美 (2009).「教師の実践的思考を探る上でのビリーフ質問紙調査の可能性と課題―日本語教育における教師の実践的思考に関する研究 (3)―」『横浜国立大学留学生センター教育研究論集』16, pp. 37-56. 横浜国立大学留学生センター.

當作靖彦 (2006).「海外の日本語教師研修のストラテジー」春原憲一郎・横溝紳一郎 (編)『日本語教師の成長と自己研修』pp. 106-117. 凡人社.

當作靖彦 (2013).「日本語教育は生き残れるのか―なぜ教えるのかを考える―」『日本語

教育学会・国際交流基金公開シンポジウム　日本語教育におけるアーティキュレーション(連続性)」』

http://www.nkg.or.jp/oshirase/2013/130323symposium_yoko.pdf (2015年 1月 18 日閲覧)

西村よしみ (1994).「初級日本語授業における学習者ストラテジーと授業研究—内的過程を把握する研究方法と技法の開発について—」『筑波大学留学生センター日本語教育論集』9, pp. 133-148. 筑波大学留学生センター.

日本語教育振興協会 (2010).『日本語教育振興協会 20年の歩み—日本語教育機関の質的向上を目指して—』財団法人日本語教育振興協会.

畠弘巳 (1989).「コミュニケーションのための日本語教育」『日本語学』8(2), pp. 82-91. 明治書院.

林さと子 (2002).「多文化社会と日本語教育—日本人に対する教育として—」『津田塾大学紀要』34, pp. 17-31. 津田塾大学.

林伸一 (2010).「期待される日本語教師像について—外国人留学生の期待と教師の自己点検の課題」『大学教育』7, pp. 57-68. 山口大学大学教育機構.

春原憲一郎・横溝紳一郎 (編) (2006).『日本語教師の成長と自己研修—新たな教師研修ストラテジーの可能性をめざして—』凡人社.

平畑奈美 (2009).「「多様化への対応」に向けた日本語教師養成の課題—日本の日本語教師養成課程の現状分析から—」『ジャーナルCAJLE』10, pp. 107-125, CAJLE.

平畑奈美 (2014).『『ネイティブ』とよばれる日本語教師—海外で教える母語話者日本語教師の資質を問う—』春風社.

藤田裕子・佐藤友則 (1996).「日本語教育実習は教育観をどのように変えるか—PAC分析を用いた実習生と学習者に対する事例的研究—」『日本語教育』89, pp. 13-24. 日本語教育学会.

古川ちかし (1991).「教室を知ることと変えること—教室の参加者それぞれが自分を知ることと変えること—」『日本語教育』75, pp. 24-35, 日本語教育学会.

文野峯子 (1991).「授業分析と教育の改善—客観的な授業分析の試み—」『日本語教育』75, pp. 51-63. 日本語教育学会.

文野峯子 (1994).「学習に視点を置いた授業観察」『日本語教育』82, pp. 86-98. 日本語教育学会.

細川英雄 (2010).「実践研究は日本語教育に何をもたらすか」『早稲田日本語教育学』7, pp. 69-81. 早稲田大学大学院日本語教育研究科: 早稲田大学日本語教育研究センター.

松田真希子 (2005).「現職日本語教師のビリーフに関する質的研究」『長岡技術科学大学

言語・人文科学論集』19, pp. 215-240. 長岡技術科学大学.

宮崎里司 (2013).「グローバルレベルと市民レベルで協同実践する行為主体者 (アクター) から捉える新たなアーティキュレーションの提唱」『早稲田大学教職研究科紀要』5, pp. 29-44. 早稲田大学大学院教職研究科.

三代純平・古屋憲章・古賀和恵・武一美・寅丸真澄・長嶺倫子 (2014).「新しいパラダイムとしての実践研究—Action Researchの再解釈—」細川英雄・三代純平 (編)『実践研究は何をめざすか—日本語教育における実践研究の意味と可能性—』pp. 49-90. ココ出版.

八木公子 (2004).「現職日本語教師の言語教育観—良い日本語教師像の分析をもとに—」『日本語教育論集』20, pp. 50-59. 国立国語研究所.

横溝紳一郎 (2000).『日本語教師のためのアクション・リサーチ』凡人社.

横溝紳一郎 (2002).「日本語教師の資質に関する一考察：先行研究より」『広島大学日本語教育研究』12, pp. 49-58. 広島大学教育学部日本語教育学講座.

李暁博 (2004).「日本語教師の専門知についてのナラティブ的理解」『阪大日本語研究』16, pp. 83-113. 大阪大学日本語学研究室.

李暁博 (2006).「「ざわざわ」とした教室の背後の専門的意味—ナラティブ探求から探る—」『阪大日本語研究』18, pp. 139-167. 大阪大学大学院文学研究科日本語学講座.

Bartlett, L. (1990). Teacher development through reflective teaching. In J. C. Richards & D. Nunan (Eds.), *Second language teacher education* (pp. 202-214). New York, NY: Cambridge University Press.

Clandinin, D. J. & Connelly, F. M. (2000). *Narrative inquiry: Experience and story in qualitative research.* San Francisco, CA: Jossey-Bass.

Crookes, G. (1997). What influences what and how second and foreign language teachers teach? *The Modern Language Journal, 81*(1), 67-79.

Feyork, A. (2012). Activity theory and language teacher agency. *The Modern Language Journal, 96*(1), 95-107.

Korthagen, F. A. (Ed.). (2001). *Linking practice and theory: The pedagogy of realistic teacher education.* London: Routledge. [武田信子 (監訳) (2010).『教師教育学—理論と実践をつなぐリアリスティック・アプローチ—』学文社.]

Senge, P. M. (Ed.). (2012). *Schools that learn (updated and revised): A fifth discipline fieldbook for educators, parents, and everyone who cares about education.* Random House LLC. [リヒテルズ直子 (訳) (2014).『学習する学校—子ども・教員・親・地域で未来の学びを創造する—』英治出版.]

Schön, D. A. (1983). *The reflective practitioner: How professionals think in action.* [柳沢

昌一・三輪健二 (監訳) (2007).『省察的実践とは何か——プロフェッショナル行為と思考——』鳳書房.]

Wallace, M. J. (1991). *Training foreign language teachers: A reflective approach.* New York, NY: Cambridge University Press.

第3部

わたしが描く、日本語教育の「地図」

01

人間的自然による逆規定に基づく創造
――新たな生と言語、生の意味の追求としての内容重視言語学習――

岡崎 敏雄(おかざきとしお)

グローバル化により従来の生の意味は崩壊した。新たな生の意味の追求が、生きる力の源泉としての言語の生成を衝き動かしている。

人はとりもなおさず**人間的自然**である。自然によって形作られ、逆に自らも自然を形作っていく自然である。それは、**全自然史＝全進化史**の存在事象を凝縮して、おのれという主体のもとに負う「いま、ここ」において、**自己を起点**とし、自己の受けてある「規定」の下に形作られたつながりを新たに紡ぎかえて逆に規定し返す＝**逆規定する存在**である。被与を能与に転じ、それをもって他ならぬ「いま、ここ」において、自然史＝進化史の1コマ、1コマを創造するマイクロジェネシス（ミクロの創造）を営んでいく存在である。

逆規定に基づく創造は、**相即（不可分）**的かつ **相互形成的に新たな生と言語、生の意味を生成する**。人間社会とは、人間的自然活動と人間言語活動両者の相即相互形成過程による生と言語、生の意味の生成に基づいて形成・展開される生態系―人間的自然生態系である。

内容重視言語学習は、人間的自然が**逆規定に基づく創造**を形る新たな生と言語、生の意味を追求する**人間活動と言語活動との相即相互形成**をめざす言語学習として実現するものである。

グローバル化の下で、即戦力の養成に向けカリキュラムが専門細分化されている。しかし、人がどう生きるかを問う学習は細分できない。言語学習は読み書き話し聴くテーマとして、細分化されない内容―**生きること、その意味の追求**にわたるものを取り上げることができる。そこに生きる力の源泉としての言語を生成する地平が開かれる。

内容重視言語学習の根幹をなす**持続可能性言語学習**は、グローバル化世界における持続可能な生き方を追求する。具体的には、4つの問い〈①世界はどうなっているか（世界・自然認識）、②その中でどのように生きていくか（行動基準）、③他者とどのような関係をつくりあげていくか（関係）、④そのような世界の下で私とは何か（アイデンティティ）〉を手掛かりとして**新たな生とその意味**を考えていく。

例えば、15回の授業のうち、1～3回は雇用をテーマとし、バブル期等の先輩の過した体験を聞く。自分だったらどう行動したかを考える。また、ドキュメンタリーを視聴、就職氷河期の**先輩たちの現実を基に生の意味を考える**。4～5回はグローバル化の構造をテーマとする。ネオ

リベラリズムがもたらす影響を知り、それが 30 代の 3 人の生活にどう具現化されているかを考える。6 回で、以上 5 回を通じてたどってきたことをもとに自己の生きるための展望をテーマにして 4 つの問いを幸福論と私の生き方方法論の視点から考える。7 〜 8 回はグローバル化の構造の下にある食のつながりを考えることをテーマとする。食のリスクと要因、要因間のつながりをたどりながら自己の位置を図示し、またクラス全員で共有する発表をする。9 回では、食の工業化の実態を描く DVD を視聴し、その中から印象に残った人物を取り上げ対話的問題提起学習を行い、さらにそれらの人々に宛てて手紙を書き、その人の立場に立ってまた返事を書くロールレタリングを行う。11 〜 12 回で、雇用と食糧とグローバル化の構造をつなげて考え、そのつながりの下に生きる展望を捉える。その中で自身の毎日と食のリスクのつながりを考え図示し発表する。また、農業で生活世界を築いている先駆的活動を視聴しその生き方、食への取り組み方について考える。13 〜 14 回は、地域再生に取り組む人々の群像への追体験を言語化しオータナティブな生き方を手掛りとして生の意味と展望を考える。最終の 15 回に、全体の活動を振返り 4 つの問いと併せてトータルに生の意味を問い直す。

　以上を通して、グローバル時代に生きるとはどのようなことかという視点から、自己を起点として雇用を考え、食を知り、両者に関わる貧困・世界飢餓・エネルギー問題・戦争と平和・自然生態系へのつながりが捉え返される。この過程において第一に、雇用と食糧のつながりから見えてくるモノ、コト、人のつながり、第二に、グローバル化に伴ってもたらされる雇用・食料・社会保障上の危機の連鎖と自己のレラヴァンス (関連性) のつながり、第三に、その構造的帰結としての貧困・飢餓・エネルギー問題・戦争と平和・自然生態系への影響の連鎖と自己のつながりが自己を起点として生み出される言語によって紡ぎ上げられていく。こうして、持続可能な生き方、その展望、自己の生きることと結びつくことで意味の生成された言語によって、新たな生、言語、生の意味を形作るつながりの総体が形作られていく。このつながりの総体が、人間的自然による逆規定に基づく創造を形作る新たな生と言語、生の意味を追求する内容重視言語学習が生み出していく成果であり、自今以後における追求の認識・実践・自覚の基軸となる枠組みをなしていくものである。

[Profile]
近著に、『言語生態学と言語教育─人間の存在を支えるものとしての言語─』(凡人社)、「自然言語生態学」『日本語と日本文学』56 号 (筑波大学)、「生態学的意味論、主体的意味論としての生態学的意味論」同 55 号などがある。総合生態学・言語生態学・年少者言語教育学に取り組む。

岡崎 敏雄

02 ことばと文化を結ぶ教育に未来はあるか ● 細川英雄

◎ 時代は新しい言語文化教育観を求めていた

　『ことばと文化を結ぶ日本語教育』出版の2002年当時、日本語教育界では、21世紀に入ったというのに教育方法が大はやり、学会の大会でも言語分析的な視野の狭い研究発表が多く、数少ない文化を扱う研究もほとんどは文化本質主義に加担するものばかり。ちょうどその前年10月に別府の立命館アジア太平洋大学で開催された日本語教育学会シンポジウム「文化を教える」の企画の反響もあり、今、時代は新しい言語文化教育観を求めていると実感していた。折も折り、凡人社さんから「ことばと文化の日本語教育を」という話があり、急遽、執筆陣を構成した。

　今、改めて読み返してみると、それぞれのことばと文化の捉え方がばらばらで議論そのものが嚙み合っていないところが多々あり、編集担当として慙愧の思いもあるが、それはそれとして、それぞれの言語文化教育論が存分に語られていて、熱いエネルギーを感じることができる。ことばと文化をめぐる日本語教育の議論は、ほぼこの本によってはじまっているといっていいだろう。

◎ 日本語教育における議論の欠如

　しかし、戦後の日本語教育を振り返ったとき、ことばと文化に関する十分な議論がなされてきたとは言いがたい。日本語といえば日本文化というように、文化本質主義的な思い込みが常識となっている。たしかに、ある社会にはさまざまな生活習慣やそこでの行動様式のようなものが現象として存在する。しかし、それを文化として認識するのは、あくまで個人の問題なのだ。

　その個人の認識を実体化させ、あたかも実体としての文化がそこにあるように捉えるのが文化本質主義である。もっと日常的な場面で目の前の他者との考え方や価値観の違いに、他者の背景として自分とは異なる社会を感じ、それを異なる文化と理解する。しかし、これはいわゆる外国人に限らない。同じ日本人であっても、考え方や価値観が同じであるはずはない。だから、日本人・外国人という線引きそのものに問題があるのだが、そのことに気づくことがとても困難なようだ。

◎ 他者不在のパターナリズム

　なぜ困難なのかをずっと考えていて、ふと気づいたことがある。教室の中では決められた項目を手際よくこなすことがいい教師であるという評価を受け、そういう教師にかぎって、学習者に対して「社会に出て困る」とか「みんなと一緒にやっていけない」などと言う。

　しかし、この「社会」や「みんな」は、すべてその人の持つイメージにすぎないにもかかわらず、自分のなかで勝手に描いたイメージを他者に当てはめて要らざる心配をする。これは、他者である個人の自由の侵害以外の何物でもない。しかも、それは善意による押しつけだから、本人はそのことに気づかない。この他者不在のパターナリズムこそが、ことばと文化の議論を封じ込めてきた根源であろう。

◎ 生き方を話題にするのはタブー

　なぜこのような個人の自由侵害がやすやすと行われるのか。それは、ことばを教えるという仕事が1つの技術になっていて、ことばと人間あるいは社会との関係について考えることがことばの教師の人生においてすっぽりと抜け落ちているからだろう。

　だから、第二言語を習得しコミュニケーション能力を育成した後、何があるのか、という問いは、日本語教育のみならず言語教育一般で完璧なまでにタブー化してしまった。こうしたタブーの根っこにあるものが、教師一人一人の生き方だということに気づいたのは、春原さん・横溝さんとの鼎談(ていだん)(『日本語教師の成長と自己研修』所収)あたりからである。

◎ ことばの教育の未来

　2001年に出版公開された「ヨーロッパ言語共通参照枠(CEFR)」にしても、そのめざすところは、民主的な社会における市民形成である。個人が一個の主体として他者の自由を尊重し、自分たちの暮らす社会はどのようにあるべきかを考えることは、これからの教育にとって不可欠だ。

　ことばを、部分として切り取って教えるという考え方ではなく、人間という生きた統合体としての個人に光を当て、学習や養成の機会の中で、それぞれに生き方を学ぶ場を提供すること、これがことばと文化を結ぶ教育であり、そこにこそ未来の光が見えるにちがいない。

[Profile]
2013年3月、早稲田大学を選択定年にて早期退職。現在、言語文化教育研究所八ヶ岳アカデメイア主幸。個人が主体として生きられる社会とは？　その言語教育の未来に向けて光を灯している。近著に『ことばの市民』になる』(ココ出版)、『研究活動デザイン』(東京図書)などがある。

細川 英雄

03 21世紀の地球市民教育としての日本語教育を創る ● 山田 泉(やまだ いずみ)

◎ 地域社会における「共生」

　私は、自らの専門を問われると、「日本語教育」と「多文化教育」だと言ってきました。

　1979年から中国帰国者と中国人客員研究員に対し生活のための日本語学習支援ボランティアをし、日本語教育の道に入りました。その後1982年から2年間、中国の語学大学で日本語を教えましたが、この間、私と連れ合いと長男の3人家族が「外国人」として生活しました。

　帰国後は、当時の厚生省所管法人で中国帰国者家族の日本語教育を担当しました。この1980年代初頭はベトナム、ラオス、カンボジアからの「難民」といわれる人たちも加え、「生活者」としての移住者に対する日本語教育のあり方が問われ、学校現場等にも子どもに対する日本語教育が求められるようになりました。

　そのような中で、次第にこれら外国につながる人々に日本文化、日本語を習得させ、日本社会に適応させるということだけでは不十分だということがわかってきました。もちろん、日本文化、日本語の習得は重要ですが、併せて日本社会側の「移住者受け入れ能力」の開発が必要だと考えるようになりました。この「能力」を開発するのが多文化教育です。

　そんなこともあり、私の専門を日本語教育と多文化教育としましたが、2つを並べるのではなく、日本語教育を多文化教育として行うことをめざし、多文化教育自体の目的も若干変え、私なりに「地域社会から地球社会までそれぞれの社会に、すべての個人が、人権が尊重され、対等・平等に参加できるように、すべての人に対し意識の涵養(かんよう)と能力の開発を行う教育」としています。その対象を、外国につながる人々とホスト側(受け入れ側)市民の双方としています。「多文化教育としての日本語教育」と言ってもわかりにくいので、既存の「日本語教育」と「多文化教育」と2つを並べて私の専門としているわけです。

◎ 地球社会における「共生」

　20世紀は、先進国の目覚ましい経済発展と2度の世界大戦に象徴される時代だったといえましょう。発展と引き替えに地球規模での自然環境、社会環境等の問題が「負の遺産」として21世紀にもたらされました。今後これらの克服とBRICSといわれる新興経済発展国をはじめ、「途上

国」を含めたすべての国々の「持続可能な発展」をいかに導くかは、人類にとっての課題となっています。

また、「グローバル企業」といわれる特定の国家と固定的な関係性を持たない地球規模の企業間で熾烈な競争が進み、人のための経済から、ますます経済に隷属した人へと二者の関係が移っています。これまで企業の社会的責任（CSR）は、主にその企業が帰属する国家規模で考えられてきましたが、グローバル企業とはまさに人類社会に対して責任を果たすべきだと声を上げる必要が出てきました。

人類社会が引き受けるべきこれらの課題は、地球上に生きる一人一人の個人に課された責任だと考えます。「宇宙船地球号」の乗組員としてその舵取りをどうするかを考え、協議し、合意を形成し、実行しながら、絶えず見守り、軌道修正していく必要があります。そのような国や文化を越えて人と人とがつながるためにも、多文化教育としての日本語教育が果たすべき役割は大きいと考えます。

◎ 21世紀の地球市民教育としての日本語教育

言葉は、語るべき内容を適切な形式を通じてやりとりするものです。語学を対象言語の体系と運用だけの学問と捉えるのは間違いです。言葉にはそれを発し、受けとめる「人」がいて、それぞれの人は帰属する「社会」を持っています。その人と社会すべての「文脈」の上に「語るべき内容」が載っているということを忘れてはいけないと思います。

「語学」はこれらの文脈と、さらに言えば、その文脈にその言語を自らの言語としてきた人々の「歴史」をもくみ上げる学問だと思います。日本語教育は、人類の歴史と未来を見つめた「人間の学問」を考究し、「教育」としての役割を果たしていってほしいと思います。

そして今、人類の課題にともに取り組む「地球市民」のグローバルコミュニケーションのツールとして、日本語の教育をどのような内容にするかの議論が興ることを期待しています。

[参考文献]
山田泉 (2013).『多文化教育Ⅰ』（学部授業「多文化教育Ⅰ」用教科書）. 法政大学出版局.

[Profile]
法政大学キャリアデザイン学部教員。高校国語科教員の後、中国・大連外国語大学、中国帰国者定着促進センター、文化庁文化部国語課、昭和女子大学、大阪大学で日本語教育に関わり、現職。主に子どもを含め移住者の日本語教育、学生の多文化交流に携わってきた。

04 日本語教育と日本語教育学はパラダイムを確立できるか ● 西口 光一(にしぐち こういち)

◎「学習者の多様性」は何をもたらしたか

　過去30年余りの日本語教育は「学習者の多様性」に振り回されてきた観があります。ニーズ分析とそれに基づくコースデザインなどの言葉が決まり文句のように唱えられ、実行されてきました。それ以前の時代のようにどのような学習者に対してもただ一般的な日本語を教えるのではなく、学習者のニーズに応えようとする方向性は重要であると思います。しかし、その結果、日本語教育の実践は変わったのかが問題です。

　いわゆるニーズ分析の後に、いよいよ教育の企画・開発・実施の段階に入ります。こここそが、日本語教育者の真の専門性が発揮されるところです。そして、日本語教育者として反省しなければならないのは、そうした段階でわたしたちは本当の意味でのイノベーションをしてきたかということです。反省すべき点を端的に言うと、学習者のニーズ云々が重視されてきたとはいえ、(1) それが多かれ少なかれ反映されているのは基礎段階以降のみで基礎段階はあいかわらず一般的な文型・文法事項と基礎語彙を中心とした教育になっているか、あるいは (2) 日本語課程全般が単に各種の目標言語活動の仕方を学習する行程になっているか、のいずれかが大方の現状となっているのではないか、ということです。

◎ 教育の企画・開発・実施

　教育の企画というのは、大きく2つの段階に分けられます。1つは、(a) ニーズ分析等の資料に基づいて**妥当な教育目標を設定**する段階、今1つは (b) **教育目標を達成するための方略と合理的な学習・教育のロードマップを考案**する段階です。続いて、(c) **カリキュラムの作成**と (d) **リソースの作成**という教育開発が行われます。カリキュラムというのは、教育開発者が学習者と教師に提示する学習・教育の計画書で、それにはもちろん教育目標もわかりやすい言葉で提示されています。そして、最後に、(e) **コーディネーションの下での教育の実施**と (f) **評価**が来ます。教育目標を熟知したコーディネータは学習者が所期の教育目標を達成できるように授業担当教師のポテンシャルを十分に引き出しながら学習と教育を運営しなければなりません。そして最後の評価は設定された教育目標が達成されたかどうかの確認となります。

◎ニーズ分析は教育目標設定のため、教育活動は教育目標達成のため

　端的に言って、ニーズ分析は妥当な教育目標の設定のために行われることです。そして、いったん教育目標が設定されれば、あとはすべての関心と努力はその教育目標の達成に向けられなければなりません。つまり、広い意味での教育活動は、教育目標の設定ということによってはっきりと二分されるということです。それゆえに、(b) から (e) においてさまざまなデザインや工夫が行われる場合にそれらはすべて設定された教育目標の達成のために有効かどうかという規準でその善し悪しが判断されなければなりません。そして、それが当初の教育目標の変更に関わるものならば、教育目標に必要な修正を加えたうえで、そのデザインや工夫を行うこととなります。教育目標を常に明確に持たないと、教育活動は羅針盤を失った船のようになります。過去30年余りの日本語教育では、ニーズ分析とそれに基づく教育開発（上の (c) と (d)）にばかり忙しく、教育目標自体の見方の革新や専門的な見地からの (b) 以降の革新や工夫ということが疎かになっていたと思います。さらには、ニーズ分析の内容や方法にも課題があると思います。

◎ 発想を豊かにし革新をもたらす新たなパラダイム

　革新を合理的に実施可能にするのは新しいパラダイムです。パラダイムというのは、特定の学問領域や実践領域の基盤となっている物の見方や考え方です。パラダイムがあってこそ、日本語学や社会言語学や異文化理解等の関連領域の知見も有効に活用しながら新たな教育活動のデザインや実践を行うことができます。現在の日本語教育は何のパラダイムもない「根無し草」です。日本語教育の焦眉の課題は新たなパラダイムを確立することです。そのパラダイムは偏狭なものではなくむしろ発想を豊かにしてくれるもので、また日本語教育以外の人が見ても深い認識と洞察に富んでいると評価されるものでなければなりません。そして、そうしたパラダイムの確立は同時に、現在の日本語教育学の最大の課題でもあります。その課題へのわたし自身の仕事の成果は、『知識本シリーズ』の中でも最近の著書等でも公表しています。新たなパラダイムの確立のためには粘り強い学問的努力が必要です。そうした仕事に取り組んでくれる若い日本語教育研究者が出てくることを願ってやみません。

[Profile]
大阪大学国際教育交流センター教授、同大学院言語文化研究科兼任、博士（言語文化学）。ハーバード大学東アジア言語文化部講師等を経て、現職。著書等に『第二言語教育におけるバフチン的視点』（くろしお出版）、『A New Approach to Elementary Japanese テーマで学ぶ基礎日本語』（同）などがある。

西口 光一

05 ことばの教師の育成について ● 横溝 紳一郎(よこみぞ しんいちろう)

『日本語教育の成長と自己研修－新たな教師研修ストラテジーの可能性をめざして－』(2006) の中の、春原・細川・横溝鼎談(ていだん)で、私はこう述べています。

「教師教育をやる側が確固たる信念ができるまで日々の努力をし続けているかどうかというのは、すごく重要だと私は思います。私は確固たるところまでいかないでずっと悩みながらあっちこっち行っているような段階です。ただ最近は、そこで右往左往してるのも悪くないな、という気持ちがちょっと出てきてます。右往左往をやめてしまって「もうこれでいいや」と決めてしまうよりは遥かにいいだろうと、ちょっと開き直ってるわけです。」(p. 387)

この試行錯誤、実はまだ続いています。この10年間、英語教育分野との関わりがぐっと増えました。「英語教育ゆかいな仲間たち」や「英語教育達人セミナー」等の自主研修会に参加したり、英検の派遣講師や教育委員会主催の研修会の講師を務めたり、中学校の先生方の有志の勉強会の主催をしたり、素晴らしい授業の現場に通いつめたり、小学校の外国語活動で授業のお手伝いをしたり、小中連携の英語教育のコーディネーターをしたり、カリスマ英語教師の分析をしたり等々、日本語教育分野ではできない体験をたくさんしました。この体験に基づいて、日本語教育分野の教師教育で、「こんなことはできないのか？」という考えを、思いつくままに記したいと思います。

◎ 授業体験型の研修を増やせないか？

日本語教育分野での教師教育では、「どのように教えるのか」から「何を教えるのか」「何をめざして教えるのか」へのシフトが急激に起きていると感じています。英語教育分野でももちろん、このシフトはしっかりと起こっていますが、「どのように」についての情報を豊富に与えてくれる研究会や勉強会が、一年中全国各地で開催されています。こういった研究会・勉強会では、①聴衆が学習者役になり、教え方を直に体験するタイプ、②生徒・児童に教えている授業を、実際の教室でライブ公開するタイプ、③生徒・児童を会場に集め、そこで実際に授業を行うタイ

プ、等の形態が採られることが多いのですが、こういった研究会・勉強会からは、たくさんの学びを得ることができます。会の講演者や授業者にとってはリスクを伴うかもしれませんが、「どのように」についての具体例を共有しあう機会が、日本語教育分野では少なすぎると思います。

◎ 教師教育者の責任をより明確にできないか？

　養成・研修の対象者が「職務遂行能力」を身につけるように、養成・研修は行われるべきだと思います。であれば、養成・研修担当者もそれをどれくらい果たしているかによって評価を受けるべきでしょう。評価の客観性を高く設定・維持するのは簡単なことではないかもしれませんが、「養成・研修の最終ゴールをCan-doリストの形で明示し、それをどのぐらい達成しているか」という形であれば、教師教育の目標も明確になりますし、その達成具合も把握しやすくなります。英語教育分野に比べると、日本語教育分野でのこういった試みは、まだまだ足りないと思います。教師を養成・研修する側の責任は重大です。その責任を果たしているのかについての検証は、常に厳しくなされるべきだと考えます。

◎ 他分野から学ぼうとする心構えを、もっと持てないか？

　英語教育と外国人に対する日本語教育では、「母語でない言語を教える」という共通点、国語教育と外国人に対する日本語教育では、「教える言語が日本語」という共通点があります。それゆえ、日本語教育関係者は、英語教育・国語教育分野での知見に学ぶことがたくさんあります。しかしながら、英語教育や国語教育の研究会・勉強会に参加する日本語教育関係者の数は、まだまだ少ないと思います（逆方向も同じようなものですが）。他分野、特に多くの共通点を持つ分野から貪欲に学ぼうとする気持ちを、もっと持ってもいいのではないのでしょうか。

　私は「好きやすの、飽きやす（博多弁で新し物好きで、飽きっぽい）」の博多っ子です。今後のことは自分でも予想不可能ですが、試行錯誤は続けるでしょう。2015年4月から、日本語教員養成と英語の教職課程に携わることになりました。1人の人間が1つの職場でこの両方の授業を同時に担当することは珍しいことなので、何が起きるかとても楽しみです。

[Profile]
博多地区で、大好きなサーフィンを半ば封印し、さまざまな教育活動に積極的に関わっている。代表著作として、『日本語教師の役割＝やる気を引き出す！（DVD）』（凡人社）、『クラスルーム運営』（くろしお出版）、『生徒の心に火をつける』（教育出版）、などがある。

横溝 紳一郎

06 全身脱毛とヤツメウナギ ● はるはら けんいちろう

> "肉体は悲し、ああ、われは全ての書を読みぬ。"
> （マラルメ『海の微風』鈴木信太郎訳）

　日本や日本語、日本語教育を一切主題とせずに言語問題の基本的な構造を素描します。固有の地域や時代のパズルピースを地の絵の中に置いてみます。

　解剖学者三木成夫によると系統発生にはエネルギー貯蔵の"たまりの頭進"があります。植物はたまりなくさらさら流れ、動物の円口類、例えばヤツメウナギは肝臓だけに貯めこみ、次に魚類、両生類、爬虫類になると丸呑みにして胃にため、小出しで肝臓にため込む。そして哺乳類になると口中でため込み、次に胃で、そして肝臓でため込む、というように貯えの場所がだんだん頭の方に進んでいく（頭進）。そして人類は大きくなった脳と手を使い、体の外に貯える。それが農耕・牧畜の始まりであると言います。

　文字が言語の外部貯蔵を可能にしました。5千年前、文字が誕生し言語革命が始まりました。世界は文字が出現した驚きのただ中に未だいます。それは音声を視覚化したモノが文字だという次元を遥かに越えています。数十万年続いた身体や大地と融合した音声言語を文字が外部化した瞬間、新たなエネルギーがビッグバンを起こしたのです。

　文字は五感の中で決定的に〈視覚〉を優位にしました。そして刻まれた文字を目と脳でくり返し反芻(はんすう)することが〈内省力〉と〈抽象力〉を生みだしました。内省力と抽象力は現実を超えた無限性、絶対、自己、不変性などの普遍概念を発見しました。それが古代ギリシャから、小アジア、インド、中国まで一斉に花開いた宗教思想革命を惹起(じゃっき)しました。文字とともに貨幣による市場革命、都市化へ至る定住革命がほぼ同時多発的に出来(しゅったい)しました。

　文字による言語の貯蔵は、石盤から樹皮獣皮へ写し移され、印刷技術とパルプ紙が大量の〈複製〉を可能とし、電脳電子空間がそれをBIG-DATA、SNS、インターネット等へと超巨大化させました。BIGDATAの末端ユーザーは管理消費されると共に先端発信者としてデータベースやメディアを更新する主体ともなります。

　交通や交易、交信や交流をより高速大量にするためには抵抗を最小限

にする要があります。通信のデジタル化をはじめ、関税やビザの撤廃、生体認証システムなどの、世界の平滑化の前提が音声言語や文字の統合です。目と脳と指に特化した身体も抵抗のない全身脱毛に熱中しています。

　また固有性の地平を越えた文字は世界の一体化を先導しています。言語の外部貯蔵から巨大情報社会を導いた文字が、世界の文字化さらに世界の都市化を牽引しました。世界の都市化は移動と消費、自由や人権等の普遍理念を生きる個人によって構成されます。都市を支える流通やエネルギー等の巨大システムを構築するためには、基軸言語（群）が要請されます。時間や地図、度量衡や航空管制などの標準化の過程に音声言語と文字の統廃合があります。歴史的には植民地化、国民化、市場化における言語普及がそれを進めてきました。テキストに基づいて行われる語学教育は当然、世界の文字化を推進します。土地や集団に根づいた音声言語が数千あるのに対して、文字の数はひとにぎりで統合しやすく、例えば表記体系は違っていても多くの人がローマ字で文章をキーボード入力しているという現実があります。

　語学教育が、第一言語として使用されている地域や国以外で産業として成立するためには当該言語への投資に見返りがあるという前提が必要です。人はより豊かな資源や機会を求めて移動します。教育や仕事、育児や介護等をどこで受けるか取捨選択し、それによって語学教育への投資が行われます。そのことは母語も人種も、民族も国家も所与のものではないという事実をつきつけます。いずれも選択し獲得することができるものなのです。文字の原理と世界の文字化によって、"自由"と"所属"が人類ひとり一人にとって大きなテーマとなってきたと言えましょう。

　畢竟文字の原理は、言語エネルギー蓄積の外部化、視覚化、複製化、内省化、抽象化、普遍概念の抽出を行い、それにつづく世界の文字化は、世界の一体化、平滑化、言語と文字の基軸化、言語の所与性の剥奪を行いました。

　世界の文字化は始まったばかりです。身体感覚を越えた超弩級のエネルギーを常時呼吸している文字社会のなかで、固有で掛け替えのない身体の微細な感覚を言語にどう接続させて教育を含めた社会事業の設計をしていくかが今後5千年の課題だと思います。

[Profile]
前世はナマケモノ。10代前半は体育会系、後半は芝居舞踏ジャズに熱中。20代、高原野菜作りや文楽研修生等経た後、ケニアに遊ぶ。帰国後偶然日本語教育の世界に。爾来35年間国内外で日本語教育の企画実施に関わる。趣味は食う寝る呑む。高校形式卒業で〈教える〉という稼業をするとは…

はるはら けんいちろう

07 常にその時代に生きる日本語教師であるために● 西尾 珪子(にしお けいこ)

◎戦後の日本語教育を取り巻く状況

　第二次世界大戦中、台湾をはじめ東南アジアで日本語教育が行われていたことはよく知られています。しかし、終戦後現地に居残っていると、文化侵略を続けていると思われるので、日本語教師は一斉に引き揚げました。敗戦で文化も封鎖されて、特に海外に向けては発信できないため、当時はみんなじっとしていました。しかし日本語教育のニーズがなかったわけではありません。日本国内においては、キリスト教の教会に宣教師が大勢来ていて、日本語で布教活動をするために熱心に日本語を学んでいました。一方、1950年になると、日本の大学に賠償留学生を受け入れるプログラムができ、これが戦後の日本語教育の大きな発展の契機となりました。

◎「西尾グループ」の創設

　高度成長期に入ってすぐのころ、ビジネスで使われる言葉は、日本国内でさえ英語でした。これに対し、大企業のトップの方々から、外国人に日本語を教えて、日本語で仕事をしてもらったほうがよいのではないかという意見が出てくるようになりました。学校教育でなく生涯学習として、社会教育の中に日本語教育が必要であることを提唱していた私は、さっそく「日本語教育研究会　西尾グループ」を創設しました。ぜひ知的な仕事を開発したいという応募者(多くは女性)に言語学のかなり高度な試験をし、なお志をしっかりと持っている人たちが研究仲間になってくれました。

　当時はまだ研究会の事務所を持つ財政的基盤もなく、金物屋の2階の四畳半一間を借りていました。研究会の噂を聞いて、日本語の先生になりたいという人が何人も訪れました。狭い階段を上がってきて戸を開けると、そこにこたつを抱えた私一人がいるのに驚いて、「あっ、失礼しました。間違えました」と言って階段を下りていく人も多くいました。

◎学習者と向き合うことで見えてくるもの

　西尾グループが当初から学習者として考えていたのは、日本語を語学として学び来ている人たちではなく、日本において仕事で成功するために日本語が必要だと考える人たちでした。学習者を目の前にして、この

人はどういう目的で日本にいて、どんな仕事をしているのか、毎日会社でどんな言葉が必要なのか、カリキュラムをどのように組み立てればよいか、それを探索するために学習者のオフィス、または会議室などを教室代わりに使いました。そこにあるすべての事務用品、また、社員同士の会話など、学習者の置かれている環境を知ることが第一歩でした。文のパターンを覚えるための教科書用の例文などは使わず、グループの教師たちが学習者に合わせて、必要な単語や表現を含めてテキストを作ります。この方法は忙しい当初の学習者たちを釘づけにしました。

　また、会社員だけでなく、その配偶者も対象でした。台所を使って、調理器具、日本の野菜などもそのまま教材にすることができました。その後、法人になってからも教授活動の看板となった「対象別日本語教育」は、このときに兆しが見えたのでした。

　そして1977年に、文部省から公益法人認可をいただき、現在は公益社団法人国際日本語普及協会（AJALT）となっています。

◎よい日本語教師とは

　1970年代の後半から、文化庁文化部国語課を中心に日本語教育の当時の諸問題を検討することになりました。委員会で問題を一挙に取り上げ、情報を共有し、解決に向けて議論し、これからの日本語教育のあるべき姿を描くために討議しました。これからの時代の日本語教育について、大学を中心とする学識経験者だけでなく、社会人教育に携わるAJALTが参加したことは意義深いことだったと思います。例えば委員会では、特に大学生と社会人では求められる日本語能力が同一でないことを公言し、それぞれの道でよい教師を育てるべきとの結論が出ました。

◎日本語教師の仕事とは

　社会人への日本語教育においては、教師そのものの教育能力と教育観、国際人としての自覚、世界観等を備えなければなりません。

　私は世界の情勢を直視し、戦争のない、平和な地球の一員としての生き方を終生高めていきたいと思っています。日本語教師はこの地球上で平和を産むことに近い仕事だと思います。したがって、日本語教師の仕事は世界平和を創る仕事だと、私は常に大まじめに答えています。

[Profile]
公益社団法人国際日本語普及協会会長。一貫して社会人向けの日本語教育の発展に携わってきた。難民の日本定住から、日本に赴任する諸外国の外交官等への日本語教育まで幅広く日本語の対象別教育の発展に尽くす。2002年勲三等瑞宝章を授与される。

08 日本語教育基本の「き」——東大教師としての経験から——　上野 千鶴子

　国語といえば日本語。国文学といえば日本文学のこと。国語国文学科が最近ではようやく日本語日本文学科に名称変更して、日本語話者限定の閉鎖的な分野ではなくなりつつある。

　だがそれでもつきまとうのが日本語と日本文学とがセットになっていることだ。日本語教育は日本文学教育とは違う。読み・書き、聞く・話すを学ぶコミュニケーション教育であるはずだし、あるべきだと思う。

　こんなことをわざわざ言わなければならないのは、国語教育を長年にわたって受けてきた、それも偏差値パフォーマンスの高い学生を東京大学で教えてきて、彼らの言語能力の低さに愕然とすることが多かったからだ。そのたびに国語教育がまちがっているのではないか、との思いを禁じ得なかった。

　社会科学は経験科学である。どんなにすぐれたアイディアを持っていたとしても、相手に伝わってなんぼ。エビデンスにもとづいて自分の主張を相手に説得するデリバリーの技術を身につけなければならない。その際、口頭報告のスキルと文章表現のスキルとはべつものであることを痛感してきた。学会というアリーナでは、そのスキルを両方、別々に身につけなければならない。だからそのための、プレゼンテーションや、ライティング、コメント力などの訓練をゼミでは積み重ねてきた。その能力は社会科学のみならず、あらゆる分野で役に立つはずだ。

　ところが受験技術に集約される彼らの国語能力ときたら、「以下の文章を読んで何字以内にまとめよ」という要約力や、「筆者はこのとき何を感じたか、あてはまるものを選べ」といった文意を問うもの。作文教育は「感じたことをありのままに書け」というもの。わたしは口を酸っぱくして、「考えたことを、他人に伝わるように、書け」と言いつづけなければならなかった。

　2千字や4千字のエッセイなら思いつきで駆け抜けることができる。だが1万字を超える論文になると、論理的な構成力や論旨の一貫性がないと書ききれない。学士論文で8万字、修士論文で16万字、博士論文で24万字以上が、わたしの所属した社会学科の要求水準だった。論文はスケールによって書き方が違う。構造設計ができていないと、建物は建たないのと同じである。

ライティングだけでなくオーラルプレゼンテーションの能力も求められる。口頭報告は時間との闘いだ。わたしのゼミではタイマーが必需品だった。学会報告では20分という制約のなかでイントロから結論まで持っていかなければならない。仮に時間資源の稀少な誰かから「3分あげるからキミの言いたいことを言ってごらん」と言われたら、それに応えることのできるスキルを身につける必要だってある。

こういう訓練をくりかえすたびに、この子たちはこの年齢になるまで、いったいどこでどんな日本語教育を受けてきたのだろう、と疑問が募った。まったく初歩的なことから教えなければならなかったからだ。そして訓練と学習の機会さえあれば、その力は身につくという手応えもあった。

あいまいな表現をする学生には「今いったことを英語にしてごらん」と促した。べつだん、英語のほうが論理的な言語だから、というわけではない。外国語に翻訳することで、暗黙知によりかかったあいまいさが払拭されるからだ。

言語を自己表現のメディアにする文学者や詩人になるのではないかぎり、言語は誰にとってもまずコミュニケーションのツールだ。赤ん坊が泣くことから覚えるように、自分の要求を伝え、相手と交渉し、得たいものを手に入れるための手段である。多義性が魅力になる文学と違って、コミュニケーションではまず誤解を生まない明晰判明な表現が求められる。文学は言語のabuse（濫用、転じて虐待ともいう）だと思うが、その前に言語の一義的なuseを身につけるのが先だろう。そのためには、まず論理的な文章をたくさん読み・書きすることに尽きる。そう思えば国語の教科書に文学者といわれるひとびとの作品が多すぎるのが気になる。思想家、哲学者、社会科学者、研究者の書いたものを加えれば、日本語のテキスト集合はもっと豊かになるはずだ。

このような言語教育の基本に、日本語話者も非日本語話者もちがいはない。今や英語教育はリンガ・フランカとしての英語を非英語話者が学ぶものになったように、日本語教育もまたグローバルなコミュニケーション・ツールのひとつとして学習される時代が来たと思う。

[Profile]
社会学者。立命館大学特別招聘教授、東京大学名誉教授。NPO法人ウィメンズアクションネットワーク理事長。専門は女性学、ジェンダー研究。近年は高齢者の介護問題に関わっている。また、「ヘイトスピーチとレイシズムを乗り越える国際ネットワーク」共同代表を務める。

上野 千鶴子

09 いい直し、いい淀みのすすめ

岡田 美智男（おかだ みちお）

　ヒューマン・ロボットインタラクション（HRI）という研究分野の中で、人とロボットとの関わりやそこでの違和感を手掛かりに、そもそも〈コミュニケーション〉を成立させる基盤とはどのようなものかについて考えてきた。この小論では「私たちはなぜ口ごもるの？　コンピュータはなぜ口ごもらないの？」との問いから生まれてきた、相手の目を気にしながらオドオドと話すようなロボット〈トーキング・アリー〉を紹介しつつ、そこでの「発話における非流暢性（disfluencies）」についての議論と「日本語教育学」との接点を探りたいと思う。

　コンピュータからの合成音は明瞭なものであり、その発話は流暢であることが期待される。そうしたこともあって、このところの合成音の声質は格段によくなってきた。しかし、ロボットから聞こえてくる「アイシテル！」「オハヨウ！」はどうだろう。それはなぜか空々しく聞こえてしまうのだ。その「オハヨウ！」との言葉に、「あっ、挨拶を返さなければ……」という気にならない。それは、そのイントネーションが平板なためなのだろうか。もっと表情にも豊かさが必要なのか……。

　こうした議論のなかで、私たちの〈トーキング・アリー〉が手本としたのは、子どもたちのたどたどしい、弱々しい発話である。

　「あのね、ねっ、きょうね、ようちえんでね、ねっ、きいてる？　えーとね、せっ、せんせいがね、ねっ……」、幼稚園から帰ってきた子どもが今日の出来事を語って聞かせようとする。こうしたときには、お母さんも「あなたの話をちゃんと聞いてますよ！」という表示が欠かせない。ほんの少し注意を逸らそうものなら、「ねぇ、きいてる？　あっ、あのね……」との言葉が矢継ぎ早に飛んでくることだろう。

　子どもたちがお母さんを味方につけながら、一緒になって発話を繰り出していく様子は、ちょうどなにげない一歩を地面に委ねつつ、その地面に支えられながら「歩く」という振る舞いを生み出す様を彷彿とさせる。その発話も他者に対して開いており、「相手に自分の発話の一部を委ねる ⇔ それをそっと支える」という関係論的なものなのだ。

　〈トーキング・アリー〉は、この子どものたどたどしい発話のように、相手からの「ちゃんと聞いてますよ」という聞き手性をリソースとして、一緒に発話を組織していくことを狙いとする。インターネット上のニュースソースを引用し、それを語り聞かせる中で、その相手の視線の

動きを追跡し、その視線が少しでも外れると、発話を休止したり、同じ発話を繰り返すことで、相手の視線を引き戻そうと試みる。あるいは、「あのね」「えーとね」などのターン開始要素や「きょうはね」「がっこうでね」などの発話片ごとのモダリティを駆使して、聞き手の関心をなんとか引きつけようとする。「あのね、こんどね、ねっ、とうきょうでのね、オリンピックのね、かっ、かいさいがね、きまったんだって、しってた？」という具合にである。

　相手の視線や表情を気にしながら、言葉を一つひとつ選んだり、そのタイミングを計ろうとする姿はなにか臆病そうで弱々しくもある。結果として、多くのいい淀みやいい直しを含むものとなり、けっして流暢な発話とはいえない。けれども、これまでの機械的な合成音とは違い、何かを懸命に伝えようとする意思を感じるのである。

　くわえて、その発話には明確な「宛名」を伴うように思う。〈トーキング・アリー〉は相手の状態に合わせて、言葉やタイミングを選ぼうとする。その発話はしっかりと聞き手に向けられ、聞き手からの支えを予定して繰り出される。それは相手に対する思いやりや優しさとなり、同時に聞き手に参加の余地を与えている。

　聞き手のほうはどうだろう。ただ一方的に耳を傾けるだけではなく、その発話を支えてあげながら、一緒に発話を作り上げている。そこにお互いのつながり感や一体感をも覚えるのである。

　こうして考えてみると、〈トーキング・アリー〉との関わりにおいて、そのいい直しやいい淀みなどの非流暢な振る舞いは欠くことのできないものとなっている。それは聞き手に対する配慮や優しさであると同時に、一緒に発話を作り上げていくプロセス、あるいは聞き手との関係を構築するための手段でもあるのだろう。そのプロセスを経て、はじめて人との関わりに参加できることになるのだ。

　本書の主題となる「日本語教育」の分野ではどうだろうか。「そのメッセージを伝えようとする人」と「その語りに一方的に耳を傾ける人」、その２つの役割の間に線を引いた途端に、相手に対する要求水準を上げてしまう、そうしたことはないだろうか。「もっとわかりやすく！　それは日本語としてどうなの？　どうして、そこで口ごもってしまうのかなぁ……」と。

[Profile]
豊橋技術科学大学情報・知能工学系教授。コミュニケーションの認知科学、社会的ロボティクス、ヒューマン＝ロボットインタラクション、生態心理学などを研究。著書に、『弱いロボット』(医学書院)、『口ごもるコンピュータ』(共立出版)、『ロボットの悲しみ』(共著、新曜社)などがある。

10 多文化共生に向けた提案

山西 優二（やまにし ゆうじ）

　私自身は日本語教育の専門家もしくは実践者ではありません。ただ平和で公正な社会の実現をめざす開発教育や国際理解教育に永年関わってくる中で、国際化社会・グローバル社会の進展にともなう数多くのことばを取り巻く問題とその問題解決に向けての教育実践のあり様や、ことばに内在する文化性や身体性に注視した教育実践のあり様について、特にここ数年、教材開発などを通して関わってきています。

　そんな中、地域日本語教室の指導者研修に講師として参加することも多くなってきています。それは多文化・多言語の接触・交流の水際である地域日本語教室は、多文化化・多言語化にともなう問題の対処に向けた大きな必然性と可能性を有していることを感じているためです。ただ、いくつかの地域日本語教室を訪れてみると、日本語支援にのみ関心が払われ、学習者の抱える多様な問題・課題に十分に対応できていないという声、また理念的に多文化共生社会の実現が掲げられつつも、今の地域日本語教室・地域日本語教育がその理念にどこまで、そしてどのように対応してよいのかが見えないという声が、実践現場から聞こえてきます。

　私の問題関心は、日本語教育のあり様を狭義の日本語支援から考え出すのではなく、地域日本語教室など多くの学習の場に参集する学習者・支援者のニーズと学習者・支援者を取り巻く社会状況に即して、また多文化共生という理念・課題に即して、ことばの教育のあり様を丁寧に捉え直したうえで、その文脈から日本語教育のあり様を自由に描き出してはどうかというものです。そのための日本語教育への私の提案としては、紙面上の制約があることから、以下の2点を挙げておきます。

＊提案１：多文化共生に向けての教育の描き出し

　「日本語教育はどこまでをやろうとしているのですか」という問いは、私が日本語教育関係者と出会うと、永年よく投げかけてきた問いです。多文化共生を掲げるなら、また地域における学習者一人一人の生活上の課題に対応しようとするなら、さらには地域日本語教室の居場所としての機能に焦点をあてようとするなら、日本語教育は、何を教育目標として掲げ、具体的にどういった内容や方法を実践に組み入れようとしているのですかという問いです。

　日本語教育は、学校教育のように、学習指導要領によって教育目標・教育内容の枠が規定されているわけでも、また教える側と教えられる側

が固定的な関係をつくっているわけでもありません。多くの場・実践が、関わるものを当事者として、必然性を基礎に、行政からの支援を受けながらも、民間組織もしくは中間支援組織などでつくり出されていることを考えると、学習者のニーズと社会のニーズに即して、自由に教育を構想し、大胆にその教育を実践に移し、それら実践をネットワークでつないでいくことは可能なはずです。言語学的に見た日本語支援の重要性に力点を置くあまり、時として「日本語を指導しなければならない」「日本語能力の枠を超えたことは教室の役割外である」といった狭義の日本語教育の捉え方が、この教育がもつ必然性と可能性を制限させているようにもみえます。ことばの道具的能力の形成をめざすことばの教育と、ことばを取り巻く生活上の課題やことばと文化の関連を問うことばの教育を、相互につないでいくことが、多文化共生に向けての日本語教育につながっていくはずです。改めて日本語教育のあり様を理念的にも実践的にも大胆に描き出し合っていくことが、多くの関係者を当事者とする日本語教育ではまず重要だと思っています。

＊提案２：「地域多言語・多文化教室」の設置

　もう一点指摘しておきたいことは、「地域多言語・多文化教室」を開設してはどうかということです。日本語からのことばの教育へのアプローチをこれまで以上に深めていくことは重要ですが、一方、地域での多文化共生に向けての教育とその場を描き出そうとすると、学び手は外国人住民だけでなく地域住民全員が基本的にその学習の当事者となることが想定され、また日本語を含む多言語・多文化をめぐる学びをつくり出す教室・教育へのニーズは今後より高まっていくことが想定できます。そう考え、また地域日本語教室だけでこのニーズに対応していくことが難しいなら、日本語教育・異文化間教育・開発教育・国際理解教育などにこれまで関わってきた関係者が、それぞれの領域での実践と研究を深めつつも協働し、地域での生涯学習の１つの場としての「地域多言語・多文化教室」とそこでの実践をつくり出していくことは、必然性からみて重要であり、またそれほど難しいことではないように思います。多文化共生を掲げるなら、それぞれの教育が既存の枠（教育の文化枠）を超えて、新たな関係をつくり出していくような具体的方策を大胆に提示し、実践していくことが必要だと思います。

[Profile]
早稲田大学文学学術院教授、日本国際理解教育学会理事、かながわ開発教育センター代表など。国際教育論・共生社会論を軸に、文化・地域・アート・学びなどの視点から、平和・共生に向けての教育実践・実践研究を行う。著書に『地域から描くこれからの開発教育』共編著、新評論）などがある。

山西 優二

11 これからの日本語教育への3つの期待 ● 田村 太郎(たむらたろう)

　私の、日本で暮らす外国人とのたくさんの出会いは1993年頃。当時私は、フィリピン映画のビデオをレンタルする仕事に就いていて、毎日、全国のフィリピン人(ほとんどが女性)からかかってくる電話注文に対応していました。彼女たちの日本語は、エラそうな、方言の、男性語。大いに戸惑いましたが、それは彼女たちが普段、耳にしている日本語でもあるわけで、こんなにエラそうな物言いの男たちに囲まれて暮らしているとは、さぞたいへんだろうと痛感しました。

　あれから20年以上が経過しましたが、地域で日本語を学ぶ機会はそれほど充実したとは思えません。都市部にあった識字教室や夜間中学校といった数少ないよりどころも縮小し、日本語ボランティアをリードしてきた国際交流協会も勢いがありません。地域の日本語教育はこの20年でむしろ後退したのかもしれません。

　一方で、日本で暮らす外国人は増え続け、また、永住化の傾向も堅調です。2000年以降、毎年3万人に以上が新たに永住者資格を取得しており、いまや日本で暮らす外国人の半数が、永住者資格を持っています。体系的に日本語を学ぶ機会は少ないですが、自力で、あるいは家族や職場の力を借りて、たくましく日本語を身につけ、自在に操っている外国人も少なくありません。先輩外国人が同国出身者向けに日本語教室を開いている、というケースも耳にします。

　これからの日本語教育について、期待したいことが3つあります。

　まず1つめは「教育のマネジメント」をしっかりすること。「日本語ボランティア」や「日本語教師」を育成するプログラムはたくさんありますが、地域の学習者の全体像を把握し、適切な「日本語教育」の機会をデザインできる人材がいなくては、せっかく育成した人材も活躍できません。ターゲットを明確にしてコースをデザインし、適確な学習支援者をマッチングできる力を身につけた人を育て、そうした人に教室の運営を任せるべきです。日本語を教えるスキルを持った人たちだけでは、地域の日本語教育は始められません。

　2つめは「担い手の多様化」。学習者の多様なニーズに対応するには、多様な職業や経験を持つ人が学習支援者にいてほしいですし、日本語を習得した外国人もまた貴重な支援者となり得ます。地域の日本語教育は主婦や学生、退職者のボランティアによって支えられているのが現状で

すが、学習者のニーズに応えるにはさらなる多様な支援者が必要です。企業が管理職教育の一環として社員を送ったり、学習者が習得度合いを確認するために教える側に回ったりするなど、教える・教えられる関係を固定しないで、もっと多様な場をつくってもよいのではないでしょうか。

　3つめは、「日本語を教えることが職業として成立する社会への転換」です。地域で外国人と日本人が出会う接点として、あるいは多様な学習ニーズに応える多様な支援者の参画機会として、ボランティアによる教室には一定の効能はあります。しかし、それだけで十分な日本語を身につけるのは難しいでしょう。プロが体系的に教えてくれる教室があってこそ、ボランティアによる教室も生きてきます。自治体や企業は、日本語教育のプロを採用し、地域や職場の日本語教育の充実を急ぐべきでしょう。

　インターネットの普及で海外とのやりとりは活発になり、LCCは移動のコストを押し下げました。国境を越えて働きに行くことや暮らすことは、以前ほど高いハードルではなくなりました。誰もが住みたいところで住める時代が近づいていますが、その場所で使われている言語が学びやすいかどうかは、本当にそこで住むかどうかの大きな要件となるでしょう。訪日外国人の増加に沸く昨今、「訪ねたい」が「滞在したい」になって、「暮らしたい」のステップへ進んでもらえれば、人口減少に悩む日本の地方にとっても希望が見えてきます。

　日本語を身につけた外国人が、地域の魅力を母語で発信してくれれば、さらなる訪問者も期待できます。日本人が書いた原稿を翻訳したのでは伝わらない魅力、日本人は気づかなかった地域の魅力を伝えてくれるでしょう。もちろんその逆もあります。「インバウンドブーム」に乗って、上っ面なおもてなしを展開しても、化けの皮はすぐにはがれてしまいます。インターネット時代は悪い評判もまたすぐに世界に流布されてしまうのです。

　地域の未来を外国人と共に築いていこうという、本気で多文化共生に取り組むまちにこそ、人は集います。地域の未来をかけて、日本語教育に臨みましょう。

[Profile]

兵庫県伊丹市生まれ。高校卒業後、海外を放浪。在日フィリピン人向けレンタルビデオ店勤務を経て、阪神・淡路大震災で被災した外国人へ情報提供を行う活動を機に「多文化共生センター」を設立。現在は「ダイバーシティ研究所」代表や復興庁参与としても活動。

田村 太郎

12 これからの日本語を構想する ―ことばのバリアフリーの視点から―

あべ やすし

　わたしはこれまで、ことばのバリアフリーという視点から、日本語表記の問題や情報保障の課題について議論してきました。日本語がわからなくても、よみかきができなくても、社会生活に不自由しないようにするには、どうすればいいのか、ということをかんがえています。ですから、日本語表記はどうあるべきかという議論もしています。

　日本語を研究したり、教育したりしている人たちにとって、のぞましい日本語を構想したり、設定したりすることは、さしでがましいことのように感じられるのかもしれません。大多数の日本語話者は、このように日本語を使用している。それを他者におしえる。それが日本語の研究であり教育であるといえるでしょう。しかし、いまここにある「ゆらぎ」＝「多様なありかた」をどのようにとらえ、どのように伝授するのかということは、さけられない問題であるはずです。日本語をおしえる人の日本語観、ことばへの態度をふりかえってみる必要があるとおもうのです。

　具体的な例をあげます。それは日本語の「わかちがき」についてです。『新版 日本語教育事典』(大修館書店、2005年) の「韓国の学習者に対する文字教育」という項目をみると、「韓国語の正書法の影響」として、つぎのような説明があります。

> 韓国語の正書法では文節単位で分かち書きをするので、その影響が出て、日本文をも分かち書きにする者が少なくない。日本文では通例は分かち書きをしないことを、原稿用紙を用いたりしながら指導することが効果的である。(419ページ)

　日本語をわかちがきしても、意思の伝達には支障がないはずです。たんに、「通例は」、大多数は、わかちがきしていないというだけです。点字の日本語は、わかちがきをします。絵本や小学校低学年の教科書も、わかちがきされています。『新明解国語辞典』(三省堂) も部分的にわかちがきをしています。最近でいえば、「やさしい日本語」の実践として、わかちがきをしている場合もあります。一部ではあっても、わかちがきをしたほうが理解しやすい、視認しやすいという日本語話者がいます。日本語学習者のなかにも、わかちがきをしたほうが、よみやすい、わか

りやすいという人がいます。そのような現実を確認してみれば、学習者を原稿用紙というワクにおしこめることの印象は、ちがってくるのではないでしょうか。わたしは、学習者に原稿用紙をあてがって、わかちがきをやめさせることは、大多数に同化させること、規範をおしつけることであると感じます。もちろん、教育とはそのようなものかもしれません。まったく規範を無視して言語教育をするわけにもいかないでしょう。けれども、他者に規範をおしつけるようなことをしながらも、同時に、自分たちの規範をくりかえし問いなおしていくことも、必要だろうとおもうのです。

　はたして、わかちがきをとりいれた「やさしい日本語」は、「特殊な日本語」なのでしょうか。「ふつうの日本語」というものがあって、「日本語が不自由な人のための」「おもいやり」として、「やさしい日本語」というものを用意しようということなのでしょうか。そうではないはずです。わたしにとって、やさしい日本語とは、「これまでの日本語」を問いなおす言語実践であり、「これからの日本語」を構想するためのものです。

　「日本語教育のデザイン」のためには、「日本語のデザイン」を議論する必要もあるとおもうのです。決して「ひとつ」ではない、複数の、ゆらぎのあることばとして、日本語をとらえる。そして、情報がきちんと伝達される、バリアのないことばとして、日本語を構想する。そのような作業をつみあげていく必要があるとおもうのです。

　教材のなかの、むずかしい文章をかみくだいて説明する技術がある人は、わかりやすい文章をかく技術があるかもしれません。そういったノウハウを日本語社会にアピールしていくこと。やさしい日本語を実践しながら、日本語のありかたに介入していくこと。これからの日本語をつくっていくためには、そのような作業が必要です。

　ことばのバリアフリーに必要なのは、情報を多言語化していくと同時に、日本語をバリアフリーにしていくことです。バリアフリーのためには、分野をこえた共同作業が必要です。

[Profile]
日本自立生活センター非常勤職員(介助者)／愛知県立大学非常勤講師。言語権と情報保障の課題について文章をかいている。著書に、『識字の社会言語学』(共編 生活書院)、『「やさしい日本語」は何を目指すか』(分担執筆、ココ出版)などがある。http://www.geocities.jp/hituzinosanpo/

13 社会づくりと日本語教育 もう、待ったなし！●堀 永乃

「これまで大人がやってこなかったからだろ？　だから、俺たちがやってるの！　未来は、今からつくってかなきゃならないんだ」

浜松市内で社会貢献活動に励んでいる、ある男子大学生の言葉です。その真剣なまなざしと強い語気は、今でも心に残っています。

私たちオトナは、「学生だから」という偏見や先入観をもって評価しがちです。実際に、彼らはスケジュール管理もろくにできないし、社会マナーも知りません。しかし、そんなことはオトナが面倒くさがらず彼らに実践を通して教えていけばいいのです。そうすれば、彼らは「学生」であることを最大の武器にして、社会の課題に立ち向かっていくようになり、いつしか大きく成長し、立派に社会へと巣立っていくのです。

日本語教育は、いや…あなたは、どう「社会的責任」を果たしていますか。ISO26000は、持続可能な社会づくりのために、企業だけでなく、行政、学校、NPOなど、あらゆる種類の組織に社会的責任があるとしています。私たちは、職場でも地域でも、何らかの「組織」に属しているわけですから、誰にでも社会的責任があるのです。私たちは、持続可能な社会の構築に資する日本語教育について考えていく必要があります。

少子高齢化と人口減少が加速し、いかに地域が多文化共生を促進し、グローバルな人材として在住外国人のチカラを活かすのかが喫緊の課題となっています。そもそもその地域自体が外国人にとって本当に住みやすく生きやすい社会でなければなりませんが、現状は、彼らの日本語能力が不足していることにより、さまざまな問題を抱えています。彼らが日本で生きる以上、コミュニケーション手段としての日本語能力は不可欠です。そのため行政は、地域の日本語教室を開催したり、やさしい日本語の使用や多言語化などの工夫をして情報発信をし、情報のバリアフリーに努めています。しかし、外国人が乗り越えなければならないバリアは、情報以外に制度のバリア（就職や資格取得の際の制限）と意識のバリア（外国人に対する理解・関心がないこと）があります。

これまで日本語教育は、言語教育・言語学習支援というステージにありましたが、ここでさらなるステージへと進んでいきませんか。そろそろ「人材育成」としての日本語教育に舵を切りませんか。教育は元来、人づくりなのですから、外国人を社会貢献できる人材へと育成していってほしいのです。彼らにとって日本語を習得するのは手段の１つにすぎ

ません。なぜ彼らが日本語を学ぶのかをもっと真剣に考えていくべきです。それは、彼らのQOL (Quality Of Life) の向上と自己実現のためにあるのではないでしょうか。

　私は、日本語教室、とりわけ地域の日本語教室の「扉」は、透明な回転扉であるべきだと考えています。日本人も外国人も、そこを通りぬけることで、異なる文化のコミュニティへ飛び出し、一方でそれを受け入れることもできるようにしていくのです。参加した人は、そこを通ることで人生に広がりが生まれ、QOLを高め、ひいては自己実現につながる…そんな通り道であるべきだと思います。だからこそ、日本語教室は、日本語を教え学ぶという二者の関係性のみで成立している狭い空間ではなく、そこにいる誰もが相互に日本語で学び合う、日本語で理解し合う、日本語でつながり合うという広い空間にデザインしていくことが大切だと思います。教室運営では、連携が比較的簡単な行政機関や文化施設で満足せず、企業も病院も介護施設も、そこにいるあらゆる人たちが連携して、日本語教育に携わり協働する内容にします。これこそが、意識のバリアフリーにつながる取り組みです。そして日本人側の理解が深まれば、制度のバリアフリーにもなるでしょう。本来、社会はノーマライゼーションでなければなりません。日本語教育でのノーマライゼーションとは、外国人が、日本社会で、日本語を使って、QOLを高め、自分らしく生きていけるようにすることです。そして、教育である以上、人を育て、社会を創造するという役割を果たすことが求められます。

　今や、外国人の労働力、生産力、経済力、文化創造力は、私たちの地域を潤し支える、なくてはならない存在となりつつあります。日本の高齢化社会を支えるには、外国人介護労働者に頼らざるを得ない状況が、もう待ったなしのところまできています。だからこそ日本語教育は、地域の総力をあげて、市民「総働」で働きかけていく壮大なプロジェクトであるべきだと思います。日本語教育の実践が社会をデザインすることになると想像しただけで胸が躍ります。

　オトナがやってこなかったからと言われるのにはもう辟易します。10年後、20年後の私たちの未来を今から創造しませんか。私たちの未来は、刻一刻と創られています。日本語教育は、もはや言語を愉しむ領域にとどまらず、社会を創る領域にあるのではないでしょうか。

[Profile]
一般社団法人グローバル人財サポート浜松代表理事。企業勤務の傍らボランティア活動を経て、2003年より（公財）浜松国際交流協会で日本語教育等の事業を企画・運営。2012年9月から、現職。外国人の介護職員初任者研修や企業内日本語教育、大学生を対象にした次世代育成を行う。

堀 永乃

14 日本語教室という場を活かして、「まち」をつくる ● 早川 秀樹(はやかわ ひでき)

　私は学生時代に、課外活動として日本語教室を立ち上げたのですが、日本語教育を学んでいたわけでもなく、異文化に対して特別興味があるというわけでもありませんでした。偶然の出会いの中で、「じゃあ、日本語教室、始めちゃおうか」と勢いだけで教室を始めてしまったのです。ですから、私にとっては、使命感や明確なビジョンなどを、一切持たないままに始めてしまった活動なのですが、さまざまな国籍・年齢の人たちと関わらせてもらう中で、日本語教室が私にとって大事な居場所となっていきました。

　それと同時に、関わりが深くなっていくほど、日本語の学習だけでは解決できない、子どもたちの抱える課題や生活の課題が見えるようになり、もっと生活全般に関わって活動がしたいと思うようになりました。そう考えたときに、日本語教室という限られた空間だけではなく、生活の場そのものである「まち」がみんなの居場所になるように、国籍や言語の違いを超えて、みんなが関わりあって一緒に行うまちづくりをしていきたいと思い、「多文化まちづくり工房」という団体を立ち上げました。

　多文化まちづくり工房は「多様な文化背景を持った人たちが、それぞれの個性を出し合い、ともに楽しく暮らせる『まち』をつくる」ことを目的として活動しています。現在は朝と夜2回ずつの日本語教室を軸として、必要だと思うこと、やりたいと思うことを中心に、子どもの学習教室や生活相談を行いつつ、地域イベントへの参画や防災・防犯活動、スポーツによる交流の場づくりなどを行っています。

　多文化まちづくり工房が活動の中心としているいちょう団地は、外国籍住民が多く住んでいるという特徴を持っています。結婚などで来日し、そのまま団地や団地周辺で生活を始めるケースが多く、仕事や子育てに追われ、何年か経っても日本語が話せないままという人も多く住んでいます。そのため、生活の場の中で、さまざまな時間帯に日本語を学べる場や通訳がいて気軽に相談できる場が必要とされている地域です。また、多くの公営住宅が抱えている高齢化という課題にも直面しています。年々、地域全体の高齢化が進む中で、国籍や言語にこだわらず、一人一人が活躍できる場をつくっていく必要がある地域でもあります。

　このような地域の中で、日本語教室というものを、閉じられたものではなく、まちの一部分として開かれた場にすることで、新しいまちづく

りの一翼を担う場にできるのではないかと考えています。

　まちづくりには人と人とがつながるための、時間と空間の共有が必要です。これまでの地域コミュニティは、行事や日常の活動を通して共有の場をつくってきましたが、日本人同士の関係は希薄になり、場づくりは難しくなってきています。そこに外国人も入ってくれば、なおさら場づくりは難しいような気がします。

　しかし、日本語学習を必要としている人がいる、ということを逆手に取れば、日本人も外国人も気軽に参加できる場を地域の中につくることができます。外国人にとっては、日本語を学び、日本での生活をより快適なものにする日本社会の窓口であり、日本人にとっては、コミュニケーションのあり方や人との関わり方について考える場になります。

　実際、教室に参加する人は、国籍や立場に関わらず、人と言葉をかわす楽しさ、人と関わる喜びを感じながら活動をしていると感じています。そういう意味では、地域の日本語教室は、減らない財産である言葉や知識を共有しあうことで、生きていくうえで大事な人間関係を築くことができる、新しい形の地域コミュニティともいえるかもしれません。ですから、地域の日本語教室では、誰もができるだけ参加しやすい形をつくっていくということも必要なのではないかと思います。

　それと同時に、行政機関や学校、地域などのさまざまな社会にくさびを打ちつつ、外国籍住民と日本社会とをつなぎ合わせていく、ということも、地域の日本語教室ならではの役割なのではないかと思います。

　地域と関わるということは、一見手がかりがなく、難しいことのようにも感じますが、日本語教室という枠から外れて、まるっきり日本語教室と関係のなさそうなことをやってみると、案外、日本語教室にもつながる、地域や人とのつながりがつくれることもあります。例えば、小学生たちの見守り活動に参加し続けてみたら、学校との関係が深まったり、その活動に参加していた日本人の保護者が日本語教室にも参加してくれるようになったり、水面に波紋が広がるように人のつながりができて、地域とのつながりがそれまで以上に広がり、深まりました。

　日本語教室という場を活かし、多様な人たちがつながると、新しい力が生まれ、より楽しく暮らせるまちができるのだとあらためて感じています。

[Profile]

「多文化まちづくり工房」代表。大学在学中から横浜市泉区でボランティアで日本語教室を始める。2000年に外国籍住民が集住する神奈川県営いちょう団地での活動を広げ、「多文化まちづくり工房」を設立。日本語学習支援のほか、進路相談、生活相談、防災活動などを行う。

早川 秀樹

15 ソーシャルビジネスだからできる「近道」の日本語

戸嶋 浩子(としま ひろこ)

　ひらがなネットは、2012年に東京都墨田区で設立した株式会社です。区内の日本語サークル「こんにちは！」で活動するふたりが、日本語を教えるだけでなく「もっと、何かできるはず！」と、立ち上げました。

　ビジネスの手法で社会的課題に取り組む"ソーシャルビジネス"で、日本で暮らす外国人が、①日本での生活力を上げる、②日本人の友だちを増やす、③言葉の問題を解決することを目標としています。NPO法人ではなく会社としたのは、"支援する側、される側"という上下関係ではなく、対価をきちんといただくことでサービスを充実させたいと考えたからです。

◎楽しく、近道で、必要なことを学ぶ

　会社として最初に始めた事業は「料理教室」と「みんなで散歩」という町歩きです。日本人も参加し交流をはかります。料理は、家族を笑顔にする大切な要素ですし、教室で友だちもでき、普段の勉強では学ばない料理のことばを覚えられます。散歩は、町の特徴を知り、そこで見る物の名前や会話を学習することができます。また、それらの情報伝達には"ひらがな"を活用することにしました。

　しかし、ここで私たちがとても苦労をしたことがあります。価格設定です。ボランティア活動も継続していましたから、教室では無料で教えている学習者も、お金をいただくお客さんになります。当初は料理教室も散歩も1回500円。学習者の負担にならない金額でとの思いからでしたが、その後、利益の出る価格に近づけていくのがとても難しくなりました。また、情報伝達についても、ひらがなでよいのか、もっとユニバーサルデザインに近づけるべきかといった悩みもありました。

　そして、2年目に始めたのが「外国人のための生活教室」です。日本人と結婚し日本で暮らす外国人女性にとっては、病院、育児、子どもの教育、仕事など、クリアすべき課題は山積しています。生活上必要なノウハウやマナーを近道で覚えよう、というのがこの教室のねらいです。買い物や電話などの日常的なことから始めて、2年間をかけて、仕事を見つけたり、自分を表現したりと、自立に必要なスキルを身につけます。「節約」を学んだモンゴル人ママから、エアコンの設定温度で夫とけんかをしなくなり、月に3千円の電気代を節約できた、などという話も聞け、そのような報告も私たちの財産になってきています。

◎ソーシャルビジネスとしての広がり

　社会的な事業であるため、大きく儲けるようなビジネスはできません。そのため、正直なところ経営は厳しいです。私たちは、起業前にしてきた編集やコピーライティング、デザインといった制作の仕事も積極的に請け負うことで収入を得ようと試みています。

　これらの制作の仕事は、一見、外国人に向けた事業と違うカテゴリーのもののように思えますが、最近はつながっていることを実感しています。商店街連合が発行する『ムスリム食のおもてなしガイド』の制作に携わった際は、イスラム教徒の方々と出会い、生活を知り、何かできないかと考えました。そうやって、日本で暮らす外国人たちと知り合い、行動をすることで、ビジネスは広げていけるのだと感じています。

　また、多くの人に助けられているのも、ソーシャルビジネスの有難さ、おもしろさです。日本語学校の教師、管理栄養士、学生、地域の外国人、ボランティア仲間が様々なかたちで手助けをしてくれています。

◎多言語化に代わるもの

　ビジネスをするうえでいくつか決めたことがあります。外国人と日本人で価格の差を設けない、多言語化はしない、やさしい日本語で情報発信をする、ということです。なかでも多言語化は、いくらやっても網羅はできず、情報が届かない人がいます。行政も観光も、英語と中国語、韓国語を用意すればよいとの考えがあるような気がし、その隙間に落ち込む人を何とかしたいという思いがありました。

　観光地を外国人と歩くと、いきなり英語で話しかけてくる人がいます。日本語が話せますから日本語でお願いしますと言っても、「だって外国人だから英語でしょ」と言われたことがあります。日本で暮らすからには一生懸命に日本語を学ぼうとし、自分が覚えた日本語を勇気を出して使おうとしている外国人もたくさんいます。

　そこで、私たちは「もっと外国人に対して日本語を使おう！」と呼びかける「こんにちは！　プロジェクト」を展開しています。日本人がやさしい日本語を使うことで、情報の伝達力は高まります。日本人が日本語をコミュニケーション手段として活用できるようにすることも、日本語教育のひとつの使命のように思います。

[Profile]
ひらがなネット株式会社代表取締役。雑誌編集などの仕事を経て、2005年に夫の仕事にともない米国に転居。1年半滞在する。そのときの体験により、帰国後、在住外国人の支援活動に携わる。2012年に会社を設立し、ソーシャルビジネスの立場で活動を続けている。

16 「対話の場づくり」としての日本語教育
――震災を振り返って――

菊池 哲佳（きくち あきよし）

　時が経つのはほんとうに早いもので、2011年3月11日に発生した東日本大震災から4年が経ちました。震災時、私は発災の当日から「災害多言語支援センター」の運営に従事していました。日本語での情報が得られない外国人のために、多言語での情報提供を中心とする支援活動に取り組みました。

　この活動の中で知った残念な出来事の1つに、外国人についてのデマの流布がありました。それは、多くの外国人が集まったある避難所で、外国人が物資を略奪したために避難所が閉鎖に追い込まれたという内容でした。私は毎日その避難所を巡回していたので、それがまったく根拠のないデマだとわかっていましたが、そのデマは瞬く間にインターネット上で拡がりました。情報通信技術が発達したこの時代にデマなど起きるはずがないだろうと思っていたのですが、皮肉なことに、インターネットを通じてあっという間に拡がったのです。

　災害多言語支援センターの活動終了後、いろいろな方から震災時の体験談を聴いたのですが、特に印象的だったのは、たくさんの外国人被災者が集まったある避難所の運営をした町内会長さんの、外国人の対応に苦慮したという話でした。外国人は避難所の「お客さん」で、避難所の運営に協力してくれる人たちではなかった、という話でした。

　私はデマの流布の話も、外国人が避難所の「お客さん」だったという話も、問題の背景は同じで、地域で暮らす外国人のことが地域社会でほとんど認識されていないことや、地域で暮らす外国人が地域社会と関わりを持たないまま暮らしていることにあるように思います。しかしそれではいけないのであって、これからは言語や文化が異なる外国人が共に暮らしていることを当たり前のこととして、私たちの社会を紡ぎ直していかなくてはなりません。そのために必要なもの、それを私は「対話」の力であると思います。以下、「対話」によって一歩を踏み出した事例を紹介します。

　震災から半年が経った頃、私は外国人住民団体、町内会、行政などの立場を超えたメンバーで震災を振り返るための場を設けました。何度か話し合いを重ねていくうちに、先述の町内会長さんは、自分たちは外国人を地域の住民とは捉えておらず、外国人を避難所の「お客さん」扱いしてしまっていた、と振り返りました。一方、外国人メンバーも、避難

所の運営に協力することはおろか、普段から地域防災に参加するという意識もなかった、と振り返りました。このような対話を通じて、日本人住民と外国人住民で協力して防災訓練を実施しよう、というアイデアが生まれました。対話を通じて新しい協働が生まれたのです。

　対話について、宮崎妙子さんは「話し合う中で気づきや学びが起こり、相手も自身も変化していくコミュニケーションの形態」（宮崎, 2011, p.78）と述べていますが、震災の振り返りはまさにそのような「対話」の場であったと思います。

　私は対話こそが私たちの社会を紡ぎ直す方法であると再認識し、その後もコーディネーターとして実践する中で、対話できる関係づくりや、対話の場づくりを意識しながら、市民、外国人、学生、行政、町内会、学校など、さまざまな人や組織と出会い、関係を築くようにしています。

　ひるがえって日本語教育においても、学校や教室を越えて、対話の場づくりを試みることが必要ではないでしょうか。そもそも日本語教育の現場は、さまざまな言語・文化を背景にする人たちが、日本語学習を通じて日本社会へ参加するきっかけとしたり、人々との関係を築いていく場であり、いわば多文化共生の「最前線」です。そのような日本語教育の現場で、これまで関わりのなかった人や組織との対話の場づくりがなされれば、多文化共生の輪がまた少し広がっていくはずです。

　つまり、日本語教育の現場を起点として社会に対話の場づくりを展開していける可能性が大いにあるのではないかと思うのです。日本語教育に関わる人たちは日本語教育の現場に地域や企業の人などを巻き込んで、どんどんそういう場をつくっていってほしいと思います。対話の場づくりによって、学習者の外国人にとっては日本社会へ参加するきっかけや、人々との関係を築いていく場としての日本語教育の意義も深まるでしょうし、同時に、日本語教育の「外」にいた人にも気づきや学びが起こり、日本社会が変化をしていくきっかけとなり得る可能性を秘めていると思うのです。

[参考文献]
宮崎妙子 (2011).「対話の場を作り、対話を促す―日本語教師から日本語学習支援コーディネーターへ―」『シリーズ多言語・多文化協働実践研究 14』pp. 68-84. 東京外国語大学多言語・多文化教育研究センター.

[Profile] 2000年に（公財）仙台国際交流協会に入職。現在は（公財）仙台観光国際協会国際化事業部で、多文化共生の視点に立った地域防災、外国につながる子どもの支援事業などを担当し、多文化共生社会の実現を目指している。近年の関心はコーディネーター論。

17 地域の日本語ボランティアとコーディネーターの役割 ● 佐藤(さとう)佳子(よしこ)

◎ボランティアの悩み

　地域の日本語教室でボランティア活動をしている方とお話しすると、気づけば悩み相談になることがあります。学習者が集まらない、教え方がわからない、ボランティア同士の人間関係が難しい、自治体職員と連携が取れないなど、話は尽きません。

　そもそもボランティアとして初めて日本語教室に参加して数回の研修を受けただけで「教え方に自信がない」のは当然のことで、学習者も日本語学習が第一義ではないいわゆる生活者が多く、自分の勉強より仕事や家庭を優先させることもあるでしょう。ボランティア同士の人間関係にしても、学校や会社のような組織ではなく善意という一点でつながっているという関係の難しさがあります。

◎コーディネーターの役割と可能性

　各教室にはたいてい代表者や役員と呼ばれるプログラム・コーディネーター的役割の人がいて、学習者と指導者のマッチング業務や相談・助言業務から事務的なことまでを担っています。しかし、役職がついていても同じボランティアの立場であることには変わりなく、業務と責任ばかりが集中して疲弊してしまうことが少なくありません。もしもそこにもう一段階、教室運営や人材育成の方法についての相談を受けつけ、地域全体の日本語教育の企画や自治体との調整も行うシステム・コーディネーターの存在があれば、状況は変わります。少なくとも各日本語教室の悩みを吸い上げて負担を軽減し、解決に向けての伴走をすることができますし、必要に応じて自治体や地域住民と日本語教室をつなぐことで、地域全体の日本語教育のデザインも可能になります。

　ただし、重要なのは「コーディネーターはリーダーではない」ということです。各日本語教室を上から束ねるのではなく、下から支えます。さまざまなタイプの教室がある中で各教室の立場を尊重し、ボランティアに寄り添い、協働することのメリットを生み出すことができなければ、ひとりで空回りし、それまであった活動すら壊してしまいかねません。

　ボランティアの地域におけるネットワーク化がうまくいかないのは、つながるメリットが見えないからです。教室にとってのメリット＝必要性を生み出すことも、システム・コーディネーターの仕事です。

◎コーディネーターの人材とポスト

　システム・コーディネーターには「地域の日本語教育について十分な理解と経験がある日本語教育の専門家」があたるのが適当です。単なる日本語教育の専門家ではボランティア教室に対して的確なアドバイスをすることは難しく、一方、1つの教室での経験が長いボランティアというだけでは他教室との調整が難しかったり説得力に欠けたりということが起きます。

　条件に合った人材が地域の日本語教育に責任を持つ以上、ポストが与えられて有償であるべきですが、実際には人材が地方には少なく、自治体が準備するポストはさらに少ないのが現状です。

　松本市では平成24年度から相談窓口である「松本市多文化共生プラザ（NPOによる委託運営）」に上記に該当する人材がコーディネーターとして就き、平成26年度は松本市が文化庁事業を財源に有償でコーディネーターを採用し、ボランティア教室との連携を核とした仕組みづくりを進めているところです。「松本市多文化共生プラザ」は、「市民協働事業提案制度」を活用して市民の側から提案し、最終的には市の条例により設置されました。卵が先か鶏が先かの議論になりますが、自治体が多文化共生や日本語教育を地域の課題として捉えたときに協働して事業が進められる人材を、日本語教育の世界からも輩出していく必要があります。

◎なぜ地域の日本語教室とボランティアを支えるのか

　日本語を学ぶ機会が必ずしも無償で提供される必要はありませんし、ニーズに合わなくなった日本語教室が淘汰され消滅していくのも仕方のないことです。

　しかし外国人が地域で生活していくための仕組みづくりを考えたとき、日本語教室は単なる日本語習得の場ではなく外国人住民と日本人住民がつながる水際です。松本市が平成22年度に行った多文化共生に関するアンケート調査では「外国人に接したことがない人ほど外国人に対して抵抗がある」という結果が出ています。多文化共生社会の実現はオセロの駒を端から端まで一気に返すようにはいきませんが、日本語教室が地域社会とつながることで、駒を一つ一つ緩やかに変えていくことはできると考えています。

[Profile]
岡山県倉敷市出身。結婚を機に長野県松本市に移住。これまで日本語学校で専任講師として勤務するほか、地域の日本語教育に20年間携わる。2012年より松本市多文化共生プラザコーディネーター。2014年より松本市地域日本語教育システムコーディネーター。

18 年少者日本語教育とボランティア、さらにプロボノ考

柴崎 敏男(しばさき としお)

◎ 日本語教育の役割期待

　企業活動は一方的に押し付けるものではなく、意思の疎通を図って、相手、または相手国の事情を理解し、そのニーズを満たしながら、良い世界をつくることが最終的な目標です。互いに理解し合うためには、業務に絡む情報交換だけでなく、それぞれの文化・伝統・慣習を知ることが不可欠です。互いに理解し合えば、商取引だけでなく、紛争回避にもつながります。まさに言葉が取り持つ相互理解・文化交流が安全保障にも役立つということです。たかが言葉、されど言葉です。つまり、日本語教育は文法や語彙の学習を越えて、日本文化・日本そのものを知ってもらう、という大変重要な役割も担っています。海外にいる人たちに日本語学習を通して日本の良さを知ってもらえれば、来日観光客が増えるでしょうし、日本品のファンが増えれば輸出にも寄与します。日本語のカバーする範囲は広く、その教育を言語技術教育と矮小(わいしょう)化してはならないということを十分に認識しなければならないと思います。国・自治体などの関係者の方々にも日本語教育の必要性を十分に認知していただく努力が必要です。

◎ 年少者日本語教育の現状

　筆者は2005年から10年間、企業の社会貢献活動の一環として在日ブラジル人児童生徒の教育支援に関わってきました。本来、企業の社会的責任はいわゆる「企業と社会の共通価値の実現(CSV: Creating Shared Value)」につながるように本業を通じて果たすことが理想です。しかし、社会の課題は必ずしも本業だけで解決できるものではないので、社会的課題解決のため、本業から独立して進めている場合もあります。その際、地域的、分野的に自社でカバーできない活動もあります。専門的分野、例えば、医療や法律関連では、資格を持つ方々に活動をお願いし、資金などの面で支援させていただいています。教育分野も、本来なら教育の専門家にお任せしなければならないと思っています。しかし、免許を持たない教育現場の経験のない方々がボランティア・非常勤講師として教えているケースが多く見られます。とはいえ、教員免許がなくとも素晴らしい教育をし、また、切磋琢磨(せっさたくま)されている先生方を存じ上げています。人を助けたいという意識の高さは尊敬しますし、実際に救われている子

どもが大勢います。しかし一方では、指導方法に問題があると思う場面に何度か遭遇したことも事実です。「話せる＝教えられる、との勘違いはしていないか？」と思いました。例えば、2014年1月に文科省から出された「対話型アセスメント (DLA: Dialogic Language Assessment)」などを活用し、子どもたちの力のみならず自身の指導力をも把握するメタ認知力が不可欠です。医師免許を持たない人間が医療行為をすれば罰せられることを考えると、経験・資格があいまいなまま日本語教育が進められている現状は疑問に思います。

◎ボランティアについて、そしてプロボノへの期待

日本語教育現場には多くのボランティアの方々がおられますが、ボランティアを安上がりな人材と安易に考えている人が多く、それが、待遇が改善されず良い日本語教師が育っていないことにつながっていると思います。逆に、ボランティア＝無償・無責任、と考える風潮があることも気になっています。決してボランティアが不要だと言っているわけではありません。しかし、子どもたちの将来に関わることでもあるため、ボランティアにも、それなりの覚悟と日々努力する意欲が必要です。また、それを支える公的な認定制度を作るべきだと思います。それに向けて、日本語教育学会など、関係者の日本語教育の地位向上へのさらなる尽力が望まれます。

公立学校でベテランの先生方の教え方を見ると、もちろん人によりはしますが、教育の経験のない方とは雲泥の差があるように思います。発達段階にある子どもたちの指導には発達心理学などの知見が必要でしょうし、ベテランの先生であれば、例えば、5年生のある教科のつまずきの原因が2年生の段階での理解度に問題があるのだ、ということも把握することができます。さらに、近年問題となっている発達障害の傾向がある生徒の常同行動や聴覚過敏などへの適切な対応も必要となります。やはり、年少者教育には教育の経験者・専門家の力をもう少し借りるべきではないでしょうか。そこで注目しているのが、教員経験者の「プロボノ (Pro bono: 社会人が自らの専門知識や技能を生かして参加する社会貢献活動)」です。それぞれが仕事を通して培ったスキルやノウハウを提供するプロボノの広がりに期待しています。

[Profile]
'70年三井物産入社、鉄鋼部門に属し10年間のドイツ勤務経て、'96年より広報部門で芸術文化活動、障害者支援等の社会貢献活動に携わり、'05年より在日ブラジル人児童生徒支援活動に関わる。'12年6月より国際社会貢献センターにて同活動を継続。NPO法人難民支援協会理事。

19 「教える」日本語教育から「デザインする」日本語教育へ

島崎 薫(しまさき かおり)

> 24th June 2020　Dwi
> What I have learned in my ことばの教室 today
>
> 東京オリンピック is coming within a month. As a part of our learning activities, we are going to work as summer interns, serving customers at a department store during 東京オリンピック, supporting Japanese staff when non-Japanese speaking customers come in. That is why the class went to a department store today to observe customer-staff interactions. We will of course use our native languages, and in my case English as well, with foreign customers, but we would also have to serve Japanese customers. We wanted to see how the concept of おもてなし actually works. We will bring today's observations back to our classroom and discuss what we need to learn and practice to be ready. We also had opportunities to ask questions to staff members. For example, I asked them why they bow and say いらっしゃいませ so many times. They answered that they say いらっしゃいませ to every single customer who enters the department store, and they are not just repeating. They showed their recognition and appreciation for each customer. I felt that I understood the meaning of いらっしゃいませ. ......

　これは私が予想する未来の学生が書いた学習ジャーナルです。Dwiはインドネシア人で、日本に来て日本語を学んでいます。Dwiと教師が共通して使えることばが英語のため、ジャーナルは英語で書かれています。

　グローバリゼーションによって、人、ことば、ものが時間や場所、国家などの枠組みを超えて自由に行き交うようになりました。それは日本語教育の世界にも大きな影響を与えています。「教師」という職業は2030年までに消える職業の1つだそうです (Frey, 2012)。現時点では、教師が複数の学生を対象にシラバスに沿って画一的な授業をするというスタイルが一般的ですが、将来の学習スタイルはインターネット上にある教材を使って必要な内容を必要なときに学ぶという形に変わっていくということです (Frey, 2012)。その一方で「学習者」というのも、日本語を学ぶことを目的に教室にやってくる存在から、今や変容をしはじめているようです。トムソン (2015) は教鞭(きょうべん)をとっているオーストラリアの大学の学生を例に教師にとって少々衝撃的なことを述べています。学生は日本語が話せるようになりたい、日本語がうまくなりたいというよりも、日本語を学ぶこと自体を楽しみ、クラスメートとコミュニケーションするのを楽しむために教室にくるようになってきているのではないかということです。それはオーストラリアに限ったことではなく、他の国や地域でも同じような現象が起きているようです (トムソン, 2015)。つまり、日本語教師や研究者が描いてきた従来の日本語を習得することが目的の「学習者」だけではなく、日本語学習を楽しむ目的の「消費者」も教室にやってきているのです。またKramsch (2014) は教室で教えら

れることといったん教室を出た後の実社会において、学生が必要とすることの間にこれほど大きい軋轢(あつれき)が存在したことは今までないと言っています。言語教育ではまだまだいわゆる「標準語」と呼ばれるものを「正しく」話し、「母語話者」に受け入れられるような言語を話すことを目標としています。このような言語教育と、Otsuji & Pennycook (2010) のメトロリンガリズムに代表されるような実社会で起きていることばの多様化とモビリティーの高まりなどとの間にズレが生じているのです。

　このように従来からの「教師」「学習者」「ことば」「教室」の概念が揺れ動いている中で、未来の日本語教育はどのようになっていくのでしょうか？「教師」は、教室という閉ざされた中だけで教科書を使って日本語を教える存在から、教室を含め社会の中で広く学習者が学ぶ環境を整えるデザイナーを担うようになるのではないかと思います。冒頭の学習者ジャーナルのように、社会の中に学習者の学びをデザインするでしょう。また「学習者」は日本語母語話者のように日本語を話せることをそもそも目指さないかもしれません。Dwiのように日本のおもてなしのような特定の文化を日本語で消費することに焦点があたっていることも多いでしょう。「ことば」はいわゆる標準語としての日本語だけを使用することに固執しないかもしれません。日本語で表現できるレパートリーを増やす一方で、時にはDwiのように自分の学びを媒介語で学習のデザイナーである教師と共有するでしょう。そして「教室」は社会とつながりをつくり、その中と外を連携させるというだけではなく、「教室」自体が社会の一部として位置づけられ、デザインされるようになると思います。私自身、10年後にはいいデザイナーになっていたいなと思っています。

[参考文献]
トムソン木下千尋 (2015).「学習者は日本語が学びたくて日本語教室にやってくるのか―消費、あるいは参加活動としての日本語学習を考える―」お茶の水女子大学講演会.
Frey, T. (2012). When Ivory Towers Fall: The Emerging Education Marketplace, TEDxReset. http://www.tedxreset.com/videos/46 (2015年3月7日閲覧).
Kramsch, C. (2014). Teaching foreign language in an era of globalization: introduction. *The Modern Language Journal, 98*(1), 296-311.
Otsuji, E. & Pennycook, A. (2010). Metrolingualism: fixity, fluidity and language in flux. *International Journal of Multilingualism, 7*(3), 240-254.

[Profile] 東北大学グローバルラーニングセンター助教。2011年東北大学で修士(日本語教育)を修め、UNSW Australiaで2014年12月博士号取得。興味があるのは、日本語学習で特に実践コミュニティーでの学びについて。迷ったら、とりあえずやってみてから考えるタイプ。

島崎 薫

20 「おもしろきこともなき世をおもしろく」できる教室 ● 南浦 涼介(みなみうら りょうすけ)

「わかる」と「おもしろい」で４つの授業のタイプをつくりました。

	わかる	おもしろい
A	○	○
B	○	×
C	×	○
D	×	×

「わかるし、おもしろい授業」のA、「わかるけれど、おもしろくない授業」のB、「わからないけれど、おもしろい授業」のC、「わからないし、おもしろくない授業」のD。――さて、みなさんは上にあげたA〜Dの授業のうち、どれが一番いいと思いますか？

「そりゃ当然Aでしょ！」という声が聞こえてきそうです。……たしかに、Dなんかつらいですね。大学の授業ではいまだにこういうのが多いような気もしますが……。でも、私、実は一番大事なのは「C」なのではないか、と思っています。「わからないけれど、おもしろい」――人が変化を起こすときというのは、存外この状態ではないかと思うのです。

日本語教育、それから多くの学校の授業のこれまでを振り返ったとき、いや、ひょっとすれば今も――私たちはいつも「わかりやすい授業をする」ということをあまりにも追い求めすぎていたのではないでしょうか。「日本語が不十分な学習者に対して日本語を教える」というこの前提は、私たちをいとも簡単に「わかりやすさを求める世界」の中に追いやります。わかりやすい日本語、わかりやすい説明、わかりやすい語彙、――でも、その授業は果たして、おもしろいのでしょうか。

省みれば、「わかりやすくて、おもしろい」という言葉には「わかる」という目的のために「おもしろさ」が手段・従属的な位置づけとして使われます。でも、そうした思想でつくられた授業は、受け身になり、やがて「わかるけれど、おもしろくない」という状況につながりがちです。

私は、これから日本語教育というものを考えたとき、実は「おもしろさ」の正体を考えていくことが重要なのではないか、と思えてなりません。私たちが日常、本当に真剣に取り組んでいることは、仕事にしても

遊びにしても、「わからない」「先が見えない」ことが多いはずです。「わからないから考える、やってみる、それがおもしろい」という局面です。本当におもしろいと思っているとき、そのとき人は背伸びしてでもそこに没頭します。

この両者は、教育論としても異なる属性を持っているように思います。「わかる」というのは「認知」や「能力」の問題に直結しますが、「おもしろさ」とは「場」の問題に関わる領域です。「ワーッおもろい、なぜなんだろう」「ワーッ困った、どうしたらいいだろうか、でもおもろいなあ」という中で知的好奇心がくすぐられたり、周囲の問題を解決したり、「ワーッ」とみんなで何かをつくったり——そういう「おもしろい」という、空間としての「場」、社会文化的な関係性の「場」、それらをいかにつくっていくかが教師の仕事のまずもって重要な点ではないか、と思うのです。

「おもしろい場」というのはいくつかの可能性を持っています。まず、人の成長というのは、「場」の中で起こります。教師がどれだけ「変われ」「成長しろ」と言っても、人は変わりません。が、「おもしろい」という「場」は、人の成長に重要なきっかけをつくります。

そしておもしろい「場」は、教室の中だけでなく、教室の周辺の「場」をまきこみ、変えていく力学にも転ずる可能性も秘めています。例えば、留学生で行う大学多言語化プロジェクト、外国人生徒の多い学校で行う日中交流の歴史劇、あるいは多文化フリーマーケットの開催、留学生による地域ミニコミ誌づくり……。一つ一つは小さなものであっても、それらをつくる場は、やがて私たちの暮らす「場」——コミュニティをつくりかえていく力にもなりえます。

「いかにわかりやすくするか」の発想から、「いかにおもしろくするか」の発想へ——。日本語教育の領域が、複文化主義や多文化社会をはじめとする「社会」との接点を求めるようになりはじめ、「学力」が必ずしもスキルや知識ではなく、全般的な能力を議論する時代になった今だからこそ、授業の「核」を何に据えるかを私たちは考えていかなければならない時期に来ているようにも思います。その「核」のヒント、実は「場のおもしろさ」の追求にあるのではないかと思って、実践しています。

[Profile]

山口大学教育学部講師。1979年山陰生まれの関西育ち。大学卒業後、タイでの日本語教師、外国人児童生徒の指導、小中高等学校での講師を経て現職。教師教育、コミュニティ教育などに拡大中。が専門だったが、社会科教育、外国人児童生徒教育

南浦 涼介

21 語学を「学びの冒険」に
— 実際の相互行為への参加の重要性について —

ケード・ブッシュネル

「日本語は、どうやって覚えたんですか」とよく聞かれます。その都度、「日本人である妻のおかげです」と端的に答えますが、何だか不満そうな顔をされることが多いです。ただ、私がそう答えるのは、本当にそうだと思っているからで、仕方がありません。しかし、もう少し具体的に答えようと思えば、以下のようなものになるかと思います。

◎日本語との出会い

　中学2年の頃に、それまで外国語にまったく無関心だった私に、日本語というとてつもなくエキゾチックで神秘的な言語を、数年間日本で暮らしていたということで自在に操れる友だちができました。すると、自分の中でスイッチが入りました。その学年が終わるまで本当にどうでもいい日本語(「バカ野郎」や「鼻くそ」などの類)をたくさん教えてもらいました。そして、2人でクラスメートなどの悪口が日本語で少し話せるようになりました。しかし、別々の高校に進学すると、あまりコンタクトしなくなってしまいました。すると、私が入った高校には日本語の授業はなかったため、日本語に接する機会がなくなり、日本語のことを少しずつ忘れていってしまいました。

◎日本語との再会、勉強の再開・失敗

　大学に入って日本語の科目があるのを知った私は、中学時代の友人との楽しい経験に思いを馳せ、必須の外国語科目として迷わず日本語を選びました。ところが、授業に出てみると、なぜか中学のときのように楽しくないし、日本語は思うように身につきません。ただ、積極的に教科書の予習や復習をし、自作の単語リストを暗記したりして、日本語が「得意」な学生として評価されるようになりました。しかしあるとき、日本人留学生と少し話す機会があり、大変なショックを受けました。授業ではいい成績を収めていたはずなのに、まったく歯が立たなかったのです。

◎日本語を生活の道具として身につける

　大学3年の終わりに、今の妻と結婚しました。当時、日本語は未だに全然使い物になっていませんでした。しかし気づくと、いつの間にか、妻とのやりとりのほとんどが日本語になっていました。たわいもない会

話（買い物や炊事など）でした。とても不思議なことに、どう記憶をたどっても「勉強した」覚えはなかったのに、「おたま、洗っといたからね」や「だって、そこにあるじゃん」のような（これも「どうでもいい」）日本語をごく自然に使えるようになっていました。思い返せば、このような経験は中学のときに友人と遊びながら日本語を覚えた経験とどこか共通しているように思います。そして、ある意味で、この経験が現在の私の研究のテーマにつながってくるわけです。

◎言語は「教室」というコンテクストでは身につかない

　反感を買いたくありませんが、現在の語学教育は壊れていると思います。コミュニカティブ・アプローチ（communicative approach）が叫ばれるようになって久しいわけですが、思うに、本当の問題はアプローチ云々よりも、学習環境のデザインなどというずっと深いところにあると考えられます。現実世界では、我々が何かのやりとりに参加する際、人間関係を維持することや、そのグループの一員として認めてもらう（あるいはその地位を維持する）ことが非常に重要な課題になっています（Bushnell, 2012）。そして、このようなことに関わる相互行為能力は、教室におけるタスクだけでは拾い切れないはずです。むしろ、実際のやりとりへの参加そのものが必要不可欠だと思われます。ところが、現在の日本の大学における日本語教育の在り方では、それが不可能に近い状態です。授業に許容される時間が固定の時間割に組み込まれてしまい、学生がのびのびと日本語を実際の場面で使ってみる時間が取れません。現代社会の現れの1つとして、我々は有機的に広がっていく「学びの冒険」より、人工的できれいにハコに収まる、一見効率がよさそうな「学校教育」を重要視するようになってしまっているようです。しかし、短い時間のハコに押し詰められた「語学」に特化した1つの授業に限らず、もっと学際的かつ生活に密着した形での取り組みが必要です。なぜなら、言語使用はさまざまな日常的な社会行為と不可分的な関係にあるからです。

［参考文献］

Bushnell, C. (2012). Talking the talk: The interactional construction of community and identity at conversation analytic data sessions in Japan. *Human Studies, 35*(4), 583–605.

[Profile] 会話分析を通して、社会文化理論や状況的学習論、第二言語社会化研究などで研究を行っている。狭い意味では第二言語学習を研究しているが、広い意味では、グループにおける相互行為に関心がある。PhDをハワイ大学で取得後、筑波大学に赴任。趣味はマラソン。

22 学校は学習に置き去りにされるのか ● 村上 吉文(むらかみ よしふみ)

ここ数年のソーシャル・メディアの普及で、自律的に外国語を学習できる環境が整ってきています。先日は独学開始後、たった2年でJLPTのN1に合格したマケドニアの青年にオンラインでインタビューしました。以前だったら考えられないような事例です。

その一方で、日本語教育に関わる人たちの中から、この変化に気づいている人の声は驚くほど聞こえてきません。海外と日本の高校生がLINE(携帯でチャットなどのできるアプリ)でやりとりをしている一方で、日本語教育の現場ではフリック入力(携帯で一般的な日本語入力方式)を教えていないどころか、そんな言葉すら聞いたことがないという教員も残念ながら少なくありません。

そこで思い出されるのが、コリン(A. Collins)とハルバーソン(R. Halverson)が2009年に著した『Rethinking Education in the Age of Technology: The digital revolution and schooling in America』の中のこんな警告です。"If schools cannot change fast enough to keep pace with the advances in learning technologies, learning will leave schooling behind."(試訳「もし学校の変化する速度が学習用技術の進展に追いつけなかったら、学校は学習に置き去りにされるだろう」)

今、僕に見えているのは、まさにそんな光景です。電通の吉開章氏が第10回日本語教育・日本研究シンポジウムで発表した資料によると、非漢字圏の日本語学習者のうち、学校で学んでいる人が140万人しかいない一方で、学習機関に属さずに自律的に日本語を学習している人はそれより多く190万人いると推計されています。非漢字圏ではテレビやラジオによる日本語教育もほとんどありませんでしたから、ソーシャル・メディアが普及するより前には個人は学びようがなく、日本語学習者といえばほとんどが学校で日本語を学ぶ人たちだったでしょう。しかし、今では日本語学習をしている人たちのうち、学校で学んでいる人たちの割合は半分以下にまで低下しているのです。端的に言ってしまうと、半数以下の少数派を除けば、すでに日本語学習者の多数は教育機関を必要としない方法を選んでいるという段階に達しているのです。まさに6年前の「学校が学習に置き去りにされる」という予言が実現しつつある状況とはいえないでしょうか。

それでは、僕たちはどうすればいいのでしょう。このまま学習者に見

捨てられるのを待つしかないのでしょうか。あるいは、今のデジタル・ネイティブたちに対抗すべく、ICTを必死に学ぶべきなのでしょうか。

僕はそんなことは無理だと思います。日本語学習者が日本語の母語話者になることができないように、僕たちの世代が後からデジタル・ネイティブになることはできません。

そんな僕たちにとってまず必要なのは、「許可する」ということではないでしょうか。例えば、彼らが教室でスマホを使いたかったら、使わせてあげましょう。プレゼンにプロジェクターを使いたかったら、貸してあげましょう。手書きを嫌がっていたら携帯で書いたレポートを受け付けてあげましょう。FacebookやLineのグループを作りたがっていたら、作らせてあげましょう。授業中に例文を検索したがっていたら、検索させてあげましょう。機械翻訳で宿題を仕上げたがっていたら、そうさせたうえで、不自然な部分を指摘してあげましょう。そして何より、ネット中にあふれている僕たちよりよほどマシな、もしかしたら世界で一番説明の上手な先生の授業にアクセスさせてあげましょう。

マーク・プレンスキー（Marc Prensky）もその著書『デジタル・ネイティブのための近未来教室』の中で、我々教師は技術の面でデジタル・ネイティブに対抗する必要はないということを何度も繰り返しています。

そのうえで、僕たち教師でなければできないこともあるはずです。例えば、文法的な知識や語彙の意味などをネットから得ることはできても、それを使って会話する練習などはまだネットではかなり弱いところです。また、そもそも何をどんな順番で学ぶべきかも学習者はわからないことが多いですし、自分が取り組んでいる課題が自分のレベルにあっているかの判断も難しいでしょう。そういったコンサルタント的な役割は、何百人、いやそれ以上の学習者を見てきたプロの教師でなければできないはずです。

僕たちが教師の役割というものを改めて問い直し、学習者に手渡せる部分を手渡してしまえば、自然と学校の学習者は自分たちに見合った技術を使いこなすことができるでしょう。そうすれば、6年前の不吉な予言は杞憂（きゆう）に終わるのではないかと思います。

[Profile]

冒険家、日本語教育コンサルタント。ブログ「むらログ 日本語教師の仕事術」管理人。公的文化交流機関の上級専門家。一児の父。著作に、『しごとの日本語 IT業務編』（アルク）、「日本語教師のデジタル活用術」《日本語教育ジャーナル》連載がある。インターネットの未来を信じている。

23 日本語教師に求められる専門性 ● 角南 北斗(すなみ ほくと)

　日本語教師の仕事って、日本語を教えることだけじゃないんだなぁ。初めてビジターとして日本語の授業に参加したとき、私は強くそう思いました。日本語教育の現場には多様な学習者がいて、多方面の知識やスキルが要求される。時には自分の常識がひっくり返されることもある。とても難しい仕事だなと思う一方で、どこか自分の世界を広げてくれるような魅力も感じ、当時大学生だった私は日本語教育の世界に進むことを決めました。

　それから15年。私は日本語教師を経験したのち、Webデザイナーとなりました。日本語教育には教材開発者として関わり続けながら、情報デザイン、プレゼン、マネジメントといった分野の授業も手がけています。

　そんな分野横断的な活動をしていることもあって、日本語教育の研究会では、他の分野を絡めた実践発表に注目しています。特にITやWebに関するものは得意領域でもあるので、何かしらコメントができればと思って聴くわけです。そして、ほぼ毎回、残念な気持ちになります。

　何が残念か。発表者であり実践者である教師が、日本語教育と絡めているその分野について、あまりに基本的なことを知らないのです。例えば、ブログを日本語学習に活用するという実践なのに、教師がブログというメディアのことを全然理解していない。資料や文献をあたることはおろか、自分でブログを書いたことすらない。そんなケースが少なくありません。

　発表者は「私は日本語教育の専門家なんだから、専門外の知識の乏しさは大目に見てよ」と思っているのかもしれません。その気持ちはわかります。実践の試み自体は私も評価しますし、足りないところは今後少しずつ勉強すればいい。最初は何事も手探りで進めるものですから。

　ただ、教育実践には相手が存在するということを考えると、やはり心穏やかには見ていられません。学習者に対する不当な評価ではないか。学習者へのお節介ではないか。特にFacebookやTwitterなどのSNSを扱った事例では、そう感じさせられることが少なくないのです。

　メディアに対する理解の浅い教師からすれば「教室での会話もSNS上の会話も、日本語によるコミュニケーションで基本は同じであり、用いるツールの違いは小さなもの」という認識かもしれません。しかし現実はまったくそうではないのです。何のメディアを使うのか、どのような

形で使うのか、学習者にどう働きかけるのか、教師は何をするのかといった要素で、実践の結果は大きく変わります。そして、なかなか教師の望むような結果は得られないものです。他の分野の学会でも、ビジネスの現場でも、成功といえるような例はわずかなのですから。

やってみたがうまくいかない。そんなとき、知識のない日本語教師は、その原因を「学習者の日本語能力」や「学習者の学習姿勢」に求めすぎてしまうところがあるように感じます。単にそのSNSが使いにくく長文を書くのが面倒なだけなのに、教師が「文が短かった学習者の日本語レベルは……」とか「参加意欲が低かったグループは……」といった考察をしてしまう、というように。これでは学習者が不当な評価を受けるだけでなく、その考察をもとに誤った実践が強化されていくことにもなりかねません。

望ましい日本語や行動を教師が教えようとしたがるところも気になります。SNS上のトラブル（とされるようなこと）は、学習者の日本語が一因ではあったとしても、多くはメディアの特性、関係者のふるまい、コミュニティの文化などが絡んでいるものです。日本語が変われば、学習者が変われば、それで解決する。そんな単純なものはまずありません。変わらなければならないのは、そこで「常識」とされていることかもしれません。そうしたことを十分に考慮しないで、影響力を持った教師が安易に解決策を提案することは、余計なお世話というものです。

それでは、日本語教師は専門外のことには手を出さないほうがよいのでしょうか。もし教師が本当に教室だけを見ていたら、そこでの教育は学習者の生きる場所とつながりのない、閉じたものになってしまいます。むしろ教師は積極的に専門外のことに関心を持ち、そこにある日本語と関わりを持つべきでしょう。

教師にとって専門外の世界だからこそ、謙虚な姿勢でそこに参加すること。学習者という、その世界の先輩たちの助けも借りながら、自分なりの付き合い方を学ぶこと。それが、特にこれからの教師に求められることだと私は考えます。そうした経験をして思いついた「学習への活用法」は、学習者から受け入れられる可能性も高くなることでしょう。

日本語教師の仕事は、日本語を教えることだけではありません。だからこそ日本語教師の仕事には、価値があるのではないでしょうか。

[Profile]
大阪大学大学院で日本語教育を学び、ITの分野から教育現場を支援することを決意し、フリーランスのウェブデザイナーに。日本語教育を中心に教材開発やサイト構築を手がけるほか、情報、デザイン、プレゼン、マネジメントなどの授業も担当。

角南 北斗

24 次世代の日本語教育を想像する

田中 美帆（たなか みほ）

　台湾に語学留学し、縁あって居着いて1年半になる。長く出版、それも日本語教育の出版にかかわってきた身として、日本の書店が海外に進出し、現地邦人の貴重な情報源になっていることは知っていた。ある時、雑誌の特集記事がどうしても読みたくなり、件の書店に向かった。残念ながら1軒目にはなく、翌日向かった先で書店員に見つけてもらった。

　雑誌は『考える人』という。2015年冬号の特集で、ゴリラ研究の第一人者・山極寿一さんのロングインタビューが掲載された。ルワンダで長くゴリラを研究してきた彼の語る家族に、興味が引かれた。「人にはどうして家族が必要なのでしょう」と題された記事には、戦後70年で変化してきた家族像、サルやゴリラとヒトとの違い、ヒトにとってのコミュニケーションが果たす役割、さらにはITを手に入れた後のコミュニティとコミュニケーションのあり方について、丁寧に語られていた。

　人は、他者の存在があってはじめて自己を認識する動物だといわれる。ゴリラとの対比を交えながら語られたことは、日本語でも何語でもなく、ヒト科ヒトという観点から語られた大きな視野でのコミュニケーション論だった。中でも興味深い指摘がある。

　　「人と人との出会いによってつくられてきたコミュニケーションが、出会いの必要のないコミュニケーションに変わることによって、仮想空間や仮想コミュニティ、仮想家族というものが幾つも出現したのです。家族に代わる、コミュニティに代わる信頼空間が、IT技術の中に出現するようになった。それによって、人間の集団のつくり方が変わってきたのです。それが今の社会に起こっていることです。」

　　「今までとは違ったコミュニケーションを我々はしていかざるを得ない。そこで担保される集団規模は、これまでと全然比べものにならない大きさを持っている。それをどう扱っていくのか。」

　翻って考えねばならないのは、日本語教育のこれからだ。これまで日本語教育は入管や経済など、他業種の意向にその行く末を大きく左右されてきた。だが、インターネット上の世界には他業種はおろか国境の制約さえもない。そして、時も場所も選ばずに授業することができる。たとえば、こう想像してみるのはどうだろう。言語学習も教師養成も各種試験も、すべてオンラインで行う——そんな次世代の日本語教育はどう

だろうか。決して不可能な話ではない。ただ、そのためには、いくつかの課題があげられる。

①次世代のインフラ整備：出版社に入った90年代末に主流だった付属教材はカセットテープだった。それが次第にCDへ、そしてサイトからのダウンロードへと取って代わった。世代交代の際、いつも議題にあがるのは教師が使えるかという点だった。たいていはスキルやインフラが十分でなくても使えるように、と考慮された形に落ち着いた。IT先進国の台湾で行われる中国語教育では、能力試験が受験申込からオンラインで実施される。次世代の日本語教育では、リアルもオンラインも含めて、どんなインフラを整備していくのか。その仕組みから世界的な視野での検討が不可欠だ。

②次世代メディアへの対応：社を離れて衝撃を受けたのは、動画配信事業の世界的な広がりだった。台湾の中国語教育で広く使用される教科書は、各課に対応した動画がYouTubeで無料配信されている。これからの語学教育においてメディア無しに行うことは不可能だ。日本語教育では紙媒体で制作されたコンテンツは多いが、それ以外の素材は十分ではない。過去に制作された2Dコンテンツは3D化が可能か、可能とすれば誰がどう担うのか。何より今後はこれまで以上に他業種との協業が求められる。次世代のコンテンツをどう提供していくのか。これもまた、大きな課題といっていい。

③言語コンテンツの1つ：少し前までは経済を日本への牽引力としてきたが、数十年単位の不況で世界のあちこちで学習者が減っているという。日本政府は2020年の東京オリンピックを視程に、インバウンド事業に力を入れ始めた。主力は各種の多言語サービスだ。この分野は拡大していくだろう。自動翻訳の技術もまたさらに進む。世界の多言語の1つとして日本語をどう位置づけていくのか。

さて、これらはすべて、日本語教育の外に出て見えてきたことだ。台湾で外国人という名のマイノリティとなって景色が変わった。中国語の北京方言、台湾語、客家語、多数の原住民言語、そして日本語が日常的に使われる場所は見える景色が明らかに違う。とはいえ日本も台湾も、人の営みが行われる場所であることに変わりはない。これからヒトのコミュニケーションは、言語は、どこへ向かうのか。楽しんでいきたい。

[Profile]
編集者、ライター。1997年から株式会社アルクで『月刊日本語』、日本語教育能力検定試験に合格するためのシリーズ、できる日本語シリーズ、日本語教師の七つ道具シリーズなどの編集を担当。2013年台湾へ語学留学。台北在住。http://tanakamiho.net

田中 美帆

25 日本語教育という希望

吉峰　晃一朗（よしみね　こういちろう）

> 人間を食べたことのない子どもがまだいるかもしれない。
> 子どもを救え！　　　　　　　　　　　（魯迅『狂人日記』）

　魯迅は、人が人を食って生きている社会、その社会でやはり人を食って生きている自分自身に戦慄しつつ、「人間を食べたことのない子ども」に最後の希望を託しました。私には、希望は「教育」にしかない、と言っているようにも思えます。最近、自分に子どもができたせいでしょうか、こういう言葉が心に響くのです。

　「日本語教師のための知識本シリーズ」に編集者として関わっていた10年前も、そして今も、私は、日本語教育という営みに希望を持っています。これまで日本語教育は、言葉と真摯に向き合い、人と人とのつながり（コミュニケーション）を重視し、日本社会においては弱い立場に置かれてしまいがちな「外国人」に寄り添ってきました。だから、日本語教育が向かう先には、「人が人を食わなくても生きられる社会」を実現するための、新しい「言葉の教育」がある。その可能性を信じています。

　日本語教師の中には、学習者が「母語話者並み」の言語能力を身につけることがゴールだ、と考えている人がいるかもしれません。しかし、目標とされる私たち日本語母語話者の言語能力は、それほど立派なものでないようで、日本社会は「コミュニケーション不全」に陥っています。

　特に、批判的に思考したり、正しいと思うことを主張したり、議論してコンセンサスを形成したりする能力に欠けていると感じます。大多数が不要だと考えている原発を放棄できないことも、過重な基地負担に否を突きつけた沖縄に対して内地が連帯できないことも、「戦争ができる国」に向かって邁進する為政者を傍観していることも、毎年3万人もの自殺者を出し続けていることも、私たちの言語能力の未熟さに起因しているのではないでしょうか。

　かつて永山則夫は、自分の犯罪は「貧困による無知」が原因であると考えました。しかし、絶対的貧困が克服され（相対的貧困は、むしろ顕著になってきましたが）、ほとんどの人が教育を受けられるようになった40年後の日本で、秋葉原無差別殺傷事件が起こります。犯人は、社会に対する不満を、自分に近い側の人たちに対するテロという形で表明

しました。十分な教育を受けたはずの犯人の言語的貧困、思想的貧困を思わざるを得ません。

　同時に、私たちの側に「聴く力」が備わっていなかったことも痛感します。社会的に弱いポジションに置かれている人が自分の「声」を持つためには、その人の言語能力をエンパワメントするだけでは意味がなく、周囲の人たちが聴く力、聴く態度を持っていなければなりません。その意味では、私たちは皆、アキバ事件の間接的な加害者だといえます。

　現在の日本の教育は、「人が人を食って生きる社会」を肯定し、下支えしていると感じます。卒業式で歌われる「仰げば尊し」の2番に「身を立て、名を上げ、やよ励めよ」という歌詞があって、戦後民主主義教育にふさわしくないという理由で、今日では、ほとんど歌われることはなくなりましたが、その価値観は、およそ教育と名の付くものに「隠れたカリキュラム」として根付いており、昨今の新自由主義の台頭によって、子どもたちは、ますます激しい競争に晒されています。

　文部科学省による現行の学習指導要領では、子どもたちの「生きる力」を育むことが謳われていて、思考力・判断力・表現力を育成するという観点から「言語活動の充実」が挙げられています。これについては、これまで日本語教育が志向してきたことに、やっと学校教育が追いついてきた、という感もあります。「生きる力」を育むこと、その「生きる力」は「言葉の力」に裏打ちされているという考え方に、私は賛成します。ただし、その「言葉の力」は、「他者を支配するための力」ではなく、「他者と共に生きるための力」でなくてはならない、と思うのです。

　そのような「言葉の力」を身につける教育が可能であるとして、それを支える教師に求められるものとは何でしょうか。私は、人文学的な教養、知性であると考えています。日本語教師には、言語や教授法に関する知識と同等に、あるいはそれ以上に、豊かで強靭な教養、知性が求められます。

　教養を支える「知」の一部は、大学などの研究機関で生み出されます。そうした「知」と教育の現場をつなぐ役割が、出版にはあります。繰り返しますが、私は、日本語教育に希望を持っています。新しい「言葉の教育」、より良い社会を構築する可能性を感じています。だからこそ出版という形で、この営みに参加していきたいと思っています。

[Profile]
1971年生まれ。ココ出版代表。いちおう大学を出て、中国に留学したり、韓国で日本語教師をやったりした後、大学院で田中望先生と出会い、洗脳される。ここ十四、五年は、凡人社、NPO前夜　ひつじ書房、ココ出版と、本・雑誌づくりに携わっている。

キーワード索引

A
articulation → アーティキュレーション

B
BALLI (Beliefs About Language Learning Inventory) 150
belief → ビリーフ

C
CDA (Critical Discourse Analysis) → 批判的談話分析
CEFR (Common European Framework of Reference for Languages: Learning, teaching, assessment) 88, 175
Collegiality → 同僚性

E
English as a second language 147
EPA (Economic Partnership Agreement) → 経済連携協定
ESL → English as a second language

G
Gestalt → ゲシュタルト

M
M-GTA (Modified Grounded Theory Approach) → 修正版グラウンデッドセオリー

N
Narrative Inquiry 155

P
PAC分析 150

R
reflective model → 内省モデル
reflective practitioner → 内省的実践家

S
SLA研究 → 第二言語習得研究
situated learning approach → 状況的学習論

あ
アーティキュレーション 146, 163
アイデンティティ 32, 49-51, 69, 83, 87-89, 94, 128, 129, 133-135, 137, 139, 154, 172
アクションリサーチ 148, 149, 156
アクセス 136, 137, 139, 215
抗う 40, 47

い
居場所 30, 36, 107, 114, 115, 190, 198
イマ、ココ 28, 30, 31, 50, 172
インドシナ難民 102

え
エスノメソドロジー 7

お
オーディオリンガル法 129, 146, 147

か
外国人 33, 34
外国人支援者 107, 113, 114
外国人集住都市会議 102

外国人のための 43-45, 49, 50, 200
外国人母 63, 64, 69
外国につながる子ども 64, 65
外部の要望に「応じる」......160
会話分析（CA）......7, 31, 70, 134-136
隠された意図 39
学習環境のデザイン 6, 213
学習者の多様化 64, 146
学習のデザイン 55-58, 64, 71
学習の分析 7, 55-59, 71
学習理論の応用と検証 58, 59, 61
学習者主体 77, 83, 87, 129
学問的変遷 29, 49, 51
カテゴリー 34, 35, 59, 61, 62, 134, 201
カルチュラル・スタディーズ 78, 79, 93
関係性 14, 37, 38, 41, 42, 84, 87, 111, 115, 127, 128, 130, 134, 135, 155, 162, 163, 177, 197, 211
看護師・介護従事者 64, 65

き

（日本語）教育実践 11, 55-73, 85, 86, 91, 94, 129-132, 135, 136, 138, 139, 162, 190, 216
教育実践に関する研究 55-73
教育実践の一回性 69, 72
共感 41, 43, 44
共感的用法 38, 42
（日本語）教師研究 145, 147, 153
教師研修 9, 145, 146, 148, 149, 156, 159, 160, 180
教師トレーニング 148
（日本語）教師の成長 11, 145, 148, 150, 153, 154, 156, 163
教授法の変化 146, 147
（日本語）教師養成 132, 145, 147, 153, 156-158, 160, 218
共生 43, 44, 104, 158, 176
共生言語としての日本語 110, 111
協働 49, 68-70, 72, 91, 115, 116, 118, 126, 128-130, 132-134, 139, 152, 162, 191, 197, 203-205
協働学習 68, 131-133, 138
共有 14, 15, 41, 43-45, 57-61, 65, 66, 72, 73, 81, 83, 84, 86-88, 93, 94, 123, 137, 139, 145, 147, 157, 173, 181, 199, 209

け

経済連携協定 15, 16
ゲシュタルト 157
ゲシュタルト的 29
現職教師 153, 156, 159, 160
権力 32, 40-42, 46, 47, 50, 79
権力関係 41, 48, 107, 112-115, 128, 139
権力の維持 40, 46, 47
権力の強化 40, 46, 47
権力の再生産 40, 46, 47, 155

こ

構築主義 6, 7
巧妙に見せかけた自然さ 39
交話的機能 38
コーディネーター 103, 106, 107, 112, 115-118, 159, 164, 178, 180, 203-205
コーディネーター養成 106, 107, 116
国際結婚 102
コミュニカティブ・アプローチ 78, 80, 81, 84, 86, 87, 91, 95, 128-130, 138,

146, 213
コミュニティ 37, 70, 112, 123, 127, 131, 136-139, 149, 154, 163, 197, 199, 211, 217, 218
コントロール 40, 41, 47

さ
在留外国人数 101
参加型学習 116
参加の過程 127, 128, 136, 137

し
ジグソー学習法 71
自己イメージ 151, 152, 161, 164
自己満足 28, 31, 50
資質 103-105, 113, 116, 117, 152, 153, 160
姿勢 38-42, 46, 47, 49, 109, 160, 217
実践研究 13, 14, 42, 58-60, 87-89, 118, 161
実践研究フォーラム 57
実践知の共有 58, 60, 61, 72
実践のコミュニティ 123, 127, 136, 137
実践の実態からの理論構築 58, 60, 61, 71, 72
実践の中の理論 67
実践への適用研究 56-59, 71
実践を通しての教育 42
実践を通しての研究 42
シティズンシップ教育 87, 89
支配 40-42, 47, 221
自分を守る 40
社会構成主義 69, 126, 131, 132
社会参加 104, 112, 118
社会的文脈 57, 58, 67-73, 123, 125, 127, 128, 149, 150, 163

社会とのつながり 29, 32, 38, 49
社会の変革 105, 112, 118
社会文化的アプローチ 7, 83, 87, 88, 123, 124, 126, 128-131, 134, 137, 138
弱者 46, 47, 111
修正版グラウンデッドセオリー 155
出入国管理および難民認定法改正 102
状況的学習論 11, 77, 83, 87, 126, 127, 129, 213
省察 117, 118, 148, 157, 163
自立体験 51
人権 103-105, 176, 183
新人日本語教師 155
信念 → ビリーフ

す
ステレオタイプ 35, 81

せ
生活者としての外国人 103, 111, 112
正統的周辺参加 69
制度的制約 154, 155
『世界の日本語教育』 61-63, 65-68, 70, 71
専門性 3, 8, 15, 18, 27, 28, 30-32, 36, 45, 70, 139, 146, 150, 152, 158, 160, 162, 178, 216

そ
相互行為 7, 70, 125-128, 130, 131-137, 139, 213
総務省 102, 106

た
第二言語習得研究 (SLA研究) 10, 11,

55, 57, 63, 70, 87, 124-126, 128, 129

『第二言語としての日本語の習得研究』
......61, 62

多言語・多文化社会 159

多文化共生 32, 33, 36, 43, 44, 83, 86, 102-104, 106, 109, 112, 116, 117, 190, 191, 193, 196, 203, 205

多文化共生社会 32, 33, 36, 43, 105, 106, 110, 132, 190, 205

多文化社会 104, 105, 107, 113, 116, 159, 211

多様化 64, 65, 82, 146, 147, 192, 209

ち

地域日本語学習者 63-65

地域（の）日本語教育 8, 32, 35, 65, 77, 83, 86, 101-119, 190, 192, 205

中国帰国者 102, 176

て

抵抗する 40, 47

デザイン 3-8, 14, 20, 29, 51, 55, 56-59, 64-71, 73, 96, 116, 135, 137, 139, 161, 179, 192, 195, 197, 201, 204, 209, 213, 216

と

動態性 151

同僚性 162

特徴づけ 35, 129

な

内省 58, 134, 148-150, 156, 157, 161-163

内省的実践家 156, 158

内省モデル 148

ナラティブ探求 → Narrative Inquiry

に

『日本語教育』......8, 9, 12, 13, 57, 59-68, 70, 71, 130, 131

日本語教育学 4-17, 19-21, 28, 29, 31, 50, 51, 56, 57, 63, 84, 86, 95, 96, 158, 179, 188

日本語教育学のデザイン 5-7, 14, 20, 29, 51

日本語教育関係者の社会的役割 11, 28, 29, 51

日本語教育方法研究会 57

日本事情 9, 79-90, 92-96

日本人に対する日本語教育 159

日本文化 12, 79-81, 84, 87, 90-92, 129, 174, 176, 206

ニューカマー 101-103, 109

人間主義 103-105, 112

人間力 104, 105, 113

認知的アプローチ 68, 125

ね

ネットワーク 29, 51, 105-107, 127, 191, 204

ネットワーク作り 106, 107

は

パラダイムシフト 6, 125

ひ

ピア・ラーニング 65, 68, 69

ピア・レスポンス（PR）......132-134

東日本大震災 28, 30, 36, 38, 46, 202

ビジネス日本語 15, 87, 89-94

批判的 13, 36, 46-50, 81, 86, 88, 90, 94, 95, 107-109, 111, 118, 138, 147, 149, 150, 161, 220

批判的談話分析 46, 135
標準的なカリキュラム案 111, 112
ビリーフ 150, 151

ふ
不確実な専門家像 163
複言語・複文化主義 88, 89
福島第一原子力発電所事故 28, 38
プロセス 68, 70, 91, 93, 124-128, 131-134, 136, 138, 139, 147, 154, 155, 189
文化庁 102, 103, 108, 111, 113, 116, 152, 153, 205

ほ
補償教育 105
ポスト構造主義 125, 128
ポストモダニズム 6, 7, 11, 13, 14, 78, 93, 125
ポストモダン 6, 13, 80, 84, 86, 88, 89, 91, 93, 94
ボランティア 35, 37, 41, 44, 49, 102, 108, 109, 110, 112, 114, 116-118, 153, 160, 176, 192, 193, 200, 201, 204-206, 207
本質主義 79, 81, 82, 84, 90-94, 129, 174

ま
まちづくり 44, 198, 199

や
やさしい日本語 110, 111, 194-196, 201

ゆ
有用性 30-32, 36, 59, 112, 158

よ
ヨーロッパ言語共通参照枠 → CEFR
よるべなさ 50

弱さ 29, 30, 32

ら
ライフストーリーインタビュー 154

り
リテラシー 39, 41, 46, 48, 49, 77, 85, 95
留学生受入れ10万人計画 146
理論的背景 14, 66-70
理論の実践化 66

れ
連携 13, 44, 45, 90, 93, 146, 159, 180, 197, 204, 205, 209

わ
ワークショップ 44, 45, 116, 159
枠組み 14, 31, 59, 65, 69-71, 91, 104, 124, 126-129, 149, 150, 153, 156, 160, 162, 164, 173, 208

編者・著者プロフィール

神吉 宇一
（かみよし ういち）
[編集・1章]

武蔵野大学大学院言語文化研究科 准教授
大阪大学大学院言語文化研究科博士後期課程単位取得満期退学。修士（言語文化学）。
小学校教員、政府系財団職員をはじめ、広告代理店、葬儀業、打ち上げ花火業、自動販売機冷温切り替え作業など正規・非正規30以上の職を経験し、2013年より大学教員になる。2016年4月より現職。2007年から6年間勤めた一般財団法人海外産業人材育成協会（HIDA）で、アジア人財資金構想事業や、EPA看護師・介護福祉士育成事業に従事。以来、日本語教育の「外部」との連携に興味を持つ。アイデンティティはラテン系西日本人。主な著書に『NAFL日本語教師養成講座 世界と日本』（アルク, 共著）、『未来を創ることばの教育をめざして―内容重視の批判的言語教育（Critical ContentBased Instruction）の理論と実践』（ココ出版, 2015, 共編著）がある。

名嶋 義直
（なじま よしなお）
[2章]

琉球大学　グローバル教育支援機構　国際教育支援部門　留学生ユニット　教授
名古屋大学大学院国際言語文化研究科博士後期課程満期退学。博士（文学）。
銀行勤務の後、日本語教師としてマレーシアに。受け入れ先の事情で不法滞在・国外退去となり、アジア放浪後に帰国。日本語学校の非常勤・常勤講師を経て大学院へ進み、2002年に仙台へ。東北大学大学院文学研究科勤務を経て、2016年4月より現所属。ヒッピーでアナーキストでバイク乗り。当面は、批判的談話分析を中心に据えた姿勢で研究を実践していきたいと考えているが、最終的には、隠棲して自給自足をめざす。主な著書に『ノダの意味・機能―関連性理論の観点から―』（くろしお出版, 2007, 単著）、『3.11原発事故後の公共メディアの言説を考える』（ひつじ書房, 2015, 共編著）がある。

栁田 直美
（やなぎだ なおみ）
[3章]

一橋大学　国際教育センター　准教授
筑波大学大学院修士課程地域研究研究科修了。博士（言語学）。
2013年より現職。主な論文に「非母語話者との接触場面において母語話者の情報やり方略に接触経験が及ぼす影響―母語話者への日本語教育支援を目指して―」『日本語教育』145号, pp.49-60（第6回林大記念論文賞受賞）、主な著書に『接触場面における母語話者のコミュニケーション方略―情報やりとり方略の学習に着目して―』（ココ出版, 2015）がある。大学在学中、地域日本語教室で学習者に言われた「先生の日本語はわかるけど、会社の人の日本語はぜんぜんわからない」という一言をきっかけに、接触場面における日本人側の言語的調整に関心を持った。外国人だけでなく日本人、日本語教師だけでなく一般の日本人も含めて、ともに会話を構築する方略について研究を行っている。

三代 純平
（みよ じゅんぺい）
[4章]

武蔵野美術大学　造形学部　准教授
早稲田大学大学院日本語教育研究科博士課程修了。博士（日本語教育学）。仁川外国語高校、徳山大学などを経て、2013年より現職。韓国の高校での教育経験から、社会的文脈に根差した実践研究の必要性を実感。また高校の教え子の日本留学生活を応援しているうちにライフストーリー研究をするように。最近は、ライフストーリー研究の知見を反映した実践研究を模索中。主な著書に『実践研究は何をめざすか―日本語教育における実践研究の意味と可能性―』（ココ出版、2014, 共編著）、『日本語教育学としてのライフストーリー―語りを聞き、書くということ―』（くろしお出版、2015, 編著）がある。

松尾 慎
（まつお しん）
[5章]

東京女子大学　現代教養学部　教授
大阪大学大学院言語文化研究科博士後期課程修了。博士（言語文化学）。大学卒業後、在バングラデシュ日本大使館に勤務した際、何も専門性がない無力さを痛感。その後、日本語教育に出会い、ブラジルやインドネシア、台湾など海外を中心に活動する。2009年より現所属。移民社会における言語継承、言語管理に関する調査研究を行ってきた。ビルマ・ミャンマー難民のための日本語教室や日系ブラジル人の子どものためのポルトガル語教室などで活動中。多文化社会コーディネーター養成講座（東京外国語大学）修了。研究者だけが利益を得るような搾取的研究を回避すること、また、すべての人が公正に参加できる社会づくりに貢献すること、それを課題として研究や実践にあたりたい。

嶋 ちはる
（しま ちはる）
[6章]

国際教養大学　国際教養学部　助教
ウィスコンシン大学マディソン校第二言語習得研究科修了。博士（第二言語習得）。主な論文に Co-construction of "doctorable" conditions in multilingual medical encounters: Cases from urban Japan. *Applied Linguistics Review*, 5(1), 45-72.（共著）がある。学部時代に、外国人患者と日本人医師のコミュニケーションを卒論のテーマとして扱って以来、生活場面、特に医療場面での第二言語使用に興味を持つように。外国人看護師の研究では、彼らと同じアパートに住み、職場に通い、カラオケに付き合いながら一年間言語使用を観察した。彼らの「日本語学習者」だけではない、「看護師」「母」「妻」としての顔や人生設計の悩みに触れ、一人一人の置かれた状況における「日本語学習」の意味を考えるようになった。

牛窪 隆太
（うしくぼ りゅうた）
[7章]

関西学院大学　日本語教育センター　言語特別講師
早稲田大学大学院日本語教育研究科博士課程修了。博士（日本語教育学）。タイ早稲田日本語学校（副主任講師）、早稲田大学日本語教育研究センター（助手）を経て、現職。「学習者主体」概念について検討しながら、現場で教育経験を積むうちに、学習者の主体性を謳う教師の主体性のあり方について関心を持つように。現在は、日本語教師の関係性における学びを解明するべく、新人教師の職業参加プロセスについての研究を行うとともに、現場教師対象の研究会を実践している。主な論文に「日本語教育における学習者主体―日本語話者としての主体性に注目して―」『リテラシーズ』1（くろしお出版）、「日本語教育実践において「主体的」が意味してきたこと」『リテラシーズ』10（くろしお出版）がある。

第3部執筆者一覧

(五十音順)

あべ やすし
上野 千鶴子（うえの ちづこ）
岡崎 敏雄（おかざき としお）
岡田 美智男（おかだ みちお）
菊池 哲佳（きくち あきよし）
ケード・ブッシュネル（Cade Bushnell）
佐藤 佳子（さとう よしこ）
柴崎 敏男（しばさき としお）
島崎 薫（しまさき かおり）
角南 北斗（すなみ ほくと）
田中 美帆（たなか みほ）
田村 太郎（たむら たろう）
戸嶋 浩子（としま ひろこ）
西尾 珪子（にしお けいこ）
西口 光一（にしぐち こういち）
早川 秀樹（はやかわ ひでき）
はるはら けんいちらう（春原 憲一郎）
細川 英雄（ほそかわ ひでお）
堀 永乃（ほり ひさの）
村上 吉文（むらかみ よしふみ）
南浦 涼介（みなみうら りょうすけ）
山田 泉（やまだ いずみ）
山西 優二（やまにし ゆうじ）
横溝 紳一郎（よこみぞ しんいちろう）
吉峰 晃一朗（よしみね こういちろう）

日本語教育　学のデザイン
―その地と図を描く―

2015年　5月 20日	初版第 1 刷発行
2016年　7月 20日	初版第 2 刷発行

編　著　者	神吉宇一
著　　　者	名嶋義直，栁田直美，三代純平，松尾慎，嶋ちはる，牛窪隆太
発　　　行	株式会社凡人社
	〒 102-0093　東京都千代田区平河町 1-3-13
	TEL：03-3263-3959
カバーデザイン	コミュニケーションアーツ株式会社

ISBN 978-4-89358-893-7　©Uichi Kamiyoshi, Yoshinao Najima, Naomi Yanagida, Jumpei Miyo, Shin Matsuo, Chiharu Shima, Ryuta Ushikubo 2015 Printed in Japan

定価はカバーに表示してあります。乱丁本・落丁本はお取り換えいたします。
＊本書の一部あるいは全部について、著作者から文書による承諾を得ずに、いかなる方法においても無断で
　転載・複写・複製することは法律で固く禁じられています。

日本語教育 学のデザイン
その地と図を描く

website

http://www.bonjinsha.com/gaku/